中华现代学术名著丛书

《中华现代学术名著

【第一辑　四十种】

马氏文通	马建忠
国故论衡	章太炎
王国维文学论著三种	王国维
吴梅词曲论著四种	吴　梅
中国中古文学史 汉魏六朝专家文研究	刘师培
中国文学批评史（上、下）	郭绍虞
甲骨文字释林	于省吾
中国俗文学史	郑振铎
汉语语音史	王　力
红楼梦辨	俞平伯
中国韵文史	龙榆生
汉魏六朝诗论丛	余冠英
台湾通史（上、下）	连　横
秦汉史	吕思勉
中国史学史	金毓黻
史学要论	李守常
中国通史简编（上、下）	范文澜
国史大纲（上、下）	钱　穆
中国史纲（一、二卷）	翦伯赞
春秋史	童书业
魏晋南北朝史论丛	唐长孺
明清社会经济史论文集	傅衣凌
西夏史稿	吴天墀
中国伦理学史（外一种）	蔡元培
新唯识论	熊十力
东西文化及其哲学	梁漱溟
科学与玄学	罗志希
中国艺术精神	徐复观
论逻辑经验主义	洪　谦
九朝[illegible]	[illegible]
比较宪法	[illegible]
中国法律与中国社会	[illegible]
中国民治论	鲍明钤
中国官僚政治研究	王亚南
通货新论	马寅初
中国经济思想史	唐庆增
中国厘金史	罗玉东
北平生活费之分析	陶孟和
论社会学中国化	吴文藻
第四种国家的出路	吴景超

【第二辑　三十种】

目录学发微 古书通例	余嘉锡
积微居小学金石论丛	杨树达
现代中国文学史（外一种:明代文学）	钱基博
等韵源流	赵荫棠
诗言志辨　经典常谈	朱自清
话本小说概论（上、下）	胡士莹
司马迁之人格与风格 道教徒的诗人李白及其痛苦	李长之
明清史讲义（上、下）	孟　森
国史要义	柳诒徵
中国南洋交通史	冯承钧
通史新义	何炳松
魏晋清谈思想初论	贺昌群
中国救荒史	邓云特
认识论	张东荪
科学方法论 科学概论	王星拱
中国哲学史大纲	胡　适
知识论（上、下）	金岳霖
法相唯识学	太　虚

中华现代学术名著丛书

《中华现代学术名著丛书》

陈康：论希腊哲学	陈　康
康德的知识学	齐良骥
中国文化的展望	殷海光
中国道教史	傅勤家
监狱学	孙　雄
中国法制史概要	陈顾远
新政治学大纲	邓初民
财政学	何　廉　李　锐
中国之棉纺织业	方显廷
中国田制史	万国鼎
南洋华侨与闽粤社会	陈　达
文化人类学	林惠祥

【第三辑　三十种】

中国小说史略 （外一种：汉文学史纲要）	鲁　迅
现代吴语的研究	赵元任
古典新义	闻一多
谈艺录	钱锺书
唐诗综论	林　庚
中古文学史论	王　瑶
中国近三百年学术史（新校本）	梁启超
通鉴胡注表微	陈　垣
隋唐制度渊源略论稿 唐代政治史述论稿	陈寅恪
中国古代社会研究	郭沫若
古史辨自序（上、下）	顾颉刚
安阳	李　济
绿营兵志	罗尔纲
东汉的豪族	杨联陞
佛道散论	蒙文通
中国哲学史（上、下）	冯友兰
艺境	宗白华
西方美学史（上、下）	朱光潜
近代唯心论简释	贺　麟
康德学述	郑　昕
历代刑法考（上、下）	沈家本
中国商事法	刘朗泉
中国近百年政治史	李剑农
中国政治思想史（上、下）	萧公权
中国国民所得（一九三三年） （外一种：国民所得概论）	巫宝三
中国棉纺织史稿	严中平
当代中国社会学	孙本文
乡土中国　生育制度　乡土重建	费孝通
滕固美术史论著三种	滕　固
中国古代服饰研究	沈从文

【英文品种】

A GRAMMAR OF SPOKEN CHINESE 中国话的文法	Yuen Ren Chao 赵元任
MODERN DEMOCRACY IN CHINA 中国民治主义	Mingchien Joshua Bau 鲍明钤
THE GOVERNMENT AND POLITICS OF CHINA 中国的政府与政治	Ch'ien Tuan-sheng 钱端升
THE POST-WAR INDUSTRIALIZATION OF CHINA, INDUSTRIAL CAPITAL IN CHINA 战后中国之工业化 中国之工业资本	H. D. Fong 方显廷
LAW AND SOCIETY IN TRADITIONAL CHINA 中国法律与中国社会	T'ung-Tsu Ch'ü 瞿同祖

商务印书馆
创于1897　The Commercial Press

罗常培

(1899—1958)

出版说明

百年前，张之洞尝劝学曰："世运之明晦，人才之盛衰，其表在政，其里在学。"是时，国势颓危，列强环伺，传统频遭质疑，西学新知亟亟而入。一时间，中西学并立，文史哲分家，经济、政治、社会等新学科勃兴，令国人乱花迷眼。然而，淆乱之中，自有元气淋漓之象。中华现代学术之转型正是完成于这一混沌时期，于切磋琢磨、交锋碰撞中不断前行，涌现了一大批学术名家与经典之作。而学术与思想之新变，亦带动了社会各领域的全面转型，为中华复兴奠定了坚实基础。

时至今日，中华现代学术已走过百余年，其间百家林立、论辩蜂起，沉浮消长瞬息万变，情势之复杂自不待言。温故而知新，述往事而思来者。"中华现代学术名著丛书"之编纂，其意正在于此，冀辨章学术，考镜源流，收纳各学科学派名家名作，以展现中华传统文化之新变，探求中华现代学术之根基。

"中华现代学术名著丛书"收录上自晚清下至20世纪80年代末中国大陆及港澳台地区、海外华人学者的原创学术名著（包括外文著作），以人文社会科学为主体兼及其他，涵盖文学、历史、哲学、政治、经济、法律和社会学等众多学科。

出版“中华现代学术名著丛书”，为本馆一大夙愿。自1897年始创起，本馆以“昌明教育，开启民智”为己任，有幸首刊了中华现代学术史上诸多开山之著、扛鼎之作；于中华现代学术之建立与变迁而言，既为参与者，也是见证者。作为对前人出版成绩与文化理念的承续，本馆倾力谋划，经学界通人擘画，并得国家出版基金支持，终以此丛书呈现于读者面前。唯望无论多少年，皆能傲立于书架，并希冀其能与“汉译世界学术名著丛书”共相辉映。如此宏愿，难免汲深绠短之忧，诚盼专家学者和广大读者共襄助之。

商务印书馆编辑部

2010年12月

凡　　例

一、“中华现代学术名著丛书”收录晚清以迄20世纪80年代末，为中华学人所著，成就斐然、泽被学林之学术著作。入选著作以名著为主，酌量选录名篇合集。

二、入选著作内容、编次一仍其旧，唯各书卷首冠以作者照片、手迹等。卷末附作者学术年表和题解文章，诚邀专家学者撰写而成，意在介绍作者学术成就，著作成书背景、学术价值及版本流变等情况。

三、入选著作率以原刊或作者修订、校阅本为底本，参校他本，正其讹误。前人引书，时有省略更改，倘不失原意，则不以原书文字改动引文；如确需校改，则出脚注说明版本依据，以“编者注”或“校者注”形式说明。

四、作者自有其文字风格，各时代均有其语言习惯，故不按现行用法、写法及表现手法改动原文；原书专名（人名、地名、术语）及译名与今不统一者，亦不作改动。如确系作者笔误、排印舛误、数据计算与外文拼写错误等，则予径改。

五、原书为直（横）排繁体者，除个别特殊情况，均改作横排简体。其中原书无标点或仅有简单断句者，一律改为新式标点,专名号从略。

六、除特殊情况外,原书篇后注移作脚注,双行夹注改为单行夹注。文献著录则从其原貌,稍加统一。

七、原书因年代久远而字迹模糊或纸页残缺者,据所缺字数用“□”表示;字数难以确定者,则用“(下缺)”表示。

目　　录

自序 …… 1
PREFACE …… 7
一　本篇所用的几种材料 …… 16
　甲　汉藏对音《千字文》残卷 …… 17
　乙　藏文译音《金刚经》残卷 …… 21
　丙　藏文译音《阿弥陀经》残卷 …… 23
　丁　汉藏对音《大乘中宗见解》残卷 …… 24
　戊　注音本《开蒙要训》 …… 28
二　从敦煌汉藏对音写本中所窥见之唐五代西北方音 …… 38
　甲　声母 …… 39
　　p 组声母表第一 …… 40
　　t 组声母表第二 …… 43
　　c 组声母表第三上 …… 44
　　c 组声母表第三下 …… 45
　　ts 组声母表第四 …… 46
　　k 组声母表第五 …… 48
　　· 组声母表第六 …… 50
　乙　韵母 …… 58
　　a 摄韵母表第一 …… 62
　　o 摄韵母表第二 …… 63

e 摄韵母表第三 …………………………………… 64
i 摄韵母表第四 …………………………………… 66
u 摄韵母表第五 …………………………………… 68
ai 摄韵母表第六 …………………………………… 70
ei 摄韵母表第七 …………………………………… 71
au 摄韵母表第八 …………………………………… 72
eu 摄韵母表第九 …………………………………… 73
am 摄韵母表第十 …………………………………… 74
im 摄韵母表第十一 ………………………………… 75
an 摄韵母表第十二 ………………………………… 75
in 摄韵母表第十三 ………………………………… 78
aṅ 摄韵母表第十四 ………………………………… 79
eṅ 摄韵母表第十五 ………………………………… 80
oṅ 摄韵母表第十六 ………………………………… 81
ab 摄韵母表第十七 ………………………………… 82
ib 摄韵母表第十八 ………………………………… 82
ar 摄韵母表第十九 ………………………………… 82
ir 摄韵母表第二十 ………………………………… 83
ag 摄韵母表第二十一 ……………………………… 84
eg 摄韵母表第二十二 ……………………………… 85
og 摄韵母表第二十三 ……………………………… 86
三　从《开蒙要训》的注音中所窥见的五代敦煌方音 ……… 110
甲　声母 ……………………………………………… 111
唇音组第一 ………………………………………… 111
舌音组第二 ………………………………………… 115
齿音组第三 ………………………………………… 118

牙音组第四 …… 126
喉音组第五 …… 129
乙　韵母 …… 132
歌摄第一 …… 133
模摄第二 …… 134
齐摄第三 …… 137
脂摄第四 …… 140
虞摄第五 …… 144
咍摄第六,皆摄第七 …… 146
豪摄第八 …… 148
侯摄第九 …… 150
覃摄第十 …… 150
侵摄第十一 …… 151
寒摄第十二 …… 152
痕摄第十三 …… 154
登摄第十四 …… 155
江摄第十五 …… 156
东摄第十六 …… 157
合摄第十七 …… 158
缉摄第十八 …… 159
曷摄第十九 …… 160
迄摄第二十 …… 161
德摄第二十一 …… 161
铎摄第二十二 …… 163
屋摄第二十三 …… 165
丙　声调 …… 166

四　唐五代西北方音与现代西北方音的比较 …………………… 180
甲　声母的比较 …………………………………………… 180
(1) 全浊声母的演变 ………………………………………… 180
(2) 舌上音与正齿音的混并 …………………………………… 183
(3) 摩擦音清浊的混并 ……………………………………… 185
(4) 明、泥、疑三母的读音 …………………………………… 187
(5) 齿头音与牙音的腭化 …………………………………… 188
乙　韵母的比较 …………………………………………… 190
(1) 鼻收声的消失 …………………………………………… 190
(2) 入声收声的消失 ………………………………………… 194
(3) 一等[ɑ]与二等[a]的区别 ……………………………… 197
(4) 模、鱼、虞的演变 ……………………………………… 199
(5) 声母对于韵母的影响 …………………………………… 199
《唐蕃会盟碑》中之汉藏对音 ………………………………… 217
(一) 这种材料中所有的汉藏对音 ………………………… 217
(a) 右侧唐朝官名跟人名的藏音 …………………………… 221
(b) 左侧吐蕃人名的汉音 …………………………………… 223
(c) 碑阳的藏译汉音 ………………………………………… 226
(d) 碑阴的藏译汉音 ………………………………………… 226
(二) 这种藏汉对音的音韵条理 …………………………… 227
第一表　五种汉藏对音声母比较表 ………………………… 242
第二表　五种汉藏对音韵母比较表(甲) ………………… 244
第三表　五种汉藏对音韵母比较表(乙) ………………… 246
第四表　五种汉藏对音韵母比较表(丙) ………………… 250
附录一　汉藏对音《千字文》与《切韵》音及六种
现代西北方音的比较 ………………………………… 252

附录二　汉藏对音《千字文》残卷索引 …………………… 278
附录三　《大乘中宗见解》藏音索引 …………………… 284
附志 ………………………………………………………… 297

罗常培先生学术年表 ………………………………… 299
现代汉语方言学奠基人之一罗常培教授 ………… 张振兴　323

自　　序

自从1923年钢和泰(A. von Staël-Holstein)发表了那篇《音译梵书和中国古音》之后,国内学者第一个应用汉梵对音来考订中国古音的,要算是汪荣宝的《歌戈鱼虞模古读考》。因为这篇文章虽然引起了古音学上空前的大辩论,可是对于拟测汉字的古音确实开辟了一条新途径。我在《知彻澄娘音值考》那篇论文里也曾经应用这种方法考订过中古声母的读音问题,我相信如果有人肯向这块广袤的荒田去耕植,一定还会有更满意的收获!然而汉梵对音的材料只限于一些零碎的译名,并且新旧译的纠纷,底本来源的异同,口译者跟笔受者的方音差别,在在都得经过一番审慎的考查。比较起来看,自然还是敦煌石室所发现的那一批汉藏对音的写本更可贵一点。因为这些写本原来是为吐蕃人学汉语用的,它们所有的对音并不专限于零碎的名词,而且从发现的地域看,大致可以断定它们所代表的是唐五代时候流行于西北的一部分方音,所以很值得我们重视的。

我这本书里所用的汉藏对音材料一共有五种:

(1) 汉藏对音《千字文》残卷;

(2) 汉藏对音《大乘中宗见解》(*Mahāyāna-Mādhyamika-Darśana*)残卷;

（3）藏文译音《佛说阿弥陀经》（*Smaller Sukhāvatī-Vyūha*）残卷；

（4）藏文译音《金刚经》（*Vajracchedikā*）残卷；

（5）《唐蕃会盟碑》拓本。

前四种是敦煌石室中的写本，后一种是唐穆宗长庆二年（A. D. 822）的刻石，这五种都算是直接的材料。其中的第一种曾经伯希和（P. Pelliot）、马伯乐（H. Maspero）、羽田亨等引用过；第一种、第三种跟第四种曾经财津桃溪引用过；第五种里关于汉译藏音的部分，劳佛（B. Laufer）跟伯希和也曾经用它来讨论第九世纪的藏语音韵；至于第二种，却从陶慕士（T. W. Thomas）等把材料发表以后，始终还没有人利用过呢。我所以要重新整理这一批材料的观点是和前面几个人不同的。因为他们不是零零碎碎的引用，就是缺乏历史的起点跟切近的参证；好像还没有一个人能够穷源竟委地利用这一批可靠的材料，把它们所代表的方音系统给拟测出来。我这一本小书是打算朝着这个方向努力的。

我所用的方法，是先拿这几种汉藏对音的材料同《切韵》比较，去推溯它们的渊源，然后再同六种现代西北方音比较，来探讨它们的流变。由这番比较研究的结果，我发现唐五代西北方音很有些前人所没说过的特点。在这几种材料里，《唐蕃会盟碑》的对音虽然很有限，可是它的年代是确凿不移的，这对于我们考证几种材料的时代先后有很大的帮助。其余的四种一共有 1152 个对音，它们不单可以代表《切韵》所有的声类，就是对于韵部也只有幽、废、夬、臻、耕、栉、盍、洽、鎋、迄十韵找不到例字。所以我们根据这些对音，就可以把《切韵》音同唐五代西北方音的关系推想出十之七八来。如果专从藏文的写法来讲，在声母一方面，我们可以看见：

(1)“轻唇音”非、敷、奉大多数写作送气的 p‘,已然露出“重唇音”分化的痕迹(看 40—41,51 页);

(2)明在收声-n 或-ṅ 的前面读 m,其余的变’b;泥在收声-m 或-ṅ 的前面读 n,其余的变’d(看 40—41,43,51—52 页);

(3)“舌上音”混入“正齿音”(看 44—45,52 页);

(4)“正齿音”的二、三等不分(看 44—45,52 页);

(5)床大部分由禅变审,但澄却变成照的全浊(看 44—45 页);

(6)摩擦音的浊母禅、邪、匣变同清母审、心、晓(看 45—50 页);

(7)y 化的声母并不专以三等为限(看 57 页)。

至于全浊声母的字在《大乘中宗见解》里大多数变成次清,那显然更近代化了。

在韵母一方面,我们可以看见:

(1)宕、梗两摄的鼻收声[ŋ]一部分开始消变(看 63—65,87—91 页);

(2)鱼韵字大部分变入止摄(看 66—67,91—93 页);

(3)通摄的一、三等元音不同(看 81,96—97 页);

(4)同韵字往往受声母的影响变成不同韵(看 100—101 页);

(5)一等[ɑ]元音同二等[a]元音在藏文写法上没有分别(看 104 页);

(6)合口洪音同合口细音在藏文写法上没有分别(看 102 页);

(7)入声的收声[-p]、[-t]、[-k],藏文写作-b、-r(或-d)、-g(看 102—104 页)。

不过我们得要知道：藏文的写法大部分固然可以代表实际的语音，其中却也有写法同而语音未必全同的（看 207—208 页）；也有语音同而写法稍微不同的（看 207—208 页），这从现代西北方音的演变上可以看得出来。所以我们虽然不承认从这几种材料只能得到"大部分想象的结论"，然而对于哪些是当时的实际语音，哪些是藏文的替代音，可得要很仔细地辨别清楚，这一点在全部工作的效率上关系是很重要的。

此外，还有一种同汉藏对音相辅而行的材料，就是注音本《开蒙要训》。这个写本的末一行明白写着"天成四年九十（？）八日敦煌郡学士郎张□□□"，所以它的时代跟地域是可以确定的。但是这本书里所有的注音，除去同音互注、形讹难识、类推误读、音理难通的以外，可以供我们从注音的错综处考见当时方音状况的，不过才有 241 对，其中还有一部分是误读半边字所致，不能完全代表实际的音变，那么，所余的材料就很有限了。然而，我根据这一点儿材料，却也发现几个有趣的现象，例如，梗摄同齐、祭两韵"对转"，止摄同鱼韵旁通，都跟《千字文》的藏音相合，这绝不是偶然的。至于声母一方面，可就变得很厉害了。照这些错综的注音来看，不单全浊声母有变成全清的趋势，甚至于连"齿头音"的四等也受腭化的影响开始混入"舌上音"跟"正齿音"。此外，像泥、来不分，娘、日不分之类，也是汉藏对音所没有的现象。可见这种材料非但比那几种汉藏对音的时代较晚，恐怕还有方音上的差异呢。

我写这本书的动机是从 1932 年 12 月间引起的。其中《唐五代西北方音》的前三章是由本年 1 月 2 日到 3 月 9 日写成的，后来因为历史语言研究所南迁，中间稍有停顿，在 4、5 两月里又把前篇的第四章跟《唐蕃会盟碑中的汉藏对音》继续完成，直到6月6日全书才能付印，算到现在，已然有十个多月了。不过我因为有几种期待中的材料还没完全采进去，总不免有点儿“半折心始”的感觉！这只好等将来有机会再作补编了。

我在这儿应当谢谢陈寅恪、赵元任、李方桂、林语堂、钱玄同、魏建功、罗膺中、丁声树诸位先生！他们有的供给我很多的材料，有的提示我很好的意见，有的替我校订讹误，有的帮我覆阅全稿：这对于本书的完成都有莫大的助力！至于排比材料，缮写全书，多亏唐虞、程霖两君勤恳的帮忙，我也应当在此声谢！

“最末了儿但是不最小”，我还得郑重地谢谢刘半农先生！因为他不单费了一个星期的时间从头到尾地给我审查全稿，并且他听说我在研究《开蒙要训》的注音，就把自己关于这个题目“从事将半”的文章立刻搁笔了！本来刘先生在《敦煌掇琐》的序录里早就说过：“此篇可贵之处，不在本文而在所注之音。”我所以能够展转地利用这种材料，当然得谢谢刘先生的辑录跟启示！现在又承他本着“只求有所发现，不必成功自我”的宗旨，牺牲了自己“从事将半”的文章，那么，即使我所得的结果是完全独立的，我对于他这种态度也应当十二分的感谢！

1933年11月8日，罗常培识于上海小万柳堂

附注：

本书中所用的《切韵》音值大部是根据高本汉的拟测，但是关于声母非[pf]、敷[pf‘]、奉[bv‘]、微[ɱ]、知[t,ȶ]、彻[t‘,ȶ‘]、澄[ɖ‘,ȡ‘]，跟韵母模[o]、鱼[ĭo]、东[oŋ]等，是照我自己的意见稍加修改的；修改的理由在我从前发表的几篇论文里大半都说过

了。请参阅历史语言所《集刊》第二本第三分第378—385页(即《切韵鱼虞之音值及其所据方音考》),第三本第一分第121—157页(即《知彻澄娘音值考》)跟《庆祝蔡元培先生六十五岁论文集》上卷第476页注1(即《切韵闭口九韵之古读及其演变》)。

PREFACE

Since the publication of Baron A. von Staël-Holstein's article on *The Transliterated Sanskrit Text and the Ancient Pronunciation of Chinese Characters* in 1923①, the first Chinese writer who used this method to reconstruct the pronunciation of Ancient Chinese was Mr. Uang Rongbao(汪荣宝) in his article *On the Ancient Pronunciation of the Rimes* 歌戈鱼虞模②. While the publication of this article aroused most vigorous protest from the old school Chinese phonologists, it really opened up a new road to the reconstruction of the Ancient Chinese pronunciation. In my article on *The Ancient Pronunciation of the Initials* 知彻澄娘③, I also used this method in discussing the sound value of certain ancient initials, and I believe that any one who is willing to cultivate this extensive and fertile field will succeed in reaping further valuable results.

Now the materials for Chinese-Sanskrit transliteration are limited to isolated terms; moreover there are the controversies over the value

---

① cf. *The journal of Sinological studies of the National University of Peking*, vol. I. No. 1, January. 1923.

② cf. ibid. vol. I. No. 2, April, 1923.

③ cf. *Bulletin of the National Research Institute of History and Philology*(B. N. R. I. H. P), vol. Ⅲ, part 1.

of the new and old transliterations, the differences in the transmission of the original text, the divergencies in dialect between the translators who pronounced the words and those who wrote down the translation, all of which should undergo the most careful scrutiny. On the whole, it is safe to say that the group of Chinese-Tibetan manuscripts discovered in the well-known Hidden Library of Duenhwang (敦煌) is more useful than all the others; for these manuscripts were originally meant for the use of Tibetans in learning Chinese, their transliterations are not strictly limited to isolated terms, and judging from the region where they were recovered, we can with great probability determine that they represent a part of the Northwestern dialect during the Tarng (唐) and Five Dynasties. For these reasons, they distinctly deserve our attention.

In this monograph, there are five Chinese-Tibetan sources used:

(1) Fragments of *Chiantzyh Wen* (《千字文》) with interlinear Tibetan transliterations①;

(2) Fragments of the *Mahāyāna-Mādhyamika-Darśana* (《大乘中宗见解》) with interlinear Tibetan transliterations②;

(3) Fragments of a Chinese version of the *Smaller Sukhāvatī-Vyūha*(《佛说阿弥陀经》) in Tibetan writing③;

(4) Fragments of a Chinese version of *Vajracchedikā* (《金刚

① cf. 羽田亨《敦煌遗书》第一集。

② cf. F. W. Thomas, S. Miyamoto and G. L. M. Clauson: *A Chinese Mahāyāna Catechism in Tibetan and Chinese Characters*, J. R. A. S. 1929. pp. 37 – 40.

③ cf. T. W. Thomas and G. L. M. Clauson: *A Chinese Buddhist Text in Tibetan Writing*, J. R. A. S. 1926. pp. 508 – 511.

经》) in Tibetan writing ①;

(5) Rubbings of the *Tarng-Farn Hueymeng Bei* (《唐蕃会盟碑》)②.

The first four are manuscripts from Duenhwang, while the last is a stone monument of the second year of the period Charngchinq(长庆) in the reign of Muhtzong(穆宗) of the Tarng dynasty. These may all be considered as primary sources. The first has been quoted and discussed by Prof. P. Pelliot③, Prof. H. Maspero④, and Dr. Haneda Toru (羽田亨)⑤. The first, third and fourth have been arranged by Mr. Takaradzu Tokei(财津桃溪)who made a comparative study with the *Yunnjinq* (《韵镜》) in the initial part only⑥. With regard to the fifth, B. Laufer and P. Pelliot have, for the purpose of reconstructing Tibetan phonology in the ninth century, used that part which contains a Chinese Transliteration of Tibetan sounds⑦. But of second source, from the time when T. W. Thomas and others published these materi-

① cf. F. W. Thomas and G. L. M . Clauson: *A Second Chinese Buddhist Text in Tibetan Characters*, J. R. A. S. 1927. pp. 281 - 283.

② cf. S. W. Bushell's *The Early History of Tibet*, Appendix 1. J. R. A. S. 1880. pp. 535 - 538.

③ cf. *Kao-tch'ang, Qu čo, Houo-tcheon et Qurâ-Khodjâ*, J. As. XIX, 1912. pp. 584, 589, 590 .

④ cf. *Le Dialecte de Tch'ang-ngan sous les T'ang*, B. E. F. E. O. XX, 1920. pp. 21, 32, 37, 41, 46 - 50.

⑤ cf.《汉蕃千字文的断简》,《东洋学报》vol. XIII, No. 3, 1923 . pp. 390 - 410.

⑥ cf.《敦煌出土汉藏对音之材料与韵镜之比较》(其一),《怀德》No. 10, 1932.

⑦ cf. B. Laufer's *Bird Divinition among the Tibetans*, T'oung Pao ser. 2, vol. XV, 1914. pp. 64 - 94; and P. Pelliot's *Quelques Transcriptions Chinoises de Noms Tibétains*, T'oung Pao, ser. 2, vol. XVI, 1915. pp. 1 - 26.

als, no one has hitherto made any use whatever. My reason for studying this whole group of materials again is that my method of approach is different from that of any who have previously made use of them. They have either used them in a fragmentary way, or have lacked a historical background for their studies and a systematic correlation with other relevant materials. It seems that no one has ever been able to make complete use of these reliable sources and tried to reconstruct the entire phonological system of the dialects which they represent. In this small monograph, I desire to make a definite endeavour in this direction.

My method is, in the first place, to compare the Chinese-Tibetan transliterations with *Chiehyunn*(《切韵》) in order to trace their origin, and then afterwards to compare them with six modern Northwestern dialects in order to follow out their later developments. From the results of this comparative study, I discovered some special peculiarities in the Northwestern dialects during the Tarng and Five Dynasties period which have not been mentioned by previous scholars. Among those five documentary sources, the *Tarng-Farn Hueymeng Bei* has only a limited number of transliterations, but the fact that the date is beyond doubt is invaluable in investigating the order of the dates of these documents. The other four have a total of 1152 transliterations. These not only represent all the initials in the *Chiehyunn*, but even in the case of the finals all except the ten finals 幽废夬臻耕栉盍洽鎋迄 are represented. Basing my study on these transliterations, I have been able to reconstruct 70 or 80 percent of the relationships between the *Chiehyunn* sounds and those of the Northwestern dialects of the

Tarng and Five Dynasties period.

Speaking solely from the point of view of Tibetan orthography, we note, with regard to initials, that:

1. The Labio-dentals 非、敷、奉 were almost always written with the aspirated initial p‘, which evidently indicates a transitional stage towards forming a separate group of Labio-dentals (cf. pp. 40—41, 51).

2. The initial 明 became m for finals ending in -n or -ṅ, but ’b in all other cases; the initial 泥 became n for finals ending in -m or -ṅ, but ’d in all other cases (cf. pp. 40 – 41, 43, 51 – 52).

3. The 舌上音 intermingled with 正齿音 (cf. pp. 44 – 45, 52).

4. The second and third divisions of 正齿音 were not differentiated (cf. pp. 44 – 45, 52).

5. The initial 床 changed from 禅 to 审, with a few exceptions, but the initial 澄 filled the space of the Hard Sonant (全浊) which corresponds to the Unaspirated Surd (全清) 照 (cf. pp. 44 – 45).

6. The Sonant fricatives 禅、邪、匣 were absorbed by the Surd fricatives 审、心、晓 (cf. pp. 45 – 50).

7. The yodisized consonants were not limited to the third division (cf. p. 57).

As for the change of the Hard Sonant into the Aspirated Surd (次清) in the *Mahāyāna-Mādhyamika-Darśana*, it seems however to be a much more recent phenomenon.

With regard to the finals, we note that:

1. The final nasals [ŋ] of groups 宕 and 梗 had begun to disappear (cf. pp. 63 – 65, 87 – 91).

2. The characters of the rime 鱼 almost always entered the group 止(cf. pp. 66 – 67, 91 – 93).

3. The first and third divisions of the group 通 had different vowels, to wit, o and u respectively (cf. pp. 81, 96 – 97).

4. Under the influence of different initials, words of same rime often differentiated into different rimes(cf. p. 100 – 101).

5. The vowel [ɑ] of the first division, and the vowel [a] of the second division were not distinguished in Tibetan orthography (cf. p. 104).

6. The medial [u] in the first and second divisions was confused with that of third and fourth divisions (cf. p. 102).

7. The final consonants [-p]、[-t]、[-k] of the Abrupt Tone (入声) were written as -b、-r (or -d)、-g in Tibetan transliterations (cf. pp. 102 – 104).

It should be noted that while the greater part of Tibetan orthography accurately represents the actual sounds, there are cases where the same orthography do not represent exactly the same sounds (cf. p. 207 – 208) or the same sounds are represented by slightly different orthography (cf. p. 207 – 208). All of these can be observed from the evolution in the modern Northwestern dialects. While, therefore, we need not be so pessimistic as to fear that from the use of these materials "The greater part of such conclusions are an imaginary reconstruction" (Takaradzu Tokei), yet we must agree that it is important to discriminate very clearly what were the pronunciation of the actual speech of the period and what were the Tibetan approximate substitutions of the same time. This is a very important point to bear in mind for the effective conduct of this whole study.

Correlated to these Chinese-Tibetan transliterated manuscripts is a Chinese text entitled *Kaimeng Yawshiunn* (《开蒙要训》) with pronunciation notations. The last line of this manuscript states clearly that it was written in the fourth year of the period Tiancherng(929 A. D.) 9th month(?) 8th day at Duenhwang by the "Shyueshyh Lang" Jang[天成四年九十(?)八日敦煌郡学士郎张□□□]. Its date and linguistic area are therefore accurately fixed. Eliminating now from the pronunciation notations in this book cases of (a) pairs of reciprocal notations, in which one character represents the other, (b) those whose written forms are so much in error as to be difficult to recognize, (c) misreadings arising from inference by analogy, and (d) renderings of pronunciation difficult to understand, we have 241 pairs which from the interlacing of their sound notations supply us with material for the examination of the condition of the dialectal pronunciation of that period. Even among these 241 pairs, there is still a part which cannot entirely represent the actual dialectal changes, for the reason that they were read only for the nonce by the so-called "phonetic" half of the character. Thus, the remaining materials left for study are rather limited. Nevertheless, from these very limited materials I have discovered a number of very interesting phenomena: (a) Characters of the group 梗 drop their final nasals, and their sound notations alternate freely with characters in the rimes 齐 and 祭; (b) The group 止 and the rime 鱼 are interchangable, and are identical with those in the Tibetan transliterations of the *Chiantzyh Wen*, and this cannot be considered as merely accidental. As for the initials, the changes are no less radical. In the light of these interlaced sound notations whose pronunciations do not coincide with those of the *Chiehyunn*, we not only perceive that the Hard Sonants（全浊）had a tendency to become Unaspirated Surds(全清), but also that the fourth division of the 齿头音, by the influence of palatalization, were confused with 舌上音 and 正齿音. Moreover, the confusion of the initials 泥 with 来 and 娘 with 日 are phenomena never seen in Chinese-Tibetan transliterations. From this we see that this text is not only later in time than the Chinese-Tibetan transliterated manuscripts mentioned above, but may perhaps also be traced to some dialectal differences.

I found incentive to write this monograph in December 1932. The first three chapters of Part Ⅰ were written from January 2 to March 9 1933. During the removal of our Institute from Beeipyng(北平) to Shanghae(上海) this work was interrupted for some time. The final chapter of Part Ⅰ and the whole of Part Ⅱ with the three appendices were next completed during April and May, and the whole manuscript was sent to the press on June 6. That was more than ten months ago. Because there are some other sources which I have not been able to include, I still do not feel fully satisfied with the present work. A supplement will be added as soon as these sources come to hand.

For the completion of this monograph, I am most indebted to Prof. Chern Ynkeh（Yinko Tschen）, Dr. Jaw Yuanrenn（Y. R. Chao）, Dr. Lii Fangguey(F. K. Li）, Dr. Lin Yeutarng（Y. T. Lin）, Prof. Chyan Shyuantorng, Prof. Wey Jianngong, Prof. Luo Ingjong and Mr. Ding Shengshuh. They have either put at my disposal a great deal of material, or made very valuable suggestions. Some have read the whole manuscript over and corrected a number of mistakes. For suggestions as to the arrangement of the materials and the proof-reading of the whole work, I am also obliged to Mr. Tarng Yu and Mr. Cherng Lin.

Last but not least, I must acknowledge my indebtedness to Dr. Liou Fuh (F. Liu). He has not only spent a whole week reading over my manuscript, but also given up a half-completed treatise concerning the notations of *Kaimeng Yawshiunn*, when he heard that I was working on the same problem. In the preface of《敦煌掇琐》, Dr. Liou has already said: "the value of this manuscript does not lie so much in the text as in the sound notations." While, therefore, my results are arrived at independently, yet I must sincerely express my gratitude to Dr. Liou Fuh for this suggestion of his, and for his generous scrapping of his own work.

Shanghae, November, 8, 1933

Luo Charngpeir

Note:

In giving the *Chiehyunn* sound values in this monograph, I am mainly following Prof. B. Karlgren's reconstruction with the exceptions of 非[pf]、敷[pf‘]、奉[bv‘]、微[ɱ]、知[t, ȶ]、彻[t‘, ȶ‘]、澄[ɖ‘, ȡ‘]、模[o]、鱼[ĭo] and 东[oŋ]. For the reasons for these modifications of mine, I refer the reader to my articles in B. N. R. I. H. P. vol. Ⅱ, Part Ⅲ, pp. 378 – 385; vol. Ⅲ, Part I, pp. 121 – 157; and *Studies Presented to Ts' ai Yuan P' ei on His Sixty-fifth Birthday*, Part Ⅰ, p. 476, note 1.

一　本篇所用的几种材料

研究中国的中古方音，固然不能不拿《切韵》作起点，可是专靠《切韵》的反切那就难望得到较好的结果了。因为从反切只可以考见音类，而不能测定音值，照现代方音的现象看，在几个音类相同的方言之下往往是可以有很参差的音值的。况且《切韵》的性质本来是一部兼综“南北是非，古今通塞”的音汇，它于当时的方音虽然无所不包，却没有一种方音能够跟它完全符合，所以从考证方音的观点看，它还远不及吕静《韵集》、夏侯咏《韵略》、阳休之《韵略》、周思言《音韵》、李季节《音谱》、杜台卿《韵略》那些“各有乖互”的方音韵书比较有价值，可惜自从隋初经过《切韵》“最小公倍式”的统一国音之后，这些方音韵书不幸全散佚了。因此我们要想从事于中古方音的探讨，有两方面的材料最为重要：

(1) 汉字在外国语里的译音，或外国语在汉字里的译音；

(2) 保存方音性的汉字注音。

第一项材料，虽然当译音的时候彼此都不免有曲改读音、强人就我的毛病，可是在把本国的音类弄清楚以后，能够参照用音标所写的对音，那实在是打破读音“玄关”的一个秘钥。所以近来有些学者们很知道重视华梵对音、高丽译音、安南译音跟日译的汉音、吴音，并且已经应用它们得到不少好结果。至于第二项材料，像原本《玉篇》①跟《经典释文》一部分反切所代表的吴音，慧琳《一切经音义》反切所代表的秦音等，自然是很值得注意的，此外就很少遇见较古的材料了。我在本文里很侥幸地能应用五种材料：有四种汉藏对音的文件；有一种注音的《开蒙要训》。这几种材料都是敦煌千佛洞所发现的写本，我们由发现的地点，可以约略推测出它们所代表的方音区域，而且注音本《开蒙要训》的时代已然有明文可据，其余几种的时代也约略可以考定的。

甲　汉藏对音《千字文》残卷

巴黎图书馆所藏伯希和(P. Pelliot)搜集的敦煌文件第3419号，有梁周兴嗣撰《千字文》残卷一种，原卷已甚污损，自“而登咏”起至“徘徊瞻”止，共存53行，每行13字，除两行完整外馀均残缺。自第二行到第四十四行，每字左侧都附记着西藏字的对音。卷末附记关于占卜的西藏文11项，那另外是一种文件，跟《千字文》并无任何关涉。这种材料伯希和②跟马伯乐(H. Maspero)③都引用过一部分，羽田亨也作了一篇《汉蕃千字文的断简》④来介绍它，后来又把全份残卷的照片收入他所编的《敦煌遗书》第一集

① 原本《玉篇》虽已残佚，但据《万象名义》犹可考见梗概。参阅杨守敬《原本〈玉篇〉残卷跋》。

② P. Pelliot：*Kao-tch' ang, Qu čo, Houo-tcheou et Qarâ-Khodjâ*, J. As. XIX, 1912. pp. 584, 589, 590.

③ H. Maspero：*Le Dialecte de Tch' ang-ngan sous les T'ang*, B. E. F. E. O XX, 1920. pp. 21, 32, 37, 41, 46－50.

④ 《东洋学报》第13卷第3号(1923)第390—410页。

中。这个写本的时代，马伯乐以为是第十一世纪的初叶①；羽田亨以为："这个对音的时代虽难确定，不过从写本的字体来看，不能否认它跟敦煌石室所发现的其他五代宋初的写本风格迥异，于拙劣之间犹不可掩唐代的笔致。那么这上面的注音，也许是当吐蕃占据陇右时代其人民为习读汉字的便利而附记上的。如果这个假设不错，那么这种文件所表现的汉字读音，应该是唐代中国西部的正确字音。"②照我看，羽田亨的假设是可以承认的，我在下文从《开蒙要训》注音的演变上还可以给他寻出一点佐证来。

我在伯希和、马伯乐跟羽田亨之后还要应用这种材料，这完全由于个人的观点不同。伯希和引用这个材料，只是为解释高昌的译名问题。马伯乐既然误把这种材料的时代推断得很晚，而且引用的目的是为给他所谓"唐代长安方音"作参证，所以只提出几点特异的地方来讨论，对于这个方音的本身并没有作一番系统的研究。羽田亨虽然把这个写本所有的藏文对音都用罗马字译写出来，逐一同北平音比较，并且按照声母韵母也约略地分了几类，已经算是注意这个方音的整个系统了，可是从我的观点看，至少还有三点得要加以修订。

（1）缺乏历史的起点　要想考明一个方音演变的条理，最好是从它的渊源推溯下来。所以我们研究古代方音单靠《切韵》固然无从着手，可是得到别的参考材料以后，却非拿它作起点不可，可惜羽田亨对于这一点简直忽略了！

（2）错用比较的材料　研究方音间递变的真相，最好参照它们的直接后代音，否则也得拿邻近的方音作比较。羽田亨单拿一

① H. Maspero 前引文 p. 21。
② 《敦煌遗书·汉蕃对音千字文残卷·叙论》。

个关系疏远的北平音作比较而漠视现代西北方音，这对于唐代西北方音的研究并没有任何意义。

（3）校阅的疏略　羽田亨 1923 年在《汉蕃千字文的断简》里所附的照片只有 47 行，而且印得非常模糊，他对于藏文对音仓卒之间有几处辨认不清，这本来是很可原谅的。至于 1926 年在《敦煌遗书》里所收的五十四行本，已经放大了好几倍，印得也清楚多了，所以他又补认出 12 个对音来："第二行：和 hwa、下 ha'、睦' bug(?)、夫 phu(?)，第三行：诸 cu、姑、ko、伯 pag、叔 çug，第四行：交 ke'u、友 i'u、投 de'u。"但是我认为可以订正的地方还不限于这几个字。关于他所认错了的，有：

"伯"(3.3)[①] 依藏音应作 peg，跟其他陌韵字的读法相合，羽田误认为 pag。

"葴"(4.7)乃"箴"的俗体，羽田误认为"藏"，于是对于 cim 的对音就以为"不可思议"了。[②]

"内"(12.1)藏音作"འདའ"，羽田读为'do，照"陛"be'i(11.6)的藏文写法"བའ"来类推，应改作'de'i。

"给"(15.1)羽田读作 kueb，但藏音ུ[u]上原有 \ 号作ུ，或者是误注之后又取销了，而且-b 声随跟 u-介音因为异化作用，很难同时并存，所以我改读作 keb。

"富"(16.3)依藏音应读作 p'u，羽田误读作 hu。

"礜"(23.7)羽田读作 ye(?)，依藏音跟其他鱼韵字类推，应改作 yi。

"遠"(26.6)羽田读作'on，依藏音跟"尹、垣、员、炜"的声母例推之，应改作'wan。

---

① 点前的数字表示行数，点后的数字表示字数，俱以《敦煌遗书》本为准。下同。

② 《东洋学报》13 卷第 401 页。

“治”(27.1)羽田读作’dsi(?),依藏音似应作 li(?),因为由[dʑ]>[l]在厦门音里也有类似的例。

“孟”(29.1)羽田读作 maṅ,依《敦煌遗书》本མ上隐约有号 \ 可辨,故以其他庚韵字类推,改读作 meṅ。

“祇”(31.7)羽田误作“私”。

“的”(35.10)依藏音应读作 tig,羽田误读作 dig。

“(䴈)”① (37.7)羽田读作 kon(?),今依《敦煌遗书》本藏音改读作 kun。

“翫”(38.3)羽田因藏音 Wasur 模糊不清而误读作’gan,依其他桓韵字例,应改作’gwan。

“喰”(39.6)依藏音跟其他清母字例,应读作 ts‘an,羽田误作 c‘an。

“嫡”(44.3)依藏音应读作 tig,羽田误读作 dig。

他没有认出来的,有:

(畫)hwa(9.10)　(綵)ts‘a’i(9.11)　(席)syig(10.11)

(趙)ja’u(20.11)　(皐)ka’u(32.10)　古 go(34.5)

(少)ça’o(40.12)　異 yi(40.13)　(絜)kyar(41.13)

藏音原缺可据音韵例推知的,有:

槐 hwe...(14.6)应作 hwe(’i)　功 ko(?)(16.9)应作 ko(ṅ)

實 çi....(16.11)应作 çi(r)　惠...e...(19.7)应作(hw)e

(辱)...(32.6)应作źw(ag)

不过羽田亨曾经声明,他这篇文章只是给研究音韵学的人提供一些材料,并不算是专门的研究。我很原谅他作始的艰难,并且佩

① 汉字或罗马字外加括弧者为原文磨灭据例校补之记号,校补全文见附录一,惟为简明计列表时一律省却。

服他扮谦的态度,然而为明白这种方音的真相起见,我对于这种材料认为还有整理的必要。

乙 藏文译音《金刚经》残卷

在司坦因(Aurel Stein)所得的敦煌石室写本中,有两种藏文的残卷。其一,为:

> 厚黄纸的破碎卷子;长二十四又二分之一英寸即六十二公分,宽十二英寸即三十一公分,正面有四十横行,其中六行破碎不全,有二十四行更为残缺,是用一种秀丽的草体西藏字写的,这种字体,在从屯城(Mīrān)所得的木简跟从敦煌所得的纸写本中往往可以看见。它的背面有大个的汉字跟西藏字的记录。这是从敦煌写本的汇集里发现的。时代:从写本的出处看来,大概是第八到第十世纪。

其二,为:

> 较小的残卷,外表相似,不过只有六又二分之一英寸即十六公分半长,七英寸即十八公分宽,在正面有十行,两头儿都残缺了,字体跟第一种的一样;在反面有同一个人所写的西藏文件,这个残卷跟第一种恰好衔接,补充了三十九到四

十两行的文字。时代:如第一种。[①]

这两种写本已经陶慕士(F. W. Thomas)断定为鸠摩罗什(Kumārajiva)所译的《金刚经》(Vajracchedikā)残卷。[②] 其所存的只有自"(初日)分以恒河沙等身布施"起至"如恒河中所有沙佛说是沙……"止[③],中间残缺的字句还很多。陶慕士因为它们是用一种生动秀丽的西藏字写的,于是联想这两种写本跟沿着新疆南路的东部地方有关系,换言之,就是从屯城到敦煌跟沙州以及沙州本地。[④] 如果这个假设可以成立,那么他们所译的音当然就可以代表那时候这一带的方言了。这种材料曾经柯乐逊(G. L. M. Clauson)从头到尾注上了相对的汉字,并且做了两个藏汉互检的索引,另外还提出这种方言跟中古音不同的三个要点:(1)用-r 表示中古音的-t;(2)用-g、-b 表示中古音的-k、-p;(3)这种方言里鼻声'd 跟 n 的分别中古音是不承认的。[⑤] 不过他对于这种方言的语音特质,却敬谢不敏地想把所有相类的材料都发表以后,留给高本汉或伯希和来研究。我对于他这种谨慎的态度非常同情,尤其感谢他替我这次研究打下一个很好的基础,使我省却许多对译本文的功力!

---

① F. W. Thomas and G. L. M. Clauson:*A Chinese Buddhist Text in Tibetan Writing*,J. R. A. S. 1926. p. 508 小注。

② F. W. Thomas 前引文 p. 509。

③ 《大正新修藏》卷二三六,第 750 页 3 至第 751 页 2。

④ F. W. Thomas 前引文 p. 508。

⑤ G. L. M. Clauson 前引文 p. 510。

丙　藏文译音《阿弥陀经》残卷

伦敦印度部(India Office)图书馆所藏司坦因搜集的敦煌石室写本 ch. 77,ii. 3 号,有一种已经污损的黄白纸卷,长 162 公分,宽 26 公分,纸质粗而且厚,一大部分无疑是双层的。“这个写本有五页:从第一页到第三页约宽二十三到二十四公分;第四页约宽二十八公分;第五页约宽十八公分。上面所写的西藏字是比较正式的楷书(Dbu · Can),本来有些字就不大辨别得清楚,现在更模糊了。每页画有十六行横线,还有直的边线。……在这个卷子的背面有:(a)三十一直行大个黑字的汉文,(b)两横行西藏文。”西藏文的第一行为“h̲di · yaṅ · de · hi · tshe · Thu · pod · yaṅ · H̲brug · gis · bris · Pa · he · ”,陶慕士译云:“这也是那个时候一个布丹人(H̲brug)叫 Thu · pod · (yaṅ)所写的”。[1] 因此我们就可以推测它的正面也是出于同一个人的手笔了。正面所写的语言,已经陶慕士断定是鸠摩罗什所译的《佛说阿弥陀经》(*Smaller Sukhāvatī-Vyūha*)的藏文译音。[2] 现在所存的只有从“舍利弗于汝意云何,此佛何故号阿弥陀”起到卷终“欢喜信受□□作礼而去”[3]一部分,末尾并且有“佛说阿弥陀经一卷”的标题。至于本文后面附载的藏文发愿文 17 行,那是跟本题没有关系的。柯乐

---

① F. W. Thomas and G. L. M. Clauson: *A Second Chinese Buddhist Text in Tibetan Characters*, J. R. A. S, 1927. p. 281 小注;原文作“This also at that time was written by Thu · Pod · (yaṅ), a H̲brug.”确否待考。

② 前引文 p. 282。

③ 《大正新修藏》卷三六六,第 347 页 1 至第 348 页 1。

逊把这种写本也从头到尾地对注上汉字，并且做了两个藏汉互检的索引①，对于我这次研究，给了不少的方便。

丁　汉藏对音《大乘中宗见解》残卷

伦敦印度部图书馆所藏司坦因搜集的敦煌石室写本 ch. 9, ii. 17 号，有一种"纸卷子，宽三十公分，长四百四十公分；正面有二百九十行，反面有一百九十六行，是用很好的草体西藏字写的。各行跟卷子的宽度平行，每行约宽二十九公分，字体的大小不同，可见或者不是一个人写的；它用点，单双的竖线（daṅḍas），圆圈，一、二、三或很少三以上的数目字等详细的标点，但是并不完全对；各段跟有些章节是指明的；卷首残缺；在本文的末尾有一个题跋，提到一部书的第一卷，并且为一切有情来求福；末尾空白，正面约二十五公分，反面约一百六十公分；时代大约是第八到第九世纪？"②这种文件所代表的语言，也是一种藏文译音的汉语，但是并不能像以前两种那样容易立刻把汉字都还原。幸而另外在 ch. 80, xi 号还有一种"纸卷子，宽二十七公分半，长二百二十五公分；正面有一百二十八行是用恶劣的汉字跟宽度平行着直写的。每行宽二十公分，行间有小的草体西藏字，往往模糊、污损，或者侵入邻近的汉字，但是，对于 c、b 跟 h，c 跟 ts，chi 跟 tsha，'a、y- 跟 s-，ś 跟 ż，-ṅ 跟 -r 等等的分别，虽然有些困难，仔细地看还是可以辨认的。

① 《大正新修藏》p. 282。

② F. W. Thomas, S. Miyamoto and G. L. M. Clauson: *A Chinese Mahāyāna Catechism in Tibetan and Chinese Characters*, J. R. A. S, 1929. pp. 37－38 小注。

这些藏音本来是对译左边汉字的，实际上却有百分之五十都空着。汉字写在行线的中间，是两个人写的，第二个人从第八十行开始。卷首已经残缺并且污损了，末行有标题"[1]。陶慕士用两种写本仔细校勘，才知道第一种就是第二种的译音本。这两个本子起头儿虽然都残缺了，可是第二种写本的起首恰好跟第一种的第十四行相当，所以它们实际的起点相差并不很远。在汉藏对音本的末尾有"《大乘中宗见解义》别行本，吴法师"一行。据此，我们可以知道这本佛书并不是梵文的译本，而是一位姓吴的法师所抄关于《大乘中宗见解》(*Mahāyāna-Mādhyamika-Darśana*)的义理问答。吴法师是何许人，生在什么时候，都无可考，且案释家称谓例向来都取法名的下一字，如惠休则称休上人，玄奘则称奘法师，绝对没有冠俗姓的，所以这里的吴字也颇可疑，不知是否"悟"字的音讹。这个写本的时代，据陶慕士说是第七到第八世纪。[2] 译音本跟对音本虽然同出一源，不过因为词句的不同跟文字的脱漏，往往很有出入，而且标音的系统也差得很多。陶慕士把对音本里空白的藏音，参照本书的重字跟译音本的相对字，大部分填补起来，作成一个实际连贯的本子。[3] 我现在就拿它作根据。至于两种本子标音的差异，陶慕士只举了一段作例，声明留待将来再解释。所以我也只好等他把全文发表以后，再来作比较的研究。但是他认为对音本是吐蕃占据沙州时代的东西，而译音本是在它以后的东西[4]，从语音演变的顺序来看，我以为还有研究的馀地，这等到第二章里我们再来讨论。

---

① F. W. Thomas, S. Miyamoto and G. L. M. Clauson: *A Chinese Mahāyāna Catechism in Tibetan and Chinese Characters*, J. R. A. S, 1929. pp. 37 - 38 小注。

② 前引文 p. 39。

③ 前引文 pp. 41 - 61。

④ 前引文 p. 40。

关于这几种汉藏对音材料的罗马字写法，各家所用的系统参差不一，大致羽田亨所用的跟大司(Sarat Chandra Das)相近，陶慕士等所用的跟叶斯基(Jäschke)相近。我们要作比较的研究，第一步就有把各家的罗马字拼法改成一致的必要。所以我为参阅原书者的便利，在这里先列成一个比较表：

藏文字母	ཀ	ཁ	ག	ང	ཅ	ཆ	ཇ	ཉ	ཏ	ཐ	ད	ན	པ	ཕ	བ	མ
羽田亨式	k	kh	g	ṅ	c	ch	j	–	t	th	d	n	p	ph	b	m
陶慕士式	k	kh	g	ṅ	c	ch	j	–	t	th	d	n	p	ph	b	m
本篇所用	k	k‘	g	ṅ	c	c‘	j	–	t	t‘	d	n	p	p‘	b	m

藏文字母	ཙ	ཚ	ཛ	ཝ	ཞ	ཟ	འ	ཡ	ར	ལ	ཤ	ས	ཧ	ཨ
羽田亨式	ts	tsh	ds	w	sh	–	,	y	r	l	ç	s	h	a
陶慕士式	ts	tsh	dz	w	z̀	–	h	y	r	l	ś	s	h	’a
本篇所用	ts	ts‘	dz	w	ź	–	,	y	r	l	ç	ś	h	·a

藏文韵符	ེ	ི、ྀ	ོ	ུ	ྱ	ྭ
羽田亨式	e	i	o	u	y	w
陶慕士式	e	i	o	u	y	v
本篇所用	e	i i̥	o	u	y	w

在这个表里除去吐气音跟ཤ母只是写法不同外，其余的要算ཛ、ཞ、འ、ཨ四母相差最远。照音值来讲，ཛ跟ཞ都是浊音，所以羽田亨沿袭大司的拼法写作 ds、sh，不如陶慕士写作 dz、z̀ 较为合理。འ母在这几种对音里一共有四种用法：(1)用在由鼻声变来的浊塞声前面；(2)用在喻母合口字的前面；(3)用作复合元音第二个元音的根号；(4)随便用在 a 元音的末尾，没有什么条理可寻(例如：左 dza、佐 dza’，嘉 ka、稼 ka’、驾 ka 等)。在这四种用法里，除去第一种用法跟音值稍有关系外(详下文)，第二、第三两种用法叶

斯基只拿它们当做普通的单元音或复合元音，并不加什么特别符号，至于第四种用法那就更不重要了。所以我们如果想保留一点这个字母的痕迹，与其用陶慕士式的h̠，不如用羽田亨式的'较为简便。但是ཨ、འ两母专当元音根号用的时候，音值是不同的。照叶斯基讲，发ཨ音时喉部先关后开，在元音前微带喉部破裂作用[ʔ]；发འ音时就听不见这种作用。这种分别在西藏东部还可以严格地听出来，西藏西部现在就湮灭不彰了。① 在这几种汉藏对音里，凡影母字都用ཨ母来标，可见当时还保存那种喉部的破裂作用。羽田亨把ཨ母所代表的字标作纯韵，以至于影母的"伊ཨི"(《千字文》17.6)跟喻母的"贻ཡི"(《千字文》31.1)一律都混成"yi"音，这是不足为训的。陶慕士跟柯乐逊还能注意到这种分别，柯乐逊并且特别作了一篇论文来讨论这个问题②。不过他们是用'来代表ཨ的，我现在既然用'来保存འ母的痕迹，所以仿照高本汉《分析字典》的例，用·来表示喉部破裂作用以资区别，此外《千字文》的i音虽然有ི、ྀ两种记号(其余三种陶慕士未加分别)，可是在音韵上并没有一定的条理，现在分写作i、i̥两种，不过聊存原本的面貌罢了。

在本篇所用的四种汉藏对音材料之外，据我所知还有唐穆宗长庆二年(822)建立在拉萨的《唐蕃会盟碑》以及伯希和所搜集的《汉藏对译语汇》(No. 2762 背面)跟另外一种《汉藏对音佛经》(No. 2046)。关于《长庆会盟碑》的译名问题，我将另以专题来讨论；至于

---

① Jäschke: *Tibetan Grammar* pp. 1, 4; *Tibetan-English Dictionary*, Introduction XIV.

② G. L. M. Clauson and S. Yoshitake: *On the Phonetic Value of the Tibetan Characters* ཨ *and* འ *and the Equivalent Characters in the* h̠ *Phags · pa Alphabet*, J. R. A. S, 1929. pp. 843 - 862.

后两种材料,我这次在北平会到伯希和先生,已然承他允许把原件的照片寄给我研究。倘使在最近的将来能够实现,或许可以使我把现在所讨论的这个问题解决得比较圆满一点,我在这里应该预先声谢!

戊　注音本《开蒙要训》

敦煌石室所藏的《开蒙要训》,司坦因得到两种:(一)大中五年辛未三月二十三日学生宋文献诵,安文德写;(二)书于不知名佛经之背,"蒙"作"朦",后唐清泰二年二月十五日①。伯希和也得到两种:(一)不注音本(No. 2487):(二)注音本,天成四年九十(?)八日敦煌郡学士郎张□□□(No. 2578)②,可见这本书在当时是很流行的。考《隋书·经籍志》、《旧唐书·经籍志》及《新唐书·艺文志》虽然都没有著录此书,而藤原佐世的《日本现在书目》却把它收入小学类,列在晋顾恺之《启蒙记》、王义《小学篇》的后面,梁周兴嗣《千字文》的前面,而注云"马氏撰",由此看来,就无疑地可以断定它是东晋与齐梁之间的东西,并且由押韵的情况还可以把它提早到宋齐以前(详下文)。这四种写本里以注音本最有价值,所以刘半农先生特别把它收入《敦煌掇琐》中辑,并且说:"此篇可贵之处,不在本文而在所注之音。"③我所以能展转利用这个材料,不能不感谢刘先生的辑录跟提示!从这本书的尾题来看,如果那个敦煌郡学士郎张某就是注音的人,那么这些注

① 见罗福苌《伦敦博物馆敦煌书目》,北京大学《国学季刊》第一卷,第 163 页。

② 同上书,第 739—743 页。

③ 见《敦煌掇琐》目录第 13 页。

音所代表的当然就是后唐明宗时代(天成四年即929)的敦煌方音了。所以专就时代跟地方的确定讲,这种材料比那几种汉藏对音的文件还要贵重的。不过,这本书里的注音一共有437对,其中拿同音字互注的倒有185对,另外还有讹误不可识的三对,误读的六对,音理难通或有讹误的两对,实际上可以供我们从对音的错综处考见当时方音状况的,不过有241对罢了。我根据这一点材料,却也发现几个有趣的现象:例如,梗、蟹两摄的"对转",止、遇两摄的旁通,都跟《千字文》的藏音相合,然而声母一方面却变得很厉害。因为照这些注音的合并情形看,不单全浊声母已然露了消变的朕兆,甚至于连"齿头音"的四等也已经有混入"舌上"、"正齿"的趋势了。如果这种现象可以代表五代时候的敦煌方音,那么,我们从声母的系统就可以推断《千字文》的藏音所代表的要比《开蒙要训》的注音较早。羽田亨最初假定《千字文》的藏音是代表中唐以前的敦煌流行音①,虽嫌太早一点,然而无论如何绝不会是五代时候的东西,马伯乐把它当做第十一世纪初叶的写本,当然可以不攻自破了。

从上面所述的四种汉藏对音材料,我们已然可以约略考见唐五代间的西北方音系统,而《开蒙要训》的注音可以代表后唐明宗时代的敦煌方音尤其没有疑义。所以,我们如果要想知道这一系方音演变的历程,最好再拿它的直接后代音作一番比较。可惜我们现在对于西北方音还没有系统地调查过,不单对于现代敦煌音找不到精切的材料,就是它的邻近音也无从寻觅。幸而高本汉的《中国音韵学研究》后面所附的《方音字典》还记了兰州②、平凉两

① 羽田亨前引文,《东洋学报》第13卷,第392页。

② 兰州今改皋兰,西安今改长安,三水今改栒邑,此沿高本汉《方音字典》旧称。

种甘肃方音，不得已而思其次，我们只好拿它作为比较的材料。另外还有几种陕西、山西的方音韵尾鼻声也有消变的现象，而且文水、兴县的鼻声母也跟四种汉藏对音所代表的有类似的变化，所以我又附列西安、三水①、文水、兴县四种方音以资参证。虽然这也是不得已的办法，可是总比拿北平音作比较要有意义得多，因为经过这一番比较，我们已然可以约略推知唐代的西北方音还能保存《切韵》音类的一大部分，从五代起渐渐有变成近代西北方音的倾向了。

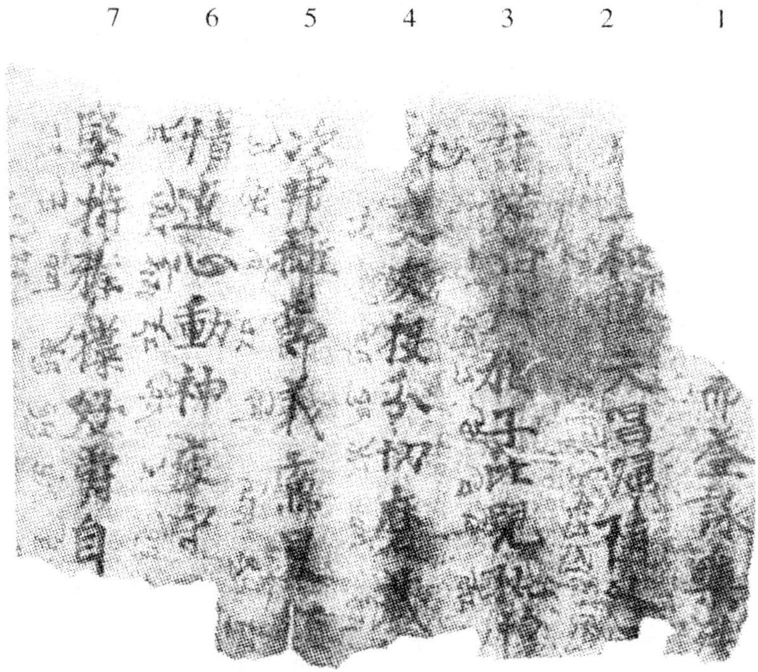

汉藏对音千字文残卷一

① 兰州今改皋兰，西安今改长安，三水今改栒邑，此沿高本汉《方音字典》旧称。

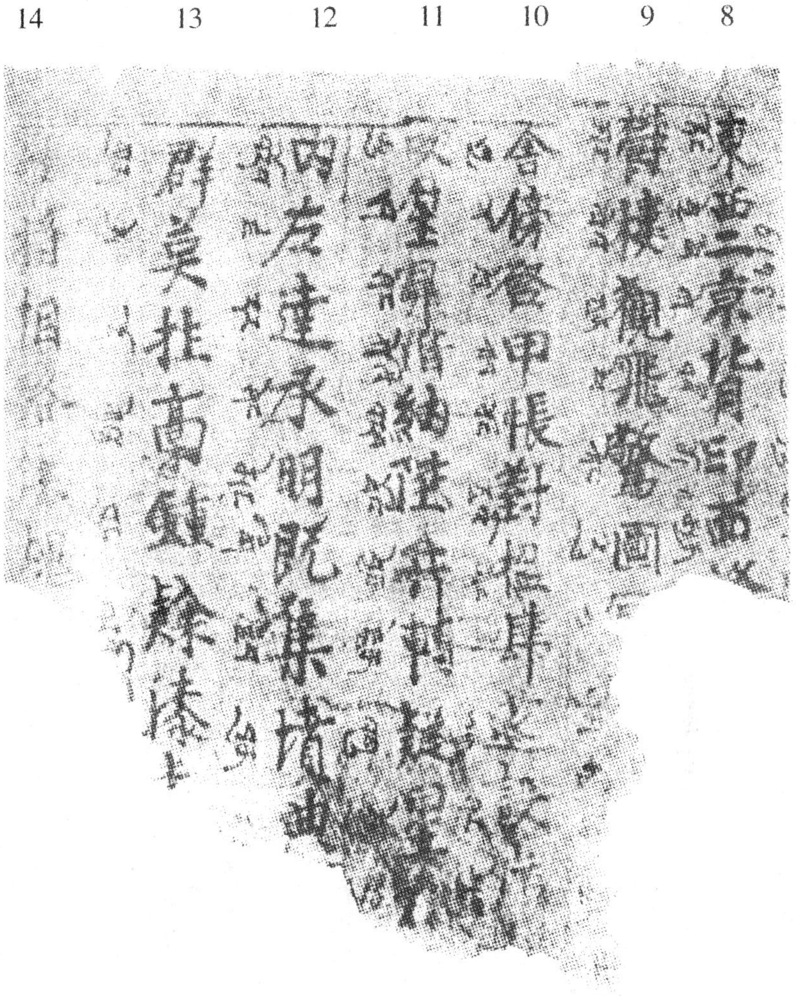

汉藏对音千字文残卷二

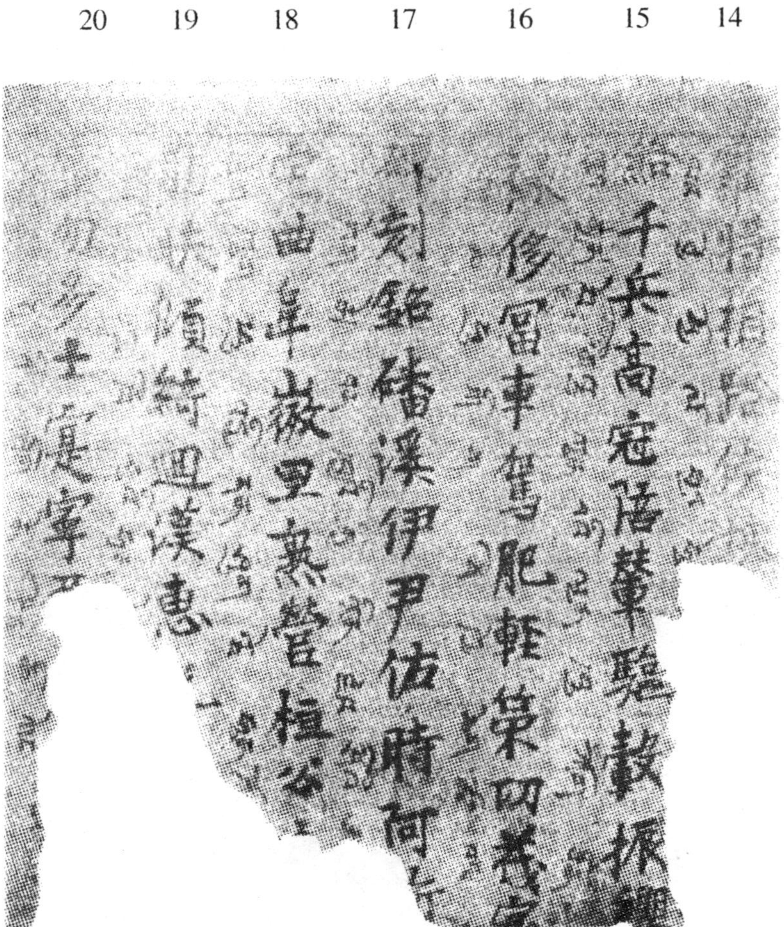

汉藏对音千字文残卷三

27　26　25　24　23　22　21

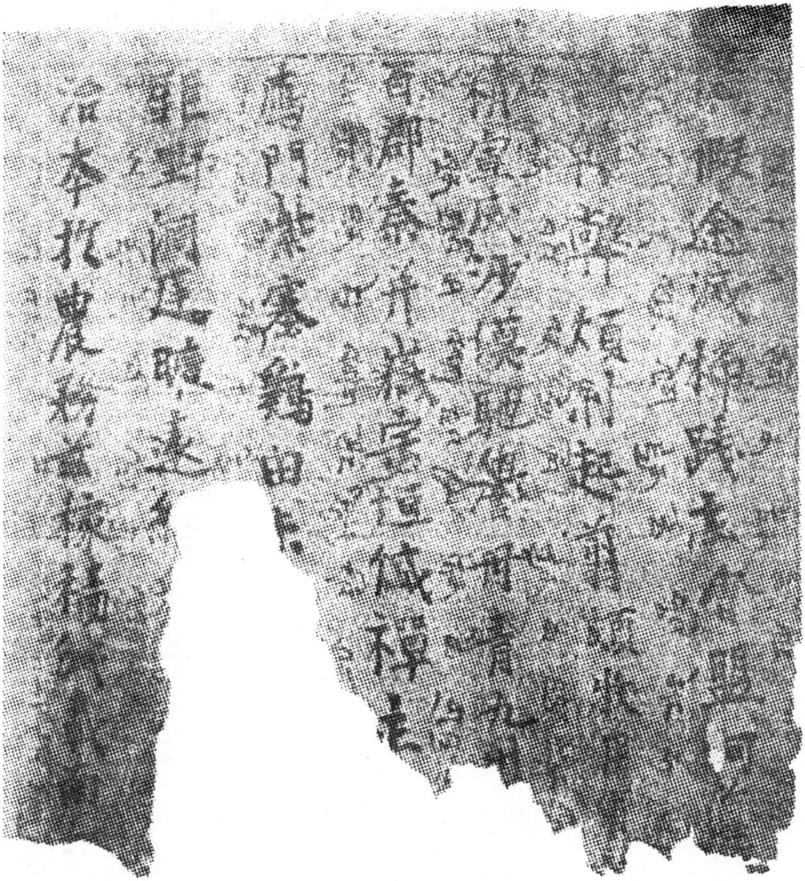

汉藏对音千字文残卷四

34 33 32 31 30 29 28

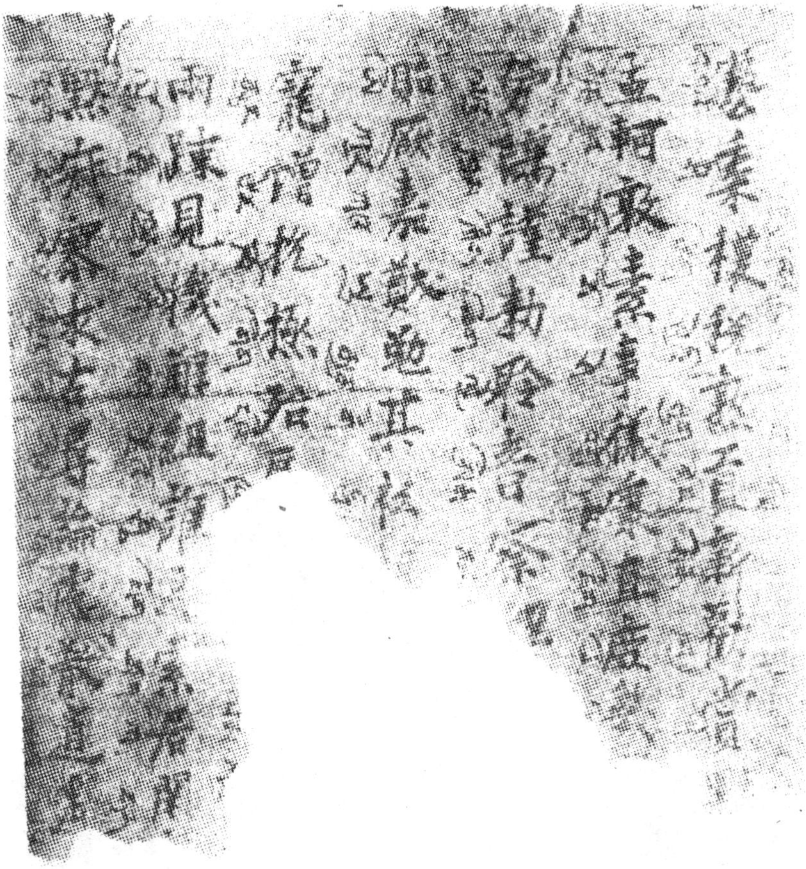

汉藏对音千字文残卷五

40 39 38 37 36 35

汉藏对音千字文残卷六

47 46 45 44 43 42 41

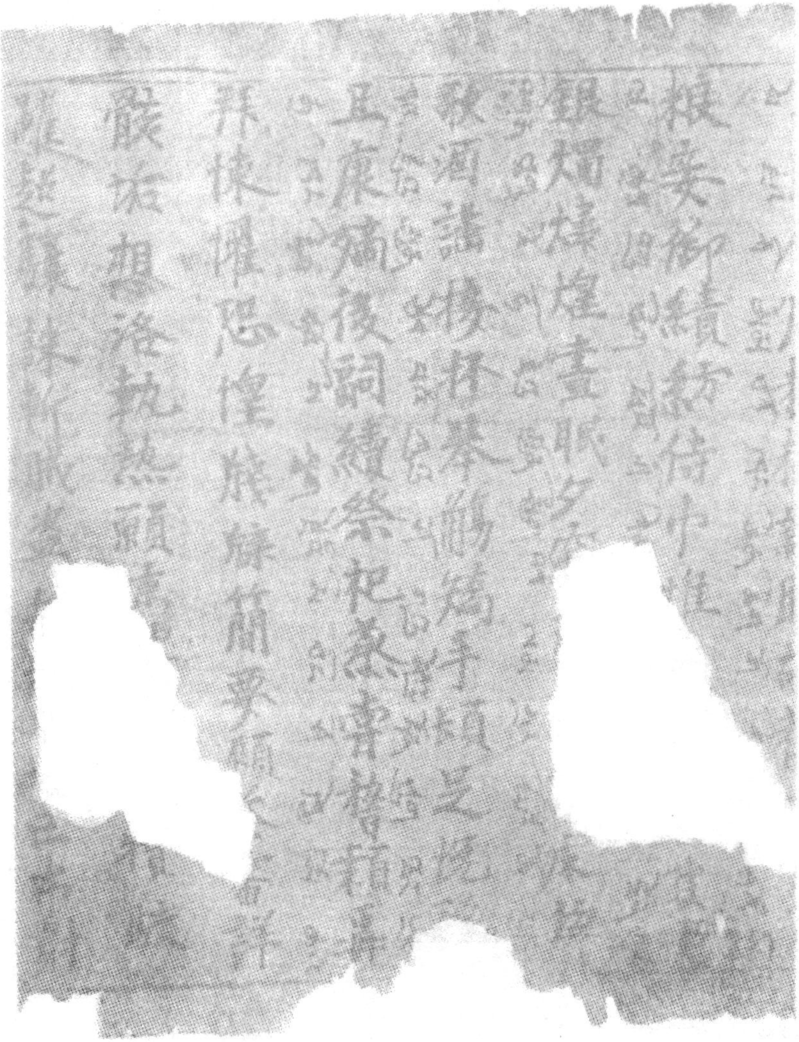

汉藏对音千字文残卷七

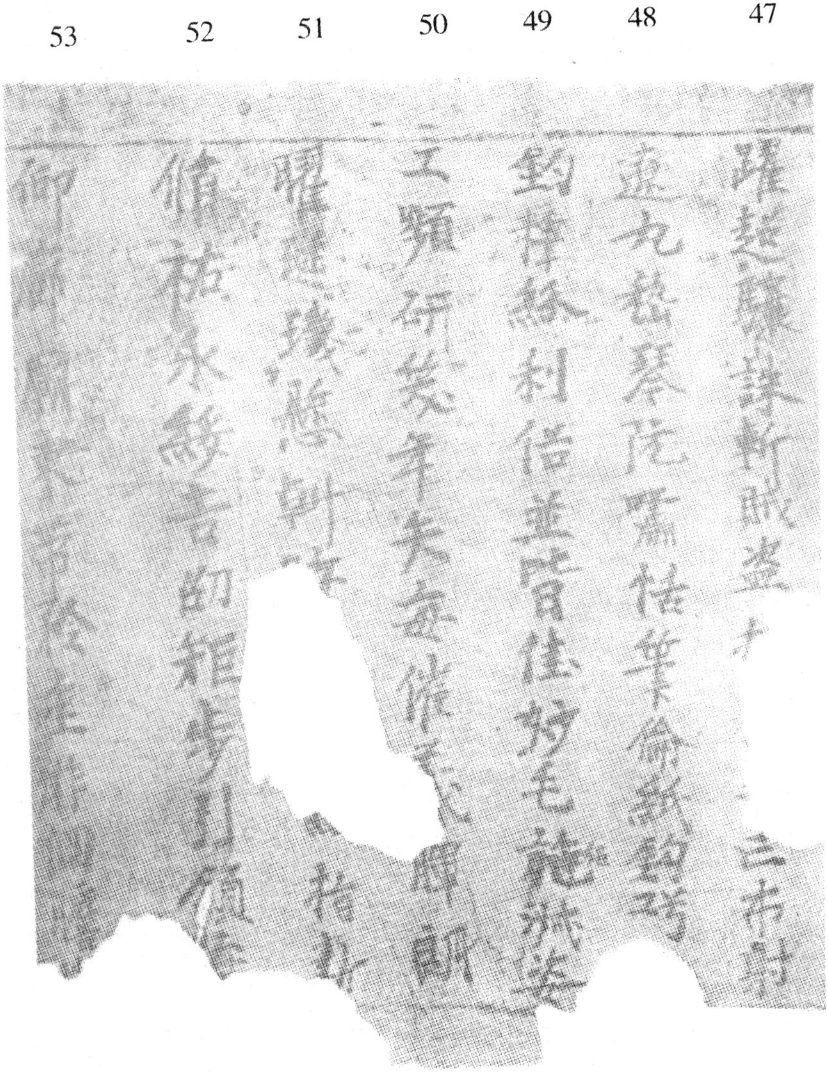

汉藏对音千字文残卷八

二　从敦煌汉藏对音写本中所窥见之唐五代西北方音

在第一章里所叙述的几种藏译汉音的写本，大概都是吐蕃占据陇西时代为学习汉语的方便而作的，所以应该是唐代宗宝应二年(763)到唐宣宗大中五年(857)[①]之间的东西。从发现的地域看，它们所译写的语言似乎就是当时沙州或沙州附近流行的方音。从音韵的系统看，《千字文》跟《大乘中宗见解》相近，《阿弥陀经》跟《金刚经》相近；后一系保存-ṅ收声跟清浊的分界，而韵母分类有的离《切韵》稍远；前一系消失了一部分-ṅ收声，并且清浊的分界也渐渐起了变化，而韵母分类却有些跟《切韵》较近，所以当时译音者的写法差异似乎比时代差异大。不过《阿弥陀经》比较最早，《大乘中宗见解》比较最晚，大概是可以决定的了。我为列表的方便起见，姑且拿《千字文》的音系作纲领而拿其余三种来比较，其中有跟《千字文》的声母或韵母不同的，就写作斜体字以资识别。这四种写本的全部材料大概

---

① 《新唐书·吐蕃传》："宝应元年（吐蕃）陷临洮，取秦、成、渭等州。……明年入大震关，取兰、河、鄯、洮等州，于是陇右地尽亡。"又，"乾元后，陇右、剑南、西山三州七关军镇监牧三百所皆失之。……明年（大中五年）沙州首领张义潮奉瓜、沙、伊、肃、甘等十一州地图以献。……其后河、渭州虏将尚延心以国破亡，亦献款。秦州刺史高骈诱降延心及浑末部万帐，遂收二州。……咸通二年，义潮奉凉州来归。"

都归纳在六组声母表跟二十三摄韵母表里，关于这一部分方音的系统以及从《切韵》音到唐代西北方音的演变，阅表即可自明，遇有说明的必要时，才在表后作总括的讨论，否则恕不赘叙。

甲　声母

这一系的方音声母跟《切韵》声类的最大异点：第一，“舌上音”混入“正齿音”；第二，“正齿音”的二、三等不分；第三，摩擦音的浊母禅、邪、匣变入清母审、心、晓；第四，床母大部分由禅变审，但澄母却变为照母的全浊；第五，“轻唇音”非、敷、奉大多数变与滂母同音已然露了分化的痕迹；第六，明、泥两母因为后面声随的不同各分化为两类；第七，y 化的声母并不专以三等为限。这七点是四种藏音所共同的。此外，如《千字文》跟《大乘中宗见解》的全清上去声字一部分混入全浊，《大乘中宗见解》的全浊大部分变成次清，那要算是特殊的变化。所以就大体上讲，唐五代西北方音的声母应该有六组 29 类：

p	p'	b	'b	m	
帮	滂非敷奉(千,大),並(大)	並奉帮(千,大),微(大)	明微	明(在-n、-ṅ前)	
t	t'	d	'd	n	l
端	透定(大)	定端(千,大)	泥	泥(在-ṅ、-m前)	来

p 组声母

藏音所代表之方音声母	p	pʻ			
切韵声类	帮 ［p］	滂 ［pʻ］	敷 ［pfʻ］	非 ［pf］	奉 ［bvʻ］
千字文	兵 pe 秉 pye 并 pye 碑 pi 杯 paʻi 本 pon 伯 peg 百 peg 逼 pi̥g	頗 pʻa 烹 pʻe 飄 pʻyau	紡 pʻoʻo	飛 pʻe 夫 pʻu 富 pʻu 法 pʻab 弗 pʻur	扶 pʻu 阜 pʻu
大乘中宗见解	波 pa 悲 pyi 布 pu 寶 peʻu 邊 pyan 八 par 畢 pyir	破 *pa*	覆 pʻu	非 pʻyi 否 pʻu 分 pʻun 風 pʻuṅ 法 pʻab 髮 pʻar 不 *'bu*	夫 pʻu 煩 pʻan 佛 pʻur
阿弥陀经	彼 pi, pe 鞸 pyi 不 pu 寶 peʻu 邊 pyan 遍 pyan 北 pug 補 *'pʻu*		覆 *'pʻu*	法 pʻab 非 pʻyi, *'pʻyi* 發 pʻad, *'had* 弗 pʻur 福 *pug* 方 *'bwaṅ*	
金刚经	布 pu, *pʻu* 百 pig 不 pu, *pʻu* 邊 pyan 八 par	譬 pʻyi		非 pʻyi 分 pʻun 法 pʻar 發 pʻar	

表第一

b			'b		m
並 [bʻ]	奉 [bvʻ]	帮 [p]	明 [m]	微 [ɱ]	明 [m]
杷 ba' 傍 bo 枇 be 疲 be 陪 ba'i 陛 be'i 弊 be'i 磻 ban 弁 byan	肥 bi̥ 婦 bu 煩 ban 飯 ban 墳 bun 分 bun	比 bi̥ 背 ba'i 飽 ba'u	磨 'ba 摩 'ba 寐 'bi̥ 茂 'bu 門 'bun 蜜 'bir 滅 'byar 漠 'bag 邈 'byag 睦 'bug 牧 'bug 默 'bug 目 'bug.	微 'byi 務 'bu 晚 'ban 勿 'bur	銘 me 邙 mo 眠 myan 勉 myan 面 myan 綿 myen 明 meṅ 盟 meṅ 孟 meṅ
菩 *pʻu* 鼻 *pʻyi* 盤 *pʻan* 平 *pʻeṅ* 拔 *pʻar* 别 *pʻar* 帛 *pʻeg*	凡 bam 梵 bam	彼 byi 表 bye'u 本 bun 謗 boṅ 比 *'byi*	摩 'ba 每 'be 妙 'bye'u 滅 'byer 蜜 'byir	無 'bu 无 'bu 味 *byi* 聞 *bun* 問 *bun* 忘 *boṅ* 妄 *boṅ* 物 *bur*	謨 ma 没 ma 命 me 名 mye 明 mye 免 mye 門 mon 盲 meṅ 夢 moṅ
跋 bad	梵 bam 煩 *'ban* 佛 *'bur*		摩 'ba 妙 'bye'u	網 'bwaṅ	名 me, meṅ, mi, miṅ, myi 命 meṅ, miṅ 藐 myag
菩 bu 白 big	佛 bur 伏 bug 分 *'bun* 復 *'bug*		牟 'bu 滅 'byer	萬 'ban, 'bun 無 'bu 末 'bar	名 mye, myi 藐 meg, myag, 'meg

c	c‘	j	ç	ź	’j
照知	穿彻澄(大)	澄照(千,大)	审禅床	日	娘
	床(千,一个字)	知(千,大)			
ts	ts‘	dz	s		
精	清从(大)	从精(千,大)	心邪		
k	k‘	g	’g		
见	溪群(大)	群见(千,大)	疑		
·	h	y	‘w		
影	晓匣	喻三开	喻三合		
		喻四开合	喻四合(千,两个字)		

表中所注的中古声类,凡标明“千”“大”“阿”“金”等简称,表示各种单独的演变;没有标明简称的,表示四种共同的演变。’b : m 跟’d : n除去很少的例外,从来不会同时在同一情境之下发现,跟漳州《十五音》中的“文、柳”两音的分合情形相同①,实际上本来可以归纳作两个“音位”(Phoneme)的。

至于各组详细的分合情形如上表及下列各表:

① 参看《厦门音系》第5页。

t 组声母表第二

藏音所代表之方音声母	t	tʻ	d		'd	n	l
切韵声类	端[t]	透[tʻ]	定[dʻ]	端[t]	泥[n]		来[l]
千字文	多 ta 對 twaʼi 耽 tam 敦 ton 頓 ton 丹 tan 顛 tyan 典 tyan 東 toṅ 的 tig̥ 嫡 tig̥	土 tʻuo 退 tʻwaʼi	途 do 圖 duo 杜 do 庭 de 岱 daʼi̥ 殆 daʼi 條 dyaʼu 投 deʼu 田 dyan 動 doṅ 洞 doṅ 達 dar 獨 dog 讀 dog	旦 dan	納 'dab 内 'dei̥	曩 no 寧 ne 南 nam 農 noṅ	羅 laʼ 路 lo 粮 lyo 两 lyo 聆 lye 離 li 累 lu 慮 lu 隸 leʼi 勞 laʼu 樓 leʼu 寥 leʼu 籃 lam 廉 lem 林 lim 論 lon 辇 lyan 凌 liṅ 落 lag 禄 log
大乘中宗见解	多 ta 答 tab 得 tig	他 tʻaʼ 體 tʻe 剃 tʻeʼi 貪 tʻam 通 tʻuṅ 脱 tʻar 土 *do* 天 *'de*	怠 de 第 de 大 de 地 di 道 deʼu 盗 deʼu 定 deṅ 達 dar 同 *tʻoṅ* 檀 *tʻan* 獨 *tʻog* 毒 *tʻog*	諦 de 對 dwe 到 deʼu 倒 deʼu 斷 dwan 等 diṅ	泥 'de 惱 'de 内 'dwe 暖 'dwan 納 'dab 涅 'der 乃 *'neʼi* 難 *'nan*	念 nyam 能 niṅ	羅 la 流[la] 來 le 離 li 理 li 老 leʼu 了 leʼu 倫 lin 輪 lun 亂 lwan 領 leṅ 令 leṅ 量 lyoṅ 两 lyoṅ 劣 lywr 樂 lag 六 lug
阿弥陀经	多 ta 但 tan 等 tiṅ 燈 teṅ，tiṅ 德 tig 得 tig	土 tʻo 天 tʻen 歎 tʻan 退 tʻwa	弟 de 陁 *'da* 達 *'dar*		腦 'deʼu 難 'dan 能 *'neṅ*，*'niṅ*	念 nem 耨 nog，*log*	羅 laʼ 來 le 禮 le 亂 lwan 利 li 樂 lag 六 lug
金刚经	多 ta 倒 teʼu 擔 tam 典 ten 當 taṅ 等 tiṅ 燈 tiṅ 德 tig 得 tig	他 tʻaʼ 天 tʻen 塔 tʻab 土 *do*	墮 dwa 度 do 提 de，deʼi 大 deʼi 道 deʼu 讀 dog		那 'daʼ 能 'diṅ 耨 'dog，*nog* 乃 *'neʼi*	男 nam 念 nam	羅 laʼ 來 leʼi，le 禮 le 亂 lwan 量 lyaṅ

c组声母表第三上

藏音所代表之方音声母	c		cʻ			j		
切韵声类	照 二 三 [tʂ][tɕ]	知 三 [ȶ]	穿 二 三 [tʂʻ][tɕʻ]	徹 三 [ȶʻ]	床 二 [dʐʻ]	澄 二 三 [ɖʻ][ȡʻ]	知 二 三 [ʈ][ȶ]	照 二 三 [tʂ][tɕ]
千字文	祇 ci 諸 cu 招 caʼu 箴 cim 振 cin 蒸 ciṅ 鍾 cuṅ 燭 cwag	帳 con	楚 cʻi 察 cʻar 策 cʻeg 唱 cʻoʼo 侈 cʻi 吹 cʻu 充 cʻuṅ 俶 *çug*	抽 cʻeʼu 寵 cʻuṅ 勑 cï̥g	床 cʻo	宅 jeg 腸 jo 持 ji̥ 馳 jïʼi 趙 jaʼu 直 ji̥g 治 *li*	轉 jwen 晝 jeʼu	
大乘中宗见解	之 ci, *tsi* 支 ci 只 [ciṅ] 諸 cu, *ʼcu* 證 ciṅ 衆 cuṅ 側 *cʻeg* 終 *cʻun* 紙 *tsi*	知 ci 智 ci 中 cuṅ 竹 *ts*[*i*]*g*	初 cʻu 嗔 cʻin 瞋 cʻin 出 cʻur 赤 cʻig 觸 cʻog 差 *tsʻa* 稱 *kʻyiṅ*	癡 cʻi, tsʻa 超 cʻeʼu		着 jag 持 *cʻi* 值 *cʻi* 治 *cʻi* 住 *cʻu* 塵 *cʻin*		者 ja 證 jiṅ 種 juṅ 衆 juṅ 争 jeṅ
阿弥陀经	者 ca 之 ci 諸 ci 照 ciʼu 衆 cuṅ 障 caṅ 終 *cʻuṅ* 莊 *tsaṅ*	知 ci 致 ci	處 cʻi 稱 cʻiṅ 出 cʻur 閦 *cog*			持 ji 濁 jwag 長 jaṅ	幢 jwan, *zwaṅ* 轉 *cwan*	執 jib
金刚经	者 ca 之 ci 至 ci 諸 ci 衆 cuṅ 莊 *ʼtsa*, *tsaṅ* 真 *tsin*	知 ci 中 cuṅ	處 cʻi 稱 cʻiṅ, *tsoṅ*			持 ji 住 ju 值 ji 長 jaṅ, *źan* 著 jag		

c组声母表第三下

藏音所代表之方音声母	ç			ź	'j
切韵声类	审 二 三 [ʂ][ɕ]	禅 [ʑ]	床 二 三 [dʐ][dʑ]	日 [ȵʑ]	娘 [nj]
千字文	沙 ça 笙 çe 踈 çi 穡 çi̥g 舍 çya 觴 ço 賞 ço 黍 çi 庶 çi̥ 税 çwe'i 少 ça'o 手 çe'u 守 çi̥'u 昇 çeṅ 設 çar 叔 çug 適 çi̥g	嘗 ço 時 çi'i̥ 市 çi̥ 侍 çi 誰 çwi 禪 çan 膳 çan 承 çeṅ 實 çig 孰 çug 熟 çug	士 çi̥ 事 çe 神 çi̥n 實 çir	兒 źi̥ 耳 źi 二 źi̥ 弱 źag 辱 źwag	
大乘中宗见解	師 çi 所 çu 生 çeṅ 殺 çar 色 çeg 捨 ça 世 çe 施 çi 水 çu 身 çin 少 çe'u 聲 çeṅ 勝 çiṅ 攝 çab 設 çar 説 çwar 識 çig	時 çi 視 çi 是 çi 殊 çu 受 çi'u 甚 çyim 善 çan 禪 çan, *źan* 上 çaṅ 常 çoṅ 成 çeṅ 十 çib, çim	士 çi 狀 çon, *ts'oṅ* 蛇 ça 事 çi 神 çin 順 çun 乘 çiṅ 舌 çar	耳 źi 二 źi 如 źu 汝 źu 染 źam 人 źin 潤 źun 入 źib 而 *'gyar*	
阿弥陀经	師 çi 所 çi, çe, çu 數 ço 山 çan 色 çig 舍 ça, *sar* 釋 ça 世 çe 少 çi'u 聲 çeṅ 聖 çeṅ 勝 çiṅ	是 çe 樹 çu 受 çi'u 甚 çim 成 çeṅ 十 çib 善 *źan*	實 çir 舌 çar, çir	汝 źi, źu 如 źi 而 źi, źu 二 źi 人 źin 日 źir 若 źag	女 'ji 尼 'ji
金刚经	沙 ça 數 çu 所 çi, çu, çu'i, çe'i, ça 生 çeṅ, *źeṅ* 施 çi 釋 çi 世 çe'i 身 çin 説 çwar	時 çi 是 çi 授 çi'u 受 çi'u 壽 çi'u 善 ça'ṅ 上 çaṅ 成 çeṅ 承 çiṅ	事 çi 乘 çiṅ 實 çir	汝 źe 如 źe, źi 而 źe 爾 źe 繞 źe'u 然 źen 人 źin 若 źag 肉 źug	女 'ji 尼 *'di*

ts 组声母表第四

藏音所代表之方音声母	ts	tsʻ	dz		s	
切韵声类	精 [ts]	清 [tsʻ]	从 [dzʻ]	精 [ts]	心 [s]	邪 [z]
千字文	將 tsyo 精 tsye 茲 tsi̥ 子 tsi̥ 紫 tsi 糟 tsa'o 遵 tsun 翦 tsyan 增 tseṅ 宗 tsoṅ 接 tseb 節 tser 爵 tsyag 稷 tsi̥g 足 tsug 再 *tsʻa'i* 績 *ci̥g*	且 tsʻya 青 tsʻe 翠 tsʻwe 次 tsi̥ 綵 tsʻa'i 操 tsʻa'u 親 tsʻịn 飡 tsʻan 千 tsʻyan 妾 tsyab 切 tsʻer 慼 tsʻịg 戚 tsʻịg	墻 dzyo 情 dze 自 dzi̥ 踐 dzyan 集 dzi̥ b 寂 dzi̥ g 秦 *jen*	左 dza 佐 dza' 組 dzo'o 酒 dzu'u 載 dza'i 宰 dza'i̥ 祭 dze'i 奏 dze'u 晋 dzi̥n	寫 sya 素 so 顙 so 相 syo 廂 syo 西 sye 星 sye 肆 si̥ 塞 sa'i 逍 sya'u 心 sim 新 si̥n 筍 sun 散 san 仙 syan 宣 swan 索 sag	謝 sya 象 syo'o 嗣 si̥ 祀 si̥ 隨 su'i 岫 si'u 尋 syi̥m 續 swag 席 syi̥g 夕 syi̥g
大乘中宗见解	資 tsi 津 tsin 精 tsiṅ, tsoṅ 憎 tsiṅ 宗 tsoṅ, tsʻon 作 tsag 則 tsig 即 tsig 增 *tsʻiṅ*	且 tsʻya 切 tsʻe 此 tsʻi 麤 tsʻu 取 tsʻu 遷 tsʻyan 青 tsʻeṅ	財 *tsʻe* 在 *tsʻe* 慈 *tsʻi* 自 *tsʻi* 造 *tsʻeu* 前 *tsʻyan* 淨 *tsʻeṅ* 情 *tsʻeṅ* 曾 *tsʻiṅ* 集 *tsʻib* 絶 *tsʻwar* 寂 *tsʻig* 聚 *su*	進 dzin 作 dzag	素 so 思 si 四 si 死 si 細 se 須 su 髓 su 修 si'u 三 sam 心 sim 信 sin 先 syan, sen 相 syan, syon 想 syaṅ 僧 siṅ 性 sin 薩 sar 息 sig	似 si 像 syaṅ 俗 swog

（续表）

藏音所代表之方音声母	ts	tsʻ	dz		s	
切韵声类	精 ［ts］	清 ［tsʻ］	从 ［dzʻ］	精 ［ts］	心 ［s］	邪 ［z］
阿弥陀经	子 tse, tsi, *ci* 讚 tsan 進 tsin 作 tsag	此 'tsʻi 切 tsʻe 千 tsʻen 七 tsʻir	在 dze 淨 dzeṅ 就 *'dzi 'u* 雜 *zab*		娑 sa 西 se 思 si 四 si 須 su 修 si'u 三 sam 心 sim 信 sin 算 swan 相 syan 宿 sug	
金刚经	子 tse 最 tswe'i 尊 tson, tsin 作 tsag 則 tsig 即 tsig, tsiṅ	此 tsʻi 次 tsʻi 切 tsʻe'i, tse'i 千 tsʻen	在 dze'i 罪 dzwe'i 就 dzi'u 前 dzen 賤 dzen		思 si 四 si 須 su 修 si'u 消 se'u 小 se'u 三 sam 心 sim 信 sin 散 san 算 swan 僧 siṅ 薩 sar 悉 sir	誦 suṅ

k组声母表第五

藏音所代表之方音声母	k	k‘	g		'g
切韵声类	见 [k]	溪 [k‘]	群 [gj]	见 [k]	疑 [ŋ]
千字文	歌 ka 嘉 ka 稼 ka 解 ka 姑 kuo 京 ke 雞 kye 飢 ki̥ 機 ki̥ 車 ki̥ 居 ki̥ 舉 ku'u 階 ke'i̥ 交 ka'u 高 ka'u 皋 ka'u 稾 ke'u 謹 ki̥ n 巾 kin 軍 kun 鵾 kun 觀 kwan 冠 kwan 堅 kyan 見 kyan 驚 keṅ 更 keṅ 功 kuṅ 公 koṅ 貢 koṅ 甲 kab 給 keb 厥 kwar 絜 kyar 虢 kweg 轂 kog	軻 k‘a 曠 k‘o 抗 k‘o 啓 k‘ye 輕 k‘ye 稽 k‘ye 傾 k‘we 綺 k‘i̥ 起 k‘i̥ 驅 k‘u 溪 k‘ya'i 口 k‘a'u 謙 k‘yam 勸 k‘wan 遣 k‘yan 糠 k‘aṅ 康 k‘aṅ 孔 k‘oṅ 曲 k‘wag 刻 k‘eg	其 gi̥ 鉅 gi̥ 渠 gu 具 gu 求 gi'u 舊 gi̥ 'u 禽 gim 群 gun 郡 gwin 極 gi̥g	假 ga 駕 ga 古 go 九 gu'u 故 gu 既 gi̥ 矯 ga'u 絳 gaṅ	雅 'ga 疑 'gi 儀 'gi 義 'gi̥ 梧 'gu 寓 'gu 御 'gu 藝 'ge'i̥ 外 'gu… 巖 'gam 銀 'gi̥n 雁 'gan 翫 'gwan 嶽 'gag
大乘中宗见解	過 kwa 故 ko 皆 ke, he 蓋 ke 界 ke 戒 ke 計 kye 歸 ku 交 ke'u 教 ke'u 根 kin 間 ken 堅 kyan, kyen 見 kyan, kyen 觀 kwan 卷 kwon 經 kyeṅ 竟 keṅ 境 keṅ 骨 kur 覺 kag	可 k‘a 苦 k‘o 綺 k‘i 起 k‘i 丘 k‘ye'u 龕 k‘am 慶 k‘eṅ 空 k‘oṅ, k‘o 恐 k‘oṅ	其 *k‘i* 具 *k‘u* 共 *k‘uṅ* 及 *k‘ib*	假 ga 解 ga 果 gwa 幾 gi 既 gi 據 gi 記 gyi 舉 gu 軌 gu 久 gi'u 感 gwam 觀 gwan 俱 *k‘u*	我 'ga 五 'go 悟 'go 礙 'ge 外 'gwe 義 'gi 愚 'gu 語 'gu 硬 'ge'u 言 'gen, 'ge 眼 'gen, 'gyen, 'gwan 業 'geb 逆 'gig

（续表）

藏音所代表之方音声母	k	k‘	g		'g
切韵声类	见 [k]	溪 [k‘]	群 [gj]	见 [k]	疑 [ŋ]
阿弥陀经	故 ko 俱 ku 皆 ke，*ge* 界 ke 今 kim 間 ken 肩 kyen 見 kyen 卷 kwon 光 kwaṅ 廣 kwaṅ 經 kyi，*gyi* 功 koṅ 劫 kab，*g*ab 各 kag 國 kog	可 k‘a 去 k‘i 丘 *'k‘ye'u*	其 gi 及 gib 極 gig		我 'ga 五 'go 義 'gi 議 'gi 凝 'gi 語 'gi 嚴 'gem 言 'gen 願 'gwan，*wen*
金刚经	迦 ka 果 kwa 過 kwa 解 ka 故 ko 記 ke'i 皆 ke'i 告 ke'u 今 kim 根 kin 間 kyen 見 kyon 廣 kwaṅ 經 kyaṅ，kyeṅ，kyiṅ 敬 keṅ 功 koṅ 恭 kuṅ 供 kuṅ 劫 keb	可 k‘a 去 k‘i 空 k‘oṅ	其 gi 祇 gyi 具 gu 狂 gaṅ 及 gib		我 'ga' 疑 'gi 義 'gi 議 'gi 嚴 'gem 言 'gen 眼 'gen 業 'geb 逆 'gig

·组声母表第六

藏音所代表之方音声母	•	h		y	’w
切韵声类	影 [ʔ]	晓 [x]	匣 [ɣ]	喻四 [○]	喻三 [j]
千字文	阿 ·a 英 ·e 纓 ·e 於 ·u 伊 ·yi 威 ·u’i 畏 ·u’i 翳 ·ye’i̥ 厭 ·em 音 ·i̥ m 讌 ·yan 欝 *gur*	好 ha’u 漢 han 歡 hwan	何 ha 河 ha 下 ha’ 和 hwa 畫 hwa 煌 ho 後 ho’ 槐 hwe… 横 hwe’e 刑 hye 迴 hwa’i 會 hwa’i̥ 韓 han 閑 han 桓 hwan 絃 hyan 恒 heṅ 俠 hyab	野 ya 貽 yi̥ 譽 yi 異 yi 猶 yu 猷 yu 遊 yu 豫 yu 輶 yi̥ ’o 攸 yi̥ ’o 遥 ya’u 飖 ye’u 筵 yan 楹 yeṅ 用 yuṅ 葉 yab 逸 yir 易 yi̥g 尹 *’win* 營 *’we* 悦 *’war*	煒 ’we 運 ’un 遠 ’wan 垣 ’wen 員 ’ẃen 友 *’iu* 右 *yu*
大乘中宗见解	污 ·o 依 ·i 意 ·i 愛 ·i, i 於 ·i, ·u 畏 ·u 蔭 ·im 因 ·in 温 ·on 蘊 ·un, *’un* 一 ·ir 惡 ·ag	火 hwa 化 hwa 喜 hi 虚 hu 休 hi’u 香 hoṅ 向 hoṅ 血 hyar	何 ha 和 hwa 害 he 解 he, hwe 惠 hwe 後 hi’u 咸 ham 現 hyan 還 hwan 唤 hwan 幻 hyan 行 heṅ 形 hyeṅ 黄 hwoṅ 合 hwab 惑 hog	耶 ya 也 ya 以 yi, ’i 已 yi 異 yi 與 yi 亦 yi, yig, yi’u 維 yu 唯 yu 惟 yu 油 yi 由 ·i’u, yi’u 猶 yi’u 婬 yim 引 yin, ·in 緣 ywan 陽 yoṅ 用 yoṅ 藥 ·ag 欲 yog	爲 ’u 謂 ’u 違 wu, ’u 遠 wen 云 ’un 有 *yi ’u*, *·i ’u* 炎 *yyam*
阿弥陀经	阿 ·a, ·an, ·ar 意 ·i 於 ·i, ·u 音 ·im 因 ·in	希 hi 喜 hi 漢 han 歡 hwan 香 haṅ	何 ha 下 ha 護 ho 華 hwa 會 hwe 現 hyen 行 ’he 恒 hiṅ	以 yi 已 yi 與 yi, yu 餤 yam 緣 ywan 亦 yig 欲 yog	王 wan ’wan 云 *hun* 往 *’bwaṅ*
金刚经	阿 ·a, ·an 意 ·i 於 ·i 應 ·iṅ 一 ·i, ·ir 惡 ·ag 憶 ·ig 要 *ye’u*	虚 he’i 香 haṅ	何 ha’ 河 ha 荷 ha 華 hwa 狐 ho 解 he’i 號 he’u 後 hi’u 降 heṅ 恒 hiṅ 或 hog	也 ya 已 yi 以 yi 與 yi 喻 yu 由 yi’u 養 yaṅ	圍 ’u 爲 ’u 云 ’un, *hun*, *hu*

p 组声母表说明：

非、敷两母在这四种藏音里，除去四个例外，一律变成p‘音；奉母在《千字文》跟《大乘中宗见解》里也逐渐有变成 p‘音的趋势，因此我觉得轻唇音在那时候已然开始分化了。我在《敦煌写本〈守温韵学残卷〉跋》里曾经说："（守温韵学）残卷第三截‘辨声韵相似归处不同例’所举 49 组 153 字，皆属非、敷两母；若更旁证以‘归三十字母例’中不、芳、並、明末列之‘夫、敷、苻、无’四例字，则当时唇音轻重，亦似有别。其所以不另分立者，盖守温初作字母，仅类聚《切韵》反切上字而参对梵、藏体文，于梵、藏有而华音无者固皆删汰，于华音有而梵、藏无者亦付阙如。"①倘使这个推论不错，那么我们就可以设想非、敷、奉三母在这一系方音里似乎也有了变成［pf‘］或［f］的痕迹，因为藏文没有相当的音，所以才勉强拿 p‘音来替代。在《阿弥陀经》里"非"读 p‘yi，"覆"读’p‘u，"發"又读’had，尤其可以表现转译时的困难。还有明母字在-n 或-ṅ 的前面（无论存在或消失），除去几个例外大部分恢复了 m 音，可是微母的鼻音成素就似乎有逐渐变弱的倾向，所以它在《千字文》、《金刚经》跟《阿弥陀经》里并不受-n 或-ṅ 的影响而变成 m；在《大乘中宗见解》里有一大部分就简直地变成 b 音了（参阅 40、41 页）。

t 组声母表说明：

透母的"土"字《大乘中宗见解》跟《金刚经》都写作 do，"天"字《大乘中宗见解》写作’de，可见藏音的 d 母在当时或者是送气的，否则就不会拿来误译透母字了。泥母的"耨"读

① 《敦煌写本〈守温韵学残卷〉跋》，历史语言研究所《集刊》第三本第二分，第 254 页；《罗常培文集》第八卷。

'nog,"乃"渎'ne'i,"難"读'nan,"能"读'neṅ、'niṅ,都算一种例外。不过"耨"的nog、log两音都可以算是'dog的又读;至于"乃、難、能"三字的声母只写作'n-而没有公然写作n-,可见在当时记音的人听起来还不过是介乎'd、n二者之间的音罢了(参阅43页)。

c组声母表说明:

"正齿音"的二等只在《阿弥陀经》跟《金刚经》里有一个照母的"莊"字读作tsaṅ,在《大乘中宗见解》里有一个穿母的"差"字读作ts'a,此外在四种藏音里都跟三等没有分别,所以我们只能把"狀、差"两字认作例外,犹如"真、紙"读成tsin、tsi一样。床母的字除去《千字文》有一个"床"字读作c'o,其余的都跟审、禅一律变成ç。本来床、禅两母在《玉篇》、《经典释文》跟《慧琳一切经音义》的反切里都混而不分,所以唐末守温所定的三十字母里还没有分立床母,我想这一系的方音也一定先是床、禅不分,然后再由禅变审的。至于穿母的"俶"字在《千字文》里读作çug,那只是由声符"叔"字类推的读音罢了。还有娘、日两母在守温三十字母里也是不分的,然而这四种藏音里的日母字却都把鼻音成素遗失一律变成ż音,娘母字虽然不多,但是从《阿弥陀经》跟《金刚经》的"女、尼"两字的对音来看,就似乎可以独立了。这一组声母在y-类韵母前面常常省去y介音而直接跟主要元音相拼,所以它们的音值应该就是跟现代藏语相同的腭化音[tɕ]、[tɕ']、[dʑ]、[ɕ]、[ʑ]、[ȵʑ]。此外,《大乘中宗见解》里有一个"稱"字对音作k'yiṅ,这是由于藏文"ka ya ta"的读音跟c'相近的缘故,不过汉语"牙音"的三四等是否从那时候就有腭化的倾向,还不能根据这一个例子决定(参阅44、45页)。

ts组声母表说明:

“绩”字本属精母，“秦”字本属从母，而《千字文》译为cig、jen，这恐怕是译音时仓卒间脱落了ཙ、ཛ上面的附加符号所致（参阅46、47页）。

k组声母表说明：

疑母只有'g音一类并不受韵尾鼻声的影响而恢复ṅ音，这是跟明、泥两母不一致的。至于见母的“俱”字变成k‘，恐怕是由声符“具”字类推的结果（参阅48、49页）。

·组声母表说明：

影母的“欝”字《千字文》读作gur，这不单部位由后移前，而且清浊也不同了。喻母四等除去“尹、营、悦”三字外，无论开口、合口都读作y；喻母三等的开口，有的读y（例如“右、炎”），有的变'（例如“友、有”），合口或写作'w、'u，或写作w，实际上并没有什么差异，因为这个在w前面的'，照叶斯基说，西藏东部遇到用o元音或u元音起头儿的字故意用འ作根号，为的是好避免ཨ的破裂作用而使它类似wo或wu[1]。所以它只是一个元音的根号，并不是一个独立的字母，跟a'i、a'u中间的'性质相同，而跟'b、'd、'g前面的'性质不同，本来可以省略的。不过《阿弥陀经》跟《金刚经》里的“云”字都有hun音，并且在中古音跟现代方音里也有不少由喻变匣的例。那么这里的'号究竟是像叶斯基所说的现代东部西藏音的读法，抑或代表一种特殊音值，似乎还值得考虑。所以在没有得到确定的解释以前，与其过而废之，勿宁过而存之！至于《阿弥陀经》读“往”为'bwaṅ，那不过是把喻母误作微母罢了。综括大多数的例证来看，我们应该承认喻母三等读'w、四等读y，因为在那几个例外当中，依谐声例“营”本应属三等，“炎”本

① Jäschke: *Tibetan Grammar*, p. 4.

应属四等,“尹”字依《礼记》“浮尹旁达”郑注“尹”读为“筠”之例,也应该属三等,所以这三个字的读音仍然是跟条理相合的,不能算是特殊的例外(参阅50页)。

由上面归纳的结果,我们对于这一系方音的声母已然可得到大体的系统了。其中有几个比较重要的问题还得要特别提出来讨论:

(1)全浊声母只有在《大乘中宗见解》里除去定母的仄声以外,已然大部分变成次清,在其余三种藏音里大体还都保持它的本音,然而在《千字文》跟《大乘中宗见解》里为什么有一部分全清声母混入全浊呢?要解答这个问题,我们得知道藏语声母跟声调的关系。据白尔(C. A. Bell)说,藏语的声调可以按照声母(initial letter)或前缀音(prefix)分成三类:

1. 高调——凡是起头儿有前缀音的字,除去声母是k‘、g、c‘、j、t‘、d、p‘、b、ts‘、dz的时候,都用这个调。有k、c、t、p、ts、ç、s、h作声母的字也用这个调。

2. 中调——起头儿拿k‘、c‘、t‘、p‘、ts‘作声母的字,不论有没有前缀音,都用这个调。

3. 低调——凡是起头儿有g、ṅ、j、ñ、d、n、b、m、dz、w、ź、z、y、r、l、h̲作声母的字,还有那些把前缀音放在声母g、j、d、b、dz前面的字,都用这个调。①

我们由这一点再返回来看前面那些从全清混入全浊的字,就觉得有方法可以解释了。在那些字里,有27个是上声:“比、飽、彼、表、本(帮),倒、等(端),轉(知),者、種(照),左、佐、組、酒、載、宰(精),假、古、九、矯、解、果、幾、舉、軌、久、感(见)”;有22个是去声:“背、

① C. A. Bell: *Grammar of Colloquial Tibetan*, Chap. 1. pp. 18, 19.

謗(帮),旦、諦、對、到(端),晝、幢(知),證、衆、争(照),祭、奏、晋、進(精),駕、故、既、絳、據、記、覲(见)";此外不过有两个入声字:"執(照),作(精)"罢了。这种方音的声调究竟是怎样,我们现在固然无从拟测,但是从陆法言《切韵序》所谓"秦陇则去声为入"那句话来推想,恐怕它的上去声不会读如《元和韵谱》所谓"厉而举"或"清而远"的。如果那时吐蕃语用 b、d、j、dz、g 作声母的字也读如现代藏语的低调,那么我们就可以假设这种方音的上去声或许就是低调或低降调,因为声调的类似,所以在吐蕃人的耳朵里往往就容易把声母误认作相同。① 不过这种现象最初只是由记音人审音不精所弄出来的偶然错误,而不是正式的音变,否则在全清声母里就不会同时还有不少上去声字,并且本来同音的字(如"本、解、舉、對、故"之类),也不会在《千字文》跟《大乘中宗见解》里清浊异读了。

(2) 全浊声母是否送气,在中国音韵学史上是一个悬而未决的问题。旧说之中,江永《音学辨微》、洪榜《四声韵和表》、陈澧《切韵考外篇》等都拿全浊配次清,无异承认它应该读作送气音。不过劳乃宣跟章炳麟沿用李光地的说法,或以为"此数浊母可读戛,又可读透,故古母以一浊对两清"②;或以为"曩日作字母者,本以群承见溪,定承端透,非谓群专为溪之浊,定专为透之浊"③。近来的西洋学者,高本汉主张读作送气,马伯乐主张读作不送气,两人的意见也恰好相反。在《千字文》、《阿弥陀经》跟《金刚经》三种藏音里,把並、定、澄、从、群译作 b、d、j、dz、g,

① 此点颇得李方桂先生启发之益,特此声谢!

② 《等韵一得·补编》11 页。

③ 《国故论衡》上《音理论》。

从写法上看起来好像全浊声母在唐代西北方音里应该读作不送气音似的，然而藏文的浊母因为方音不同，本来也有送气跟不送气两种读法[1]，所以单看字母的表面，并不能使我们决定究竟怎样读。幸而在《大乘中宗见解》里，全浊声母的字除去奉母的"凡、梵"，定母的"怠、道、第、大、地、盗、定、達"，澄母的"着"等11字以外，其余的都变成次清，我们得到这个时地相近的有力旁证，非单可以不再犹豫就决定其他三种藏音里的全浊声母应该读作送气音，并且全浊声母在现代西北方音跟大部分"官话"里所以平声变次清、仄声变全清的现象，也可以得到解释了。因为《大乘中宗见解》里保持浊声本读的一共才有11个字，其中倒有两个上声、六个去声，上去两声所以不完全变成次清，一定是送气的成素受声调的影响渐渐变弱的缘故，并且《千字文》跟《大乘中宗见解》里的全清上去声字所以同全浊的上去声字相混，也恰好可以拿同样的理由来解释，可见全浊平声变次清、仄声变全清的趋势，从那时候已经开始了。假如这个解释不错，那么我们就可以承认全浊声母本来是送气音，在现代吴语跟客家语里保留它的遗迹比较多一点儿，像福州语那样都变全清的，只能算是方音的特殊现象，《开蒙要训》里的全清全浊互注例，也是跟这种现象相近的。

（3）关于'b、'd、'g 三母的音值，我们可以有两种可能的解释：第一，它们或者读如厦门音很软的[b][l][g]，这三个音的音质很软，破裂的程度很微，听得忽略一点就容易误认作[m][n][ŋ]，并且一遇到鼻韵马上就变回[m][n][ŋ]了。[2] 第二，它们或

① jäschke：*Tibetan Grammar*，p. 3.

② 《厦门音系》第13—14页。

者读如文水、兴县、平阳三种方音里的[mb][nd][ŋg]，这三个是在全浊破裂音前面加上了一个同部位的鼻音。① 在这两种解释里，后一个比较理由充足一点。因为这一系方音'b、'd、'g 跟 b、d、g 是对峙的两套声母，跟厦门音的情形不同。况且འ母用作联词第二字的前缀音时，照现代西藏口语的读法，常常使第一字的末尾音素变成鼻音，例如，dge-'dun > gen-dün，可见它本来是带有轻微鼻音的。'b、'd 两母所以一遇到鼻收声立刻就恢复了 m、n 的本音，也就是因为这个缘故。至于《阿弥陀经》中的"補'p'u、覆'p'u、非'p'yi、發'had、烦'ban、佛'bur、達'dar、丘'k'ye'u"，《金刚经》中的"分'bun、復'bug"，《大乘中宗见解》中的"不'bu、比'byi、天'de"之类，除去"天"字或许是韵尾鼻声消变以后的影响，其余的字本来都不是由鼻声变来的，那个'号就未必含有鼻声的音彩了。

(4) 照《切韵》反切的分类，一、二、四等应该是纯声母，三等应该是[j]化(yodisé)声母，可是在这一系方音里三等声母既然有好些不[j]化的例(如"碑 pi、肥 bi、肌 ki、其 gi、今 kim、銀'gin、蜜'bir……"之类)，四等声母却有许多[j]化的例(如"鷄 kye、啓 k'ye、謙 k'yam、邊 pyan、眠 myan、顛 tyan、田 dyan、經 kyiṅ……"之类)，所以藏文的"ya ta"在这里只能当做 i 介音看待，而不能拿它当做分别三、四等的标准。

以上四项要算是这种方音中的特异现象，至于那些比较细微的变化，皆可据表推求，无须再另外说明了。

---

① B. Karlgren: *La Phonologie Chinoise*, pp. 268, 272, 292.

乙 韵母

这四种藏音的声母系统虽然稍有出入，而大体上还都相差不远，至于韵母系统就没有这么简单了。单以特别歧异的地方说，我们就可以指出有七点来：第一，宕摄字《千字文》跟模韵对转，而《阿弥陀经》跟《金刚经》读 aṅ，《大乘中宗见解》除"齿音"的摩擦音外均转oṅ；第二，梗摄字《千字文》跟齐韵对转，偶有保持-ṅ 收声的也跟曾摄没有分别，在其他三种藏音里不单-ṅ 收声没有消失，而且梗、曾两摄有分成 eṅ 、iṅ 的趋势；第三，蟹摄字在《千字文》里咍、泰、灰读 ai，皆、祭读 ei，齐韵大部分变 e 或 ye，而《阿弥陀经》跟《大乘中宗见解》全摄读 e，《金刚经》全摄读 ei；第四，效、流两摄字在《千字文》里出入 au、eu 之间，并没一贯的条理，其他三种藏音例字虽少，却可约略看出流读 iu、效读 e'u 的分别；第五，山、臻两摄入声的收声，在《金刚经》、《千字文》跟《大乘中宗见解》里一律写作-r，而《阿弥陀经》却有一部分保留着较早的-d；第六，烛韵字《千字文》读 wag，而《大乘中宗见解》读 og；第七，梗、曾两摄的入声，在《千字文》里一、二等读 eg，三、四等读 ig，而其他三种大部分混成 ig（参阅各摄韵母表说明），除此之外就比较接近了。我现在根据《千字文》的对音把它所代表的方音韵系分成 23 摄 55 韵，并且把各摄所含的《切韵》韵目逐一附注于下，凡是其他三种藏音跟《千字文》相同的，即不特别标明，遇有各种单独的变化，也仿声母例在韵目后注明"千"、"大"、"阿"、"金"等简称以资识别：

a 摄第一

(1)a 韵歌,戈唇音,麻开二,佳　(2)ya 韵麻开三　(3)wa 韵戈,麻合二

o 摄第二

(4)o 韵模,唐阳(千)　(5)yo 韵阳(千)　(6)uo 韵模(千)

e 摄第三

(7)e 韵皆祭齐开(大,阿),庚清青开(千)　(8)ye 韵齐庚清青开(千)　(9)we 韵齐合,庚青合(千)

i 摄第四

(10)i 韵脂之支开,微,鱼半　(11)wi 韵脂支微合

u 摄第五

(12)u 韵虞,鱼半,模侯尤唇音,脂支微合　(13)yu 韵尤,侯(大,金)

ai 摄第六

(14)ai 韵咍*泰开(千),灰唇音(千)　(15)wai 韵。灰泰合(千)

ei 摄第七

(16)ei 韵皆祭开(千,金),咍泰开(金)　(17)wei 韵皆祭合(千,*金),灰泰合(金)

au 摄第八

(18)au 韵豪肴宵半(千),侯上(千)　(19)yau 韵宵萧(千)

eu 摄第九

(20)eu 韵豪肴宵萧,侯尤(千)　(21)yeu 韵宵(千)

am 摄第十

(22)am 韵覃谈咸衔凡　(23)yam 韵盐添*严

im 摄第十一

(24)im 韵侵

an 摄第十二

(25)an 韵寒山删开,桓元唇音,仙正齿音 (26)yan 韵仙,先开 (27)wan 韵桓删元仙合

in 摄第十三

(28)in 韵痕真欣 (29)on 韵魂谆半 (30)un 韵魂谆半,文

aṅ 摄第十四

(31)aṅ 韵江(千),唐阳(阿,金) (32)yaṅ 韵阳(大,阿,金) (33)waṅ 韵江唐阳(阿,金)

eṅ 摄第十五

(34)eṅ 韵登蒸(除《千字文》外皆变 iṅ),庚清青(大,阿,金) (35)yeṅ 韵清青(大,金)

oṅ 摄第十六

(36)oṅ 韵东一,冬,阳(大) (37)yoṅ 韵阳(大) (38)woṅ 韵唐合(大)

(39)uṅ 韵东三,鍾

ab 摄第十七

(40)ab 韵合狎乏 (41)yab 韵葉帖业

ib 摄第十八

(42)ib 韵缉

ar 摄第十九

(43)ar 韵曷末,黠薛开,月合唇音 (44)yar 韵薛屑开 (45)war 韵末,月薛合

ir 摄第二十

(46)ir 韵质 (47)ur 韵没物術

ag 摄第二十一

(48)ag 韵铎药觉 (49)yag 韵药觉 (50)wag 韵烛(千)

eg 摄第二十二

(51)eg 韵德陌麦开(千) (52)ig 韵职昔锡开,德陌开(大,阿,金) (53)weg 韵陌合(千)

og 摄第二十三

(54)og 韵屋一,沃,德合,烛(大) (55)ug 韵屋三,德开唇音,烛(千,一个字)

若拿这 23 摄同《四声等子》的果、假、遇、止、蟹、效、流、咸、深、山、臻、宕、江、梗、曾、通 16 摄来比较,我们可以指出有六点不同的地方:

(1)《四声等子》入声兼承阴阳两类,不另分摄,现在因为收声的差异分立第十七到第二十三共七摄;

(2) 歌、戈、麻三韵在《切韵》时代只是元音微有侈弇的不同,这四种藏音并为 a 摄本来是跟《切韵》相近的,《四声等子》虽把它们同列一图,却已分立果、假两目,可见宋、元以降这三韵已然分化成 a、o 两韵了;

(3) ai、ei 在《四声等子》同属于蟹摄,现在因为主要元音不同把它分成独立的两摄;

(4) 豪、肴、宵、萧跟侯、尤、幽在《四声等子》里分属效、流两摄,本来是不相杂厕的,在《千字文》的藏音里却牵混得很厉害,其他三种藏音虽可以分出 eu、iu 两韵,而 au 韵的痕迹已然找不着了;

(5) 模、虞、鱼三韵《四声等子》同属遇摄,现分化为 o、u、i 三摄;

(6) 宕、梗两摄在《阿弥陀经》、《金刚经》跟《大乘中宗见解》虽还可以独立,但照《千字文》的藏音却应该附入 o、e 两摄的。

至于各摄的详细分合情形,如下列各表:

a摄韵母表第一

藏音所代表之方音韵母	a				ya	ua		
切韵韵部	歌 开一 [ɑ]	戈 合一 [uɑ]	麻 开二 [a]	佳 开二 [aːi]	麻 开三 [ĭa]	戈 合一 [uɑ]	麻 合二 [wa]	佳 合二 [waːi]
千字文	**平歌** 多 ta 羅 la 歌 kaʼ 軻 kʻa 何 ha 河 ha 阿 a **上哿** 左 dza 佐 dzaʼ	**平戈** 磨 ʼba 摩 ʼba 頗 pʻa	**平麻** 杷 baʼ 沙 ça 嘉 kaʼ **上马** 假 kaʼ 雅 ʼga 下 haʼ **去祃** 駕 ga 稼 kaʼ	**上蟹** 解 kaʼ	**上马** 且 tsʻya 寫 sya 野 ya **去祃** 舍 çya 謝 sya	**平戈** 和 hwa		**去卦** 畫 hwa
大乘中宗见解	**平歌** 多 ta 他 tʻa 羅 la 何 ha **上哿** 可 kʻo 我 ʼgo	**平戈** 波 pa 摩 ʼba **去过** 破 pa	**平麻** 差 tsʻa **上马** 假 ga	**上蟹** 解 ga **去卦** 解 *he*, *hwe*	**平麻** 蛇 ça 耶 ya **上马** 者 ja 捨 ça 且 tsʻya 也 ya, tsʻya	**平和** 和 hwa **上果** 果 gwa 火 hwa **去过** 過 kwa	**去祃** 化 hwa	
阿弥陀经	**平歌** 多 ta 陁 ʼda 羅 la 娑 sa 何 ha 阿 ·a, ·*an*, ·*ar* **上哿** 可 kʻa 我 ʼga				**上马** 者 ca **去祃** 舍 *ça*, *çar*		**平麻** 華 hwa	
金刚经	**平歌** 多 ta 他 tʻa 那 ʼda 羅 la 何 haʼ 河 ha 荷 ha 阿 ·*a*, ·*an* **上哿** 可 kʻa 我 ʼga		**平麻** 迦 ka	**上蟹** 解 ka **去卦** 解 *he*	**上马** 者 ca 也 ya	**上果** 墮 dwa 果 kwa **去过** 過 kwa	**平麻** 華 hwa	

o 摄韵母表第二

藏音所代表之方音韵母	o					yo	uo
切韵韵部	模 开一 [o]	唐 开一 [ɑŋ]	唐 合一 [wɑŋ]	阳 开三 [ĭaŋ]	阳 合三 [ĭwaŋ]	阳 开三 [ĭaŋ]	模 开一 [o]
千字文	**平模** 途 do 姑 ko **上姥** 杜 do 組 dzo'o 古 go **去暮** 路 lo 素 so 故 go	**平唐** 傍 bo 邙 mo 嚢 no **去宕** 抗 k'o	**平唐** 煌 ho **去宕** 曠 k'o	**平阳** 床 c'o 腸 jo 觴 ço 嘗 ço **上养** 賞 ço 顙 so **去漾** 唱 c'o'o	**上养** 紡 p'o'o	**平阳** 粮 lyo 墻 dzyo 廂 syo **上养** 兩 lyo 象 syo'o **去漾** 將 tsyo 相 syo	**平模** 圖 duo **上姥** 土 t'uo
大乘中宗见解	**平模** 污·o **上姥** 苦 k'o 五 'go **去暮** 素 so 故 ko 悟 'go	**去宕** °謗 *boṅ*	**平唐** °黄 *hwoṅ*	**平阳** °長 *c'oṅ* °常 *çoṅ* °香 *hoṅ* **上养** °上 *çaṅ* **去漾** °狀 *çoṅ*, *ts'oṅ* °向 *hoṅ*	**上养** °妄 *boṅ* **去漾** °忘 *boṅ*	**平阳** °相 *syoṅ*, *syaṅ* °陽 *yoṅ* **上养** °兩 *lyoṅ* °想 *syaṅ* °像 *syaṅ* **去漾** 量 *lyoṅ*	**上姥** 土 *do*
阿弥陀经	**上姥** 五 'go **去暮** 故 ko 護 ho		**平唐** °光 *kwaṅ* **上荡** °廣 *kwaṅ*	**平阳** °長 *jaṅ* °莊 *tsaṅ* °香 *haṅ*	**平阳** °方 *'bwaṅ* °王 *'waṅ*, *waṅ* **上养** °網 *'bwaṅ* °往 *'bwaṅ*	**去漾** °相 *syaṅ*	**上姥** 土 *t'o*
金刚经	**平模** 狐 ho **去暮** 度 do 故 ko	**平唐** °當 *taṅ*	**上荡** °廣 *kwaṅ*	**平阳** °長 *jaṅ*, *'zaṅ* °莊 *'tsa*, *tsaṅ* °香 *haṅ* **上养** °上 *çaṅ*	**平阳** °狂 *gaṅ*	**平阳** °量 *lyaṅ* **上养** °養 *yaṅ*	**上姥** 土 *do*

e 摄韵母

藏音所代表之方音韵母	e			
切韵韵部	庚 开二 开三 [ɐŋ] [ɪɐŋ]	清 开三 [ɪæŋ]	青 开四 [ieŋ]	齐 开四 [iei]
千字文	**平庚二** 烹 p'e 笙 çe **平庚三** 兵 pe 京 ke 英·e	**平清** 情 dze 缨·e	**平青** 銘 me 庭 de 寧 ne	**平齐** 西 sye 雞 kye **上荠** 啓 k'ye 稽 k'ye
大乘中宗见解	**平庚二** °盲 *meṅ* °争 *jeṅ* °行 *heṅ* **平庚三** °平 *p'eṅ* °生 *çeṅ* **上梗三** °境 *keṅ*, *heṅ* **去映三** 命 me °竟 *keṅ* °慶 *k'eṅ*	**平清** °聲 *çeṅ* °成 *çeṅ* °精 *tsin* °情 *ts'in* **上静** °領 *leṅ* **去劲** °令 *leṅ* °淨 *ts'eṅ* °性 *siṅ*	**平青** °青 *ts'en* **去经** °定 *den*	**平齐** 泥 'de **上荠** 體 t'e **去霁** 剃 t'e 諦 de 第 de 切 ts'e 細 se 計 kye
阿弥陀经	**平庚三** 行 'he **去映三** °命 *meṅ*, *miṅ*	**平清** °名 *meṅ*, *miṅ* 聲 *çeṅ* °成 *çeṅ* **去劲** °聖 *çeṅ* °淨 *dzeṅ*		**上荠** 禮 le **去霁** 帝 de
金刚经	**平庚二** °生 *çeṅ*, *'zeṅ* **去映三** °敬 *keṅ*	**平清** °成 *çeṅ*		**平齐** °提 de, *de'i* **上荠** 禮 le

表第三

ye			we		
庚 开三 [ĭæŋ]	清 开三 [ĭæŋ]	青 开四 [ieŋ]	齐 合四 [iwei]	庚 合三 [ĭwɐŋ]	清 合三 [ĭwæŋ]
上梗 秉 pye	**平清** 精 tsye 輕 k'ye **去劲** 并 pye	**平青** 聆 lye 星 sye 刑 hye	**去霁** 惠 hwe	**平庚** 横 hwe'e	**平清** 傾 k'we 營 'we
平庚三 明 mye	**平清** 名 mye	**平青** °經 *kyeṅ* °形 *hyeṅ*	**去霁** 惠 hwe		
	平清 名 me, mi, myi	**平青** 經 gyi, kyi			
	平清 名 mye, myi	**平青** °經 *kyaṅ*, *kyeṅ*, *kyiṅ*			

i 摄韵母

藏音所代表之方音韵母	i		
切韵韵部	脂 开三 [i]	之 开三 [iː]	支 开三 [iě]
千字文	**平脂** 祇 ci 飢 ki 伊 ·yi 枇 *be* **上旨** 比 bi̥ **去至** 痹 'pi̥ 二 źi̥ 次 tsʻi̥ 自 dzi̥ 肆 si̥	**平之** 持 ji̥ 時 çʻi̥ 兹 tsi̥ 其 gi̥ 貽 yi̥ **上止** 士 çi̥ 市 çi̥ 耳 źi̥ 子 tsi̥ 起 kʻi̥ **去志** 治 li 侍 çi 嗣 si̥ 祀 si 異 yi 事 *çe*	**平支** 碑 pi 離 li 馳 ji̥ 兒 źi̥ 綺 kʻi̥ 疲 *be* **上纸** 侈 cʻi 紫 tsi̥ **去寘** 義 'gi̥
大乘中宗见解	**平脂** 悲 pyi 師 çi 資 tsi **上旨** 視 çi 死 si **去至** 鼻 pʻyi 比 'byi 地 di 二 źi 自 tsʻi 四 si	**平之** 之 ci, tsi 癡 cʻi, tsʻa 時 çi 慈 tsʻi 思 si 其 kʻi **上止** 理 li 士 çi 耳 źi 似 si 起 kʻi 喜 hi 以 yi, 'i, *yi 'u*(?) 已 yi **去志** 值 cʻi 治 cʻi 事 çi 記 gyi 意 ·i 異 yi	**平支** 離 li 支 ci 知 ci 施 çi **上纸** 彼 byi 紙 tsi 是 çi 此 tsʻi 綺 kʻi 只[*cin*]? **去寘** 智 ci̥ 義 'gi
阿弥陀经	**平脂** 師 çi 尼 'ji **上旨** 比 byi **去至** 利 li 致 ci 二 źi 四 si	**平之** 之 ci 持 ji 思 si 其 gi 希 hi 而 źi, *źu* **上止** 子 tsi, *tse*, ci 喜 hi 以 yi 已 yi **去志** 意 ·i	**平支** 彼 pi, *pe* 知 ci 祈 gi **上纸** 此 tsʻi 義 'gi 議 'gi
金刚经	**平脂** 尼 'di **去至** 至 ci 次 tsʻi 四 si	**平之** 之 ci 持 ji 時 çi 思 si 其 gi 而 *źe* **上止** 以 yi 已 yi 子 *tse* **去志** 值 ji 事 çi 記 keʻi 意 ·i	**平支** 知 çi 施 çi 祇 gyi **上纸** 是 çi 此 tsʻi 爾 źe **去寘** 譬 pʻi 義 'gi 議 'gi

表第四

			wi		
微 开三 [ĕi]	微 合三 [wĕi]	鱼 开三 [ĭo]	脂 合三 [wi]	支 合三 [wiĕ]	微 合三 [wĕi]
平微 機 ki̥ **去未** 既 gi̥	**平微** 肥 bi 微 'byi 飛 *pʻe*	**平鱼** 楚 cʻi 疎 çi 車 ki 居 ki̥ **上语** 黍 çi 鉅 gi̥ **去御** 庶 çi̥ 礜 yi	**平脂** 誰 çwi **去至** 翠 *tsʻwe*	**平支** 隨 suʼi	**平微** 威 ·uʼi **上尾** 煒 *'we* **去未** 畏 ·uʼi
上尾 幾 gi 依 ·i **去未** 既 gi	**平微** 非 pʻyi **去未** 味 byi	**平鱼** °如 źu °虚 hu **上语** 與 yi °所 *çu* °汝 *źu* **去御** 據 gi			
	平微 非pʻyi, 'pʻyi	**平鱼** 如 źi, *źu* °諸 ci °於 ·i **上语** 所 çi, *çe*, *çu* 汝 źi, *źu* 女 'ji 與 yi, *yu* **去御** 處 cʻi 去 *kʻe*			
	平微 非 pʻyi	**平鱼** 如 *źe* °虚 *heʼi* °諸 ci °於 ·i **上语** 所çi, *çeʼi*(?), *çu*, *çuʼi*(?), *ça* 汝 *źe* 女 'ji 與 yi **去御** 去 kʻi			

u 摄韵母

藏音所代表之方音韵母	u			
切韵韵部	虞 合三 [ĭu]	鱼 开三 [ĭo]	模 开一 [o]	尤 开三 [ĭə̆u]
千字文	**平虞** 夫 p'u 扶 p'u 驅 k'u **去遇** 務 'bu 具 gu 寓 'gu	**平鱼** 諸 cu 渠 gu 於 ·u **上语** 舉 ku'u **去御** 慮 lu 御 'gu 豫 yu	**平模** 梧 'gu	**上有** 婦 bu 九 gu'u 酒 dzu'u **去宥** 富 p'u 阜 p'u
大乘中宗见解	**平虞** 夫 pʻu 無 'bu 無 'bu 殊 çu 須 su 俱 k'u 愚 'gu **上麌** 取 tsʻu **去遇** 住 cʻu 具 k'u	**平鱼** 诸 cu, 'cu 初 c'u °如 źu °虛 hu 於 ·u, ·*i* **上语** °所 çu °汝 źu 舉 gu 語 'gu	**平模** 菩 p'u 麤 ts'u 謨 *ma* **去暮** 布 pu	**平尤** 不 'bu **上有** 否 pʻu **去宥** 覆 pʻu
阿弥陀经	**平虞** 須 su 俱 ku **去遇** 樹 çu 數 ço	**平鱼** °諸 *ci* °於 ·*u*, ·*i*	**上姥** 補 'pʻu	**上有** 不 pu
金刚经	**平虞** 無 'bu 須 su **去遇** 住 ju 數 çu 具 gu 喻 yu	**平鱼** °諸 *ci* °於 ·*i*	**平模** 菩 bu **去暮** 布 pu, p'u	**上有** 不 pu, p'u

表第五

					yu
侯 开一 [ə̆u]	脂 合三 [wi]	支 合三 [wiĕ]	微 合三 [wĕi]	之 开三 [iː]	尤 开二 [ĭə̆u]
去候 茂 'bu		**平支** 吹 c'u **上纸** 累 lu		**平之** 疑 *'gu*	**平尤** 求 gi'u 猶 yu 猷 yu 遊 yu 輶 *yi'o* 攸 *yi'o* **上有** 守 çi'u 舊 gi'u 友·i'u **去宥** 岫 si'u 右 yu
	平脂 維 yu 唯 yu 惟 yu **上旨** 水 çu 軌 gu	**平支** 爲 'u **上纸** 髓 su	**平微** 歸 ku 違 'u, wu **去未** 畏 'u 謂 'u		**平尤** 修 si'u 休 hi'u 油 yi 由 yi'u, i'u 猶 yi'u 丘 *k'ye'u* 流 [*la*](?) **上有** 受 çi'u 久 gi'u 有 yi'u, ·i'u
					平尤 修 si'u 丘 *k'ye'u* **上有** 有·i'u **去宥** 就 'dzi'u
平侯 牟 'bu		**平支** 爲 'u	**平微** 圍 'u	**平之** 疑 *'gi*	**平尤** 修 si'u 由 yi'u **上有** 有·i'u **平宥** 就 dzi'u

ai 摄韵母表第六

藏音所代表之方音韵母	ai			wai	
切韵韵部	咍 开一 [ại]	灰 合一 [uại]	泰 开一 [ɑi]	灰 合一 [uại]	泰 合一 [uɑi]
千字文	**上海** 殆 da'i 綵 ts'a'i 載 dza'i 宰 dza'i̥ **去代** 岱 da'i̥ 再 ts'a'i 塞 sa'i	**平灰** 杯 pa'i 陪 ba'i **去队** 背 ba'i		**平灰** 迴 hwa'i **去队** 對 twa'i 退 t'wa'i	**去泰** 外 'gu(a'i) 會 hwa'i̥
大乘中宗见解	**平咍** 乃 *'ne'i* 來 *le* 財 *ts'e* **上海** 怠 *de* 在 *ts'e* 海 *ke* **去代** 礙 *'ge* 爱 *·i'i*	**上贿** 每 *'be*	**去泰** 大 *de* 蓋 *ke* 害 *he*	**去队** 對 *dwe* 内 *'dwe*	**去泰** 外 *'gwe*
阿弥陀经	**平咍** 來 *le* **上海** 在 *dze*		**去泰** 大 *de*	**去队** 退 *t'wa*	**去泰** 會 *hwe*
金刚经	**平咍** 來 *le'i*, *le* **上海** 乃 *'ne'i* 在 *dze'i*		**去泰** 大 *de'i*	**上贿** 罪 *dzwe'i*	**去泰** 最 *tswe'i*

ei 摄韵母表第七

藏之 音方 所音 代韵 表母	ei					wei	
切韵韵部	皆 开二 [ại]	佳 开二 [ai]	祭 开三 [ĭæi]	齐 开四 [iei]	灰 合一 [uɑ̣i]	皆 合二 [wại]	祭 合三 [ĭwæi]
千字文	**平皆** 階 ke'i̥		**去祭** 弊 be'i 祭 dze'i 藝 'ge'i̥	**平齐** 溪 *k'ya'i* **上荠** 陛 be'i̥ **去霁** 隸 le'i 翳 ye'i̥	**去队** 内 'dei̥	**平皆** 槐 hwe'i	**去祭** 税 çwe'i
大乘中宗见解	**平皆** 皆 *ke*, *he* **去怪** 界 *ke* 戒 *ke*	**去卦** 解 he, hwe	**去祭** 世 *çe*				
阿弥陀经	**平皆** 皆 *ke*, *ge* **去怪** 界 *ke*		**去祭** 世 *çe*				
金刚经	**平皆** 皆 ke'i	**去卦** 解 he	**去祭** 世 çe'i	**平齐** ◦提 de'i, *de*			

au 摄韵母表第八

藏音所代表之方音韵母	au				yau	
切韵韵部	豪 开一 [ɑu]	肴 开二 [au]	宵 开三 [ĭæu]	侯 开一 [ə̆u]	宵 开三 [ĭæu]	萧 开四 [ieu]
千字文	**平豪** 劳 lau 糟 tsau 皐 kau **上皓** 好 hau	**上巧** 鲍 *ba'o*	**平宵** 招 ca'u **上小** 趙 ja'u 少 ça'u 矯 ga'u	**上厚** 口 *ka'o* **去候** 後 *ha'o*	**平宵** 飄 p'ya'u 逍 sya'u 遥 ya'u	**平萧** 倐 dya'u
大乘中宗见解	**上皓** 寶 *pe'u* 倒 *de'u* 道 *de'u* 老 *le'u* 造 *ts'eu* 惱 *'de?* **去号** 去 *de'u* 盗 *de'u*		**平宵** 超 *c'e'u* **上小** 少 *çe'u* 小 *çi 'u*	**去候** °後 *hi 'u*	**上小** 表 *bye'u* **去笑** 妙 *'bye'u*	
阿弥陀经	**上皓** 寶 *pe'u* 倒 *te'u* 腦 *'de'u*		**上小** 少 *çi 'u* **去笑** 照 *ci 'u*		**去笑** 妙 *'bye'u*	
金刚经	**上皓** 道 *de'u* **去号** 告 *ke'u* 號 *he'u*		**平宵** 消 *se'u* **上小** 小 *se'u* **去笑** 繞 *'ze'u*	**去候** °後 *hi 'u*	**去笑** 要 *ye'u*	

eu 摄韵母表第九

藏音所代表之方音韵母	eu					yeu
切韵韵部	侯 开一 [ə́u]	尤 开三 [ĭə̀u]	豪 开一 [ɑu]	肴 开二 [au]	萧 开四 [ieu]	宵 开三 [ĭæu]
千字文	**平侯** 投 de'u 楼 le'u **去候** 奏 dz'eu	**平尤** 抽 ç̒e'u **上有** 手 çe'u **去宥** 晝 je'u	**平豪** 操 ts'eu 高 ke'u **上皓** 藁 ke'u	**平肴** 交 ke'u	**平萧** 寥 le'u	**平宵** 飆 ye'u
大乘中宗见解	**去候** °後 *hi 'u*			**平肴** 交 ke'u **去效** 救 ke'u	**上筱** 了 le'u	
阿弥陀经		**上有** 受 *çi 'u*				
金刚经	**去候** °後 *hi 'u*	**上有** 受 *çi 'u* **去宥** 授 *çi 'u* 壽 *çi 'u*				

am摄韵母表第十

藏音所代表之方音韵母	am					yam		
切韵韵部	覃 开一 [ạm]	谈 开一 [ɑm]	咸 开二 [ạm]	衔 开二 [am]	凡 合三 [ĭwɐm]	盐 开三 [ĭæm]	添 开四 [iem]	严 开三 [ĭɐm]
千字文	**平覃** 耽 tam 南 nam	**平谈** 籃 lam		**平衔** 巖 'gam		**平盐** 廉 *lem* **去艳** 厭·em	**平添** 謙 k'yam	
大乘中宗见解	**平覃** 貪 t'am 龕 k'am **上感** 感 *gwam*	**平谈** 三 sam	**平咸** 咸 ham		**平凡** 凡 bam **去梵** 梵 bam	**平盐** 炎 yyam **去艳** 染 źam	**去㮇** 念 nyam	
阿弥陀经		**平谈** 三 sam			**去梵** 梵 bam	**上琰** 餤 *yem*	**去㮇** 念 *nem*	**平嚴** 嚴 *'gem*
金刚经	**平覃** 男 nam 南 nam	**平谈** 擔 tam 三 sam					**去㮇** 念 nam	**平严** 嚴 *'gem*

im 摄韵母表

第十一

藏音所代表之方音韵母	im
切韵韵部	侵 开三 [ǐəm]
千字文	**平侵** 林 lim 箴 cim 心 sim 尋 syi̥m 禽 gim 音 ·i̥m
大乘中宗见解	**平侵** 淫 yim **上寝** 甚 çyim **去沁** 蔭 ·im
阿弥陀经	**平侵** 心 sim 今 kim 音 ·i̥m **上寝** 甚 çim
金刚经	**平侵** 心 sim 今 kim

an 摄韵母表

第十二

藏音所代表之方音韵母	an					
切韵韵部	寒 开一 [ɑn]	桓 合一 [uɑn]	山 开二 [ạn]	删 开二 [an]	元 合三 [ǐwɐn]	仙 开三 [ǐæn]
千字文	**平寒** 丹 tan 喰 ts'an 韓 han **上旱** 散 san **去翰** 旦 dan 漢 han	**平桓** 磻 ban	**平山** 閑 han	**去谏** 鴈'gan	**平元** 煩 ban **上阮** 飯 ban 晚 'ban	**去线** 禪 çan 膳 çan
大乘中宗见解	**平寒** 難 'nan	**平桓** 盤 p'an	**平山** 間 *ken* **上产** 眼 *'gen*, *'gyen*, *'gwan*		**平元** 煩 p'an	**平仙** 禪 çan, źan **上狝** 善 çan
阿弥陀经	**平寒** 難 'dan **平翰** 但 tan 歎 t'an 讚 tsan 漢 han		**平山** 山 çan 間 *ken*		**平元** 煩 'ban	**上狝** 善 çan
金刚经	**上旱** 散 san		**平山** 間 *kyen* **上产** 眼 *'gen*		**去愿** 萬 *'ban*, *'bun*	**平仙** 然 *źen* **上狝** 善 *çan*

an 摄韵母

藏音所代表之方音韵母	yan		
切韵韵部	元 开三 [ɪɐn]	仙 开三 [ɪæn]	先 开四 [ien]
千字文		**平仙** 勉 myan 翦 tsyan 仙 syan 筵 yan 綿 *myen* **上狝** 輦 lyan 遣 kʻyan **去线** 面 myan 踐 dzyan 弁 byen	**平先** 眠 myan 颠 tyan 田 dyan 千 tsʻyan 堅 kyan 絃 hyan **上铣** 典 tyan **去霰** 見 kyan 讌 ·yan
大乘中宗见解	**平元** 言 *'gen*, *'ge*	**平仙** 遷 *tsʻyan* **上狝** 免 *mye*	**平先** 邊 pyan 前 tsʻyan 先 syan 堅 kyan, *kyen* 天 *'de* **去霰** 見 kyan 現 kyan
阿弥陀经	**平元** 言 *'gen*		**平先** 邊 *pyen* 顛 *ten* 天 *tʻen* 千 *tsʻen* 肩 *kyen* **去霰** 徧 pyan 見 *kyen* 現 *hyen*
金刚经	**平元** 言 *'gen*	**去线** 賤 *dzen*	**平先** 邊 pyan 天 *tʻen* 千 *tsʻen* 前 *dzen* 先 *sen* **上铣** 典 *ten* **去霰** 見 *kyen*

表第十二

wan				
桓 合一 [uɑn]	山 合二 [wạn]	删 合二 [wan]	元 合三 [ǐwɐn]	仙 合三 [ǐwæn]
平桓 冠 kwan 桓 hwan 歡 hwan **去换** 觀 kwan 翫 'gwan			**平元** 垣 *'wen* **上阮** 遠 'wan **去願** 勸 k'wan	**平仙** 宣 swan 員 *'wen* **上狝** 轉 *jwen*
平桓 觀 kwan **上缓** 暖 'dwan **去换** 斷 dwan 亂 lwan 觀 gwan *喚 hwan, *hwa*	**去裥** 幻 *hyan*	**平删** 還 hwan	**上阮** 遠 *'wen*, ywan	**平仙** 緣 ywan **去线** 卷 *kwon*
平桓 歡 hwan **上缓** 算 swan **去换** 亂 lwan			**去願** 願 'gwan	**平仙** 緣 ywan **上狝** 轉 cwan 卷 *cwon*
上缓 算 swan **去换** 亂 lwan				

in 摄韵母表第十三

藏音所代表之方音韵母	in			on		un		
切韵韵部	痕 开一 [ən]	真 开三 [ĭěn]	欣 开三 [ĭən]	魂 合一 [uən]	谆 合三 [ĭuěn]	魂 合一 [uən]	谆 合三 [ĭuěn]	文 合三 [ĭuən]
千字文		**平真** 神 ci̥n 親 ts‘i̥n 新 si̥n 銀 'gi̥n 巾 *ken* 秦 *jen* **去震** 振 cin 晉 dzi̥n	**上隐** 謹 ki̥n	**平魂** 敦 ton **上混** 本 pon **去恩** 頓 ton	**去恩** 論 lon	**平魂** 門 'bun 鵾 kun	**平谆** 遵 tsun **上准** 笱 sun 尹 '*win*	**平文** 墳 bun 軍 kun 群 gun **去问** 分 bun 運 'un 郡 *gwin*
大乘中宗见解	**平痕** 根 kin	**平真** 塵 ç‘in 嗔 ç‘in 瞋 ç‘in 身 çin 神 çin 人 źin 津 tsin 因 ·in **上轸** 引 yin, ·in **去震** 進 dzin 信 sin		**平魂** 門 mon 温 ·on		**上混** 本 bun	**平谆** 倫 *lin*(?) 輪 lun **去稕** 順 çun 潤 źun	**平文** 分 p‘un 聞 bun 云 'un **上吻** 蘊 ·un, 'un **去问** 問 bun
阿弥陀经		**平真** 人 źin 因 ˙in **去震** 進 tsin						**平文** 云 hun
金刚经	**平痕** 根 kin	**平真** 身 çin 人 źin 真 tsin **去震** 信 sin		**平魂** 尊 tson, *tsin*(?)				**平文** 分 p‘un 聞 'bun 云 'hun, hun, hu **去问** 分 'bun

aṅ 摄韵母表第十四

藏音所代表之方音韵母	aṅ			yaṅ	waṅ		
切韵韵部	江 开二 [ɔŋ]	唐 开一 [ɑŋ]	阳 开三 [ǐaŋ]	阳 开三 [ǐaŋ]	江 开二 [ɔŋ]	唐 合一 [wɑŋ]	阳 合三 [ǐwaŋ]
千字文	**去绛** 絳 gaṅ	**平唐** 糠 k'aṅ 康 k'aṅ					
大乘中宗见解			**上养** °上 çaṅ	**平阳** °相 syaṅ **上养** °想 syaṅ °像 syaṅ			
阿弥陀经			**平阳** °長 jaṅ °莊 tsaṅ °香 haṅ	**去漾** °相 syaṅ	**平江** 幢 jwaṅ, zwaṅ	**平唐** °光 kwaṅ **上荡** °廣 kwaṅ	**平阳** °方 'bwaṅ °王 'waṅ, waṅ **上养** °網 'bwaṅ °往 'bwaṅ
金刚经	**去绛** 降 'heṅ	**平唐** °當 taṅ	**平阳** °長 jaṅ, 'źaṅ °莊 tsaṅ °香 haṅ **上养** °上 çaṅ	**上养** °養 yaṅ		**上荡** °廣 kwaṅ	**平阳** °狂 gaṅ

eṅ 摄韵母表第十五

藏音所代表之方音韵母	eṅ					yeṅ	
切韵韵部	登 开一 [əŋ]	蒸 开三 [ĭəŋ]	庚 开二 开三 [ɐŋ][ĭɐŋ]	清 开三 [ĭæŋ]	青 开四 [ieŋ]	清 开三 [ĭæŋ]	青 开四 [ieŋ]
千字文	**平登** 增 tseṅ 恒 heṅ	**平蒸** 凌 leṅ 蒸 ceṅ 昇 çeṅ 承 çeṅ	**平庚二** 更 keṅ **去映二** 孟 meṅ **平庚三** 明 meṅ 盟 meṅ 驚 keṅ			**平清** 楹 yeṅ	
大乘中宗见解	**平登** 能 *niṅ* 增 *ts'iṅ* 憎 *tsiṅ* 曾 *ts'iṅ* 僧 *siṅ* **上等** 等 *diṅ*	**平蒸** 乘 *ciṅ* 稱 *k'yiṅ* **去证** 證 *ciṅ*, *jiṅ* 勝 *çiṅ*	**平庚二** ◦盲 meṅ ◦争 jeṅ ◦行 heṅ **平庚三** ◦平 p'eṅ ◦生 çeṅ **上梗三** ◦境 keṅ, heṅ **去映三** ◦竟 keṅ 慶 k'eṅ	**平清** ◦聲 çeṅ ◦成 çeṅ ◦精 tsin ◦情 ts'in **上静** ◦領 leṅ **去劲** ◦令 leṅ ◦淨 tseṅ ◦性 *siṅ*	**平青** ◦青 ts'eṅ **去径** ◦定 deṅ		**平青** ◦經 kyeṅ ◦形 hyeṅ
阿弥陀经	**平登** 燈 teṅ, *tiṅ* 能 neṅ, *niṅ* 恒 *hiṅ* **上等** 等 *tiṅ*	**平蒸** 稱 *c'iṅ* **去证** 勝 *çiṅ*	**平庚三** 行 *'he* **去映三** 命 meṅ, *miṅ*	**平清** ◦名 meṅ, *miṅ* ◦聲 çeṅ ◦成 çeṅ **去劲** ◦聖 çeṅ ◦淨 dzeṅ			
金刚经	**平登** 燈 *tiṅ* 能 *'diṅ* 僧 *siṅ* 恒 *hiṅ* **上等** 等 *tiṅ*	**平蒸** 承 *çiṅ* 乘 *çiṅ* 稱 *c'iṅ* *tsoṅ* **去证** 應 *·iṅ*	**平庚二** ◦生 çeṅ, źeṅ **去映三** ◦敬 keṅ	**平清** ◦成 çeṅ			**平青** 經 kyaṅ, kyeṅ, *kyiṅ*

oṅ 摄韵母表第十六

藏音所代表之方音韵母	oṅ					yoṅ	woṅ	uṅ	
切韵韵部	东 开一 [oŋ]	冬 合一 [uoŋ]	唐 开一 [ɑŋ]	阳 开三 [ĭaŋ]	阳 合三 [ĭwaŋ]	阳 开三 [ĭaŋ]	唐 合一 [wɑŋ]	东 开三 [ĭoŋ]	鍾 合三 [ĭwoŋ]
千字文	**平东** 東 toṅ 功 koṅ 公 koṅ **上董** 動 doṅ 孔 k'oṅ **去送** 洞 doṅ 貢 koṅ	**平冬** 農 noṅ 宗 tsoṅ		**去漾** 帳 coṅ				**平东** 充 c'uṅ	**平鍾** 鍾 cuṅ **上腫** 寵 c'uṅ **去用** 用 yuṅ
大乘中宗见解	**平东** 同 t'on 空 k'on, k'o 通 *t'uṅ* **去送** 夢 moṅ	**平冬** 宗 tsoṅ, ts'oṅ	**去宕** °謗 boṅ	**平阳** °長 çoṅ °常 çoṅ °香 hoṅ **去漾** °狀 çoṅ, ts'oṅ °向 hoṅ	**上养** °妄 boṅ **去漾** °忘 boṅ	**平阳** °相 syoṅ °陽 yoṅ **上养** °兩 lyoṅ **去漾** °量 lyoṅ	**平唐** °黄 hwon	**平东** 風 p'uṅ 中 cuṅ 衆 c'uṅ 終 c'uṅ **去送** 衆 juṅ	**上腫** 恐 *k'oṅ* **去用** 種 juṅ 共 k'uṅ 用 *yoṅ*
阿弥陀经	**平东** 東 toṅ 功 koṅ							**平东** 終 cuṅ **去送** 衆 cuṅ	
金刚经	**平东** 功 koṅ 空 k'oṅ							**平东** 中 cuṅ **去送** 衆 cuṅ	**平鍾** 恭 kuṅ **去用** 誦 suṅ 供 kuṅ

ab 摄韵母表第十七

藏音所代表之方音韵母	ab			yab		
切韵韵部	合 开一 [ɑp]	狎 开二 [ap]	乏 合三 [ĭwɐp]	葉 开三 [ĭæp]	业 开三 [ĭɐp]	帖 开四 [iep]
千字文	納 'dab	甲 kab	法 p'ab	妾 ts'yab 葉 yab 接 *tseb*		俠 hyab
大乘中宗见解	答 tab 納 'dab 合 hwab		法 p'ab	攝 çab	業 '*geb*	
阿弥陀经	雜 zab		法 p'ab		劫 *kab*, *gab*	
金刚经	塔 t'ab		法 p'ab		劫 *keb* 業 *'geb*	

ib 摄韵母表第十八

藏音所代表之方音韵母	ib
切韵韵部	缉 开三 [ĭəp]
千字文	集 dzib 給 *kep*
大乘中宗见解	十 çib, *çim* 入 źib 集 ts'ib 及 k'ib
阿弥陀经	執 jib 十 çib 及 gib
金刚经	及 gib

ar 摄韵母表第十九

藏音所代表之方音韵母	ar					yar		war		
切韵韵部	曷 开一 [ɑt]	末 合一 [uɑt]	黠 开二 [at]	薛 开三 [ĭæt]	月 合三 [ĭwɐt]	薛 开三 [ĭæt]	屑 开四 [iet]	末 合一 [uɑt]	月 合三 [ĭwɐt]	薛 合三 [ĭwæt]
千字文	達 dar		察 c'ar	設 çar		滅 'byar	絜 kyar 節 *tser* 切 *ts'er*		厥 kwar	悦 'war
大乘中宗见解	薩 sar 達 dar	脱 t'ar	八 par 殺 sar	别 p'ar 設 çar 舌 çar, źar		血 hyar 滅 '*byer*	涅 *'der*	拔 p'war		絶 ts'war 劣 lywar

（续表）

藏音所代表之方音韵母	ar					yar				war
切韵韵部	曷 开一 [ɑt]	末 合一 [uɑt]	黠 开二 [at]	薛 开三 [ĭæt]	月 合三 [ĭwɐt]	薛 开三 [ĭæt]	屑 开四 [iet]	末 合一 [uɑt]	月 合三 [ĭwɐt]	薛 合三 [ĭwæt]
阿弥陀经	達 'dar	跋 *bad*			發 *pad*, *'p'ad*					
金刚经	薩 sar	末 'bar	八 par		發 p'ar, 'p'ar	滅 *'byer*				説 çwar

ir 摄韵母表第二十

藏音所代表之方音韵母	ir	ur		
切韵韵部	质 开三 [ĭĕt]	没 合一 [uət]	物 合三 [ĭuət]	術 合三 [ĭuĕt]
千字文	蜜'bir　實 çir 逸 yi r		弗 p'ur　勿'bur 鬱 gur	
大乘中宗见解	畢 pyir　蜜 'byir 一·ir	骨 kur　没 *ma*	佛 p'ur　物 bur	出 c'ur
阿弥陀经	實 çir　七 ts'ir 日 źir　鞸 *pyi*		弗 p'ur　佛 'bur	出 c'ur
金刚经	實 cir　悉 sir 一·i, ·ir		佛 bur	

ag摄韵母表第二十一

藏音所代表之方音韵母	ag			yag		wag
切韵韵部	铎 开一 [ɑk]	药 开三 [ĭak]	觉 开二 [ɔk]	药 开三 [ĭak]	觉 开二 [ɔk]	烛 合三 [ĭwok]
千字文	漠 'bag 落 lag 索 sag	弱 źag	嶽 'gag	爵 tsyag	邈 'byag	燭 cwag 辱 źwag 續 swag 曲 k'wag
大乘中宗见解	樂 lag 作 tsag, dzag 惡·ag	着 jag 藥·ag	覺 kag			俗 *swog*
阿弥陀经	樂 lag 作 tsag 各 kag	若 źag			藐 myag	
金刚经	作 tsag 惡·ag	著 jag 若 źag			藐 myag, *meg*, *ṁeg*	

eg 摄韵母表第二十二

藏音所代表之方音韵母	eg			ig			weg
切韵韵部	德 开一 [ək]	陌 开二 [ɐk]	麦 开二 [ɛk]	职 开三 [ĭək]	昔 开三 [ĭæk]	锡 开四 [iek]	陌 合二 [wɐk]
千字文	刻 k‘eg	伯 peg 百 peg 宅 jeg	策 c‘eg	逼 pi̥g 勑 c‘i̥g 直 ji̥g 實 çig 穡 çi̥g 稷 tsi̥g 極 gi̥g	適 çi̥g 席 syi̥g 夕 syi̥g 易 yi̥g	的 ti̥g 嫡 ti̥g 績 ci̥g 慼 ts‘i̥g 戚 ts‘i̥g 寂 dzi̥g	虢 k‘weg
大乘中宗见解	得 *tig* 則 *tsig*	帛 p‘eg 逆 ’*gig*		側 *c‘eg* 色 *çeg* 識 çig 忆即 tsig	赤 c‘ig 亦 yig, *yi*, *yi*’*u*(?)	寂 ts‘ig	
阿弥陀经	德 *tig* 得 *ti̥g*			色 çig 極 gig	亦 yig		
金刚经	德 *tig* 得 *tig* 則 *tsig*	百 *pig* 白 *big* 逆 ’*gig*		即 tsig, *tsin* 憶 ·ig	釋 ç*i*		

og 摄韵母表第二十三

藏音所代表之方音韵母	og				ug		
切韵韵部	屋 开一 [ok]	沃 合一 [uok]	烛 合三 [ĭwok]	德 合一 [wək]	屋 开三 [ĭok]	烛 合三 [ĭwok]	德 开一 [ək]
千字文	獨 dog 讀 dog 禄 log 轂 kog				睦 'bug 牧 'bug 目 'bug 叔 çug 孰 çug 俶 çug 熟 çug	足 tsug	默 'bug
大乘中宗见解	獨 t'og 毒 t'og		觸 c'og 欲 yog °俗 *swog*	惑 hog	六 lug 肉 źug 竹 *ts*(*i*)*g*(?)		
阿弥陀经	* 閦 cog	耨nog, log	欲 yog	國 kog	福 pug 六 lug 宿 sug		北 pug
金刚经	讀 dog	耨 'dog, nog		或 hog	伏 bug 復 'bug 肉 źug		

a 摄韵母表说明：

《千字文》跟《金刚经》里有许多字后面附着 ' 号，这也许代表读音时音节的延长，但是本来同音的字却有的加，有的不加（例如"左 dza、佐 dza'，何 ha'、河 ha"），可见它跟韵类是没有关系的。《金刚经》跟《阿弥陀经》里的"阿"字有 · a、· an、· ar 三种对音，就它的上下文看，大概在"阿弥陀""阿僧祇""阿修羅"

等词中作 · a,在“阿耨多羅”等词中作 · an,在“阿閦鞞佛”中作 · ar,这显然是受下一字声母的同化。至于“可、我”两字在《大乘中宗见解》里变作 o 韵,那就渐渐跟近代西北方音接近了。

o 摄韵母表说明:

模韵的字在这四种藏音里,大多数都读作-o,只有《千字文》里的“圖、土”两字读作-uo,而属于同样声母的“途、杜”两字就不这么变,可见它们并不是受声母的影响,至于这两个字为什么这样变,在现有的这一点儿材料中还看不出所以然来呢。这一摄所包括的《切韵》韵部是根据《千字文》的对音并合的,若照其他三种对音来分配,便可以分成 o、aṅ 、oṅ 三摄。我为比较研究上的便利,把《阿弥陀经》跟《金刚经》里的宕摄字互见第十四摄,把《大乘中宗见解》里的宕摄字互见第十六摄。凡互见别摄的字,前面都加一个小圈作标识。

e 摄韵母表说明:

齐韵的开口字,在《千字文》里所有的 ts-、k-两组都读作 ye,不过在《大乘中宗见解》里好像除去 k-组以外连 ts-组也变成 e 了。梗摄的字比较不大规则。这一摄所包括的《切韵》韵部也是拿《千字文》的对音作标准的,若照其他三种对音,至少也可以分成 e、eṅ 两摄,所以我仿照 o 摄的例也把它们互见第三跟第十五两摄。

第二、第三两摄的音变现象是很特别的:单从《千字文》的藏音来看,唐、阳可以混入模,庚、清、青可以混入齐——由有鼻收声-ṅ 的韵混入没有收声的韵,这正是戴震、孔广森以来所谓“阴阳对转”现象。在《千字文》所有的对音里,-ṅ 的消失或保存是按照下面的条理的。

(1) 在唐[ɑŋ]、阳[ĭaŋ]两韵的后面,除去“糠 k‘aṅ

(40.6)、康k‘aṅ(44.2)、帐coṅ(10.5)”三字外(参阅第十四摄),其余的都消失,并且把主要元音变成o;

(2) 在青韵[ieŋ]的后面完全消失;

(3) 在庚[ɐŋ]、清[ĭæŋ]两韵的后面,除去“更keṅ(20.9)、孟meṅ(29.1)、驚keṅ(9.5)、明meṅ(12.5)、盟meṅ(21.9)、楹yeṅ(10.7)”六字外(参阅第十五摄),其余的也都消失;

(4) 在东[oŋ]、冬[uoŋ]、钟[ĭuoŋ]、江[ɔŋ]、登[əŋ]、蒸[ĭəŋ]六韵后面,还都照旧地保存着(详第十四、十五、十六,三摄)。

根据这四个条理,我们就可以说:-ṅ收声在《切韵》的开唇元音[ɑ]、[a]、[ɐ]、[æ]、[e]的后面几乎完全消失,而在略圆唇元音[ɔ]、[o]或中性元音[ə]的后面却还照样地保存着,除去少数的例外,是很有规则的。这种现象在其他中央亚细亚语的借字里也往往发现,例如,粟特语的

庚 key　　丁 tîy　　丙 pîy

-ṅ收声都消失了。[①]但是在畏吾儿语里却有时候消失,有时候保存,还有时候改变了元音的音彩:

淨 tsi　　升 sing　　僧 song　　乘 sing　　統 tung

倉 tsang　　藏 tso

貞知 tingći　　长史ćangśi　　將軍 sangun[②]

我们所得到的例子虽然不多,然而已经可以看出来-ṅ收声的消失与否完全跟《千字文》的条理相合,不过用作联词上字的时候,却不论前面的元音如何一律都保存着罢了。但是,我们现在要问,

①② H. Maspero 前引文 pp. 47,48.

这种鼻收音-ṅ究竟是完全消失呢，还是有所消变呢？换言之，由阳、唐变来的 o、yo 跟由庚、清、青变来的 e，是否同模、齐两韵的音彩完全一致呢？关于这个问题的解答，伯希和以为-ṅ完全消失[①]；高体越（R. Gauthiot）以为本来在-ṅ前面的元音已然鼻化（nasalized）[②]；马伯乐以为-ṅ好像是变成鼻摩擦音[ɣ̃]，并没有完全遗失[③]。照我看，-ṅ收声不像会完全消失的，因为'b、'd、'g 三个声母照例在鼻收声的前面还保存 m、n、ṅ 的本读，这跟厦门音的[b]、[l]、[g]三母在鼻韵的前面读作[m][n][ŋ][④]恰好是一样道理。如果阳、唐、庚、清、青等已经变成纯粹的 o、e，那么"卬、囊、銘、寧"等字就应该读作'bo、'do、'be、'de，而不应该读作 mo、no、me、ne 了。可是高体越跟马伯乐两种说法究竟哪一种对呢？我觉得后一种比较理由充足一点，因为这个鼻摩擦音[ɣ̃]是不很稳定的。赵元任先生在《南京音系》里说："[eɣ̃]、[aɣ̃]表示前半无鼻音后半有鼻音的韵。这种韵很容易受下字的同化作用，例如天[t'eɣ̃]、边[peɣ̃]连起来成[tembeɣ̃]；当、头[taɣ̃，t'əu]成[tant'eu]；鲜、果[seɣ̃，ko]成[seŋko]。"[⑤]由这个旁证来看，我们很可以解释畏吾儿语用 sangun 来写汉语"将军"的理由；由此类推畏吾儿语所以拿 ting-ći 对"贞知"、拿ćang-śi 对"长史"，也是同样的道理，说不定这两个对音里的 ng 还许受下字的同化而读作[ɲ]呢。不过鼻摩擦音[ɣ̃]是一个很难辨认的声音，在没有受过

① P. Pelliot: *Kao-tch'ang, Qučo, Houo-tcheou et Qarâ-Khodjâ*, J. As XIX, 1912. p. 590.

② R. Gauthiot: *Note additionnelle au Préced*, ibid, p. 597.

③ H. Maspero 前引文 pp. 47, 48。

④ 《厦门音系》第 69 页。

⑤ 参阅《科学》第 38 卷，第 8 期，第 1010 页。

审音训练的人听起来,很容易捉摸不定的。当时记音的吐蕃人就许因为对这个音捉摸不定,而且在他自己的语言里也没有相当的字母,所以听得“过”了一点儿就保存住-ṅ,听得“不及”了一点就写作纯元音。因此同是 m、k、k‘ 声母的字,有保存-ṅ 的(如“糠 k‘aṅ、更 keṅ、孟 meṅ”),也有标作纯元音的(如“抗 k‘o、曠 k‘o、邙 mo、京 ke、輕 k‘ye、銘 me”),不是 m、k、k‘ 声母的字也有一个保存着-ṅ 的(如“楹 yeṅ”),很难拿一定的条理来范围它,假使它是比较固定一点的鼻化元音,或者就不会有这样参差不齐的现象了。

所以,假若我们不拘牵藏文译音的表面,就是单以《千字文》所代表的方音而论,似乎也应该把这两摄分成[o][oɣ̃][e][eɣ̃]四摄才行呢。然而,无论如何我们都可以说,鼻收声在现代西北方音里的消变从唐朝起已然开始,不过在那时候只限于-ṅ 的一部分,现在不单所有附-ṅ 的韵一律消变,而且-m、-n 两类也都被波及了。所以-ṅ 收声的消变始终就是方音的歧异,从前伯希和疑惑舌根鼻收声在唐代西北方音中的消灭是一时的现象,自从辽、金等外族侵入而发生混乱以后,中央地方的汉人从事于语言恢复运动,不单阻止了消灭舌根鼻收声的趋势,而且把本来的完全的音值再重现出来①。我想他当时假若拿现代西北方音比较一下,这种怀疑就会涣然冰释了。

此外我们还有一点要注意:阳、唐的-ṅ 收声消变以后,它们前面的元音,不管是开口的[ɑ][a],或是合口的[wɑ][wa],都受这种影响变成了[o]。这是[ŋ]的后退同化所致,[ɐ][æ][e]等元音因为部位靠前就不受影响。于是我们可以知道从前所谓“对转”的韵,主要元音不一定都相同,有的因为受收声消变的影响改

① 参阅 P. Pelliot,前引文,J. As. XIX. p. 590 小注。

换了主要元音的音彩，然后才能同相近的“阴韵”对转，所谓“模、唐对转”正是一个好例。如果因为它们可以“对转”，就把模、唐拟作 ɑ—ɑŋ，或 o—oŋ，就不免闹“胶柱鼓瑟”的笑话！惟其如此，所以我们要是没有正确的理由，对于对转的条理便不可乱用，倘若把《成均图》的条理还要引申多少倍，那恐怕就要转以滋迷了。

关于这两摄的韵系，其他三种藏音都跟《千字文》相差很远。宕摄字在《大乘中宗见解》里主要元音虽然大部分变成 o，而-ṅ 收声却还一律保存着；在《阿弥陀经》跟《金刚经》里，除去一个“莊”字有 tsaṅ、tsa 两读，其余的不单-ṅ 收声保存得很好，就是主要元音也没有丝毫改变。而且这个“莊”字本是同用在“莊嚴”一个联词中的，它所以有时读 tsa · 'gem，有时读 tsaṅ · 'gem，只是受下字同化所生出来的偶然歧异，对于其他-ṅ 收声的存在毫无影响。梗摄字的-ṅ 收声比宕摄字消变得较多：在《大乘中宗见解》里有“命 me、明 mye、名 mye”三字，《阿弥陀经》里有“行 'he，名 me、mi、myi，经 kyi、gyi”三字，《金刚经》里有“名 mye、myi”字，它们都是属于 m、k、'h 三种声母的。在《千字文》的藏音里，那些保存-ṅ 收声的梗摄字多数属于 m、k、k‘ 三母，而在这三种藏音所有消失-ṅ 收声的梗摄字，也都属于 m、k、'h 三母，这是恰好相反的一种现象。《阿弥陀经》里的“名”字除去 me、mi、myi 外，还有meṅ、miṅ 两个异读，那也不过是写法的偶然不同，并没有多大关系。因为照上下文看起来，“名”字在“名聞光佛 meṅ · 'bun · kwaṅ · 'bur”跟“名光佛 meṅ · kwaṅ · 'bur”里作meṅ，在“名號 me · he'u”里作 me，在“名聞佛 mi · 'bun · 'bur”里作 mi，在“名爲 myi · 'u”里作 myi，其间并没有什么一贯的音变条理，不过从-ṅ 收声的可有可无一点来推想，可见它并不是完全消失，至多不过变成鼻摩擦音[ɣ̃]罢了。

i、u 两摄韵母表说明：

第四、第五两摄间的关系颇为密切，因为止摄的合口既然大部分变成u韵，而遇摄的鱼韵也出入于i、u两摄之间游移不定，所以为叙述上的方便，最好把这两摄合并讨论。鱼韵变i的现象，在现代方音中也可以找到类似的佐证。例如，客家话的鱼、虞两韵在“喉”、“牙”、“齿头”、来、日等声母的后头读[i]，在“舌上”、“轻唇”跟“正齿”三等的后头读[u]，在“正齿”二等的后头读[ɿ]；福建的龙溪话也有类似的演变。不过在这些方音里，鱼、虞是连带变的，所以这两韵本来有什么分别依然看不出来。由这四种藏音所有的例来看，大概鱼韵字在《阿弥陀经》跟《金刚经》里变i音的较多，在《大乘中宗见解》里变u音的较多，而在《千字文》里i、u两音大有势均力敌的样子，所以《千字文》的藏音好像是前两系方音的过程似的。惟其如此，所以它分化的现象是没有规则的。《千字文》里的鱼韵字有八个读入i韵：“楚、疎、車、居、黍、鉅、庶、譽”；同时也有七个读入u韵：“諸、渠、於、舉、慮、御、豫”。拿声母来讲，“車、居、舉”同属见母，“鉅、渠”同属群母，“誉、豫”同属喻母四等；拿声符来讲，“鉅、渠”同从“巨”声，“譽、舉”同从“與”声；拿声调来讲，“疎、車、居、諸、渠、於”都是平声，“楚、黍、鉅、舉”都是上声，“庶、譽、慮、御、豫”都是去声。无论从哪一方面看，都不能找出它们所以分化的道理来——这正可以代表青黄不接时代的混乱现象。它所以没像虞韵那样完全变u，正可以作为鱼韵读[ĭo]、虞韵读[ĭu]的佐证，到了《大乘中宗见解》里，鱼、虞两韵就混而不分了。从鱼韵变来的i、u，照音理讲应该是中性的[ɨ]跟撮口的[y]。因为[ĭo]音读得开唇一点就容易变成[i]，读得合唇一点就容易变成[y]，这两个音在吐蕃人耳朵里都是很难辨别的，所以就拿他自己语言中固有的i、u来勉强替代。我想这种替代音不单鱼韵有，由虞韵变来的u也许是[y]的替代，由止摄合口变来的

u，也许是[ui]的替代，从现代西北方音逆溯起来，大概不至于十分错的。

第四摄里有许多转入 e 韵的字，这些字约可分作五组：(1)p 组字："枇、疲、飛、彼"；(2)止摄合口字："翠、煒"；(3)c 组字："事、所、而、爾、如、汝"；(4) ts 组字："子"；(5)k 组字："去"。(1)、(2)两组无疑是受唇化的影响，(3)、(4)两组很使人疑心"正齿"、"半齿"跟"齿头"等音的字从那时候已经有变成[ʅ]、[ɿ]的朕兆，可惜例外较多，一时还不能确定。至于 k 组变 e 的字，只在《阿弥陀经》里有一个"去"字，这也许是鱼韵有时读[ï]的遗迹罢？在《阿弥陀经》跟《金刚经》里，"所"字的对音最为纷歧，尤其是 çe'i、çu'i、ça 三音最不规则，这是否传写时的错误，抑或由"所以"两字合成，我没有见到原写本以前是无从悬揣的。

第五摄里除去《千字文》的"疑"，《大乘中宗见解》的"謨、流"等算是特异的例外，其余的演变都很规则，无须再加讨论。

ai、ei 两摄韵母表说明：

第六、第七两摄照《千字文》的藏音是分的，照《金刚经》的藏音是不分的，若照《阿弥陀经》跟《大乘中宗见解》两种藏音，简直就可以同第三摄合而为一了。按《切韵》音讲，《千字文》的系统是比较近古的，因为咍、泰、灰等保持 ai 音固然同《切韵》相合，就是皆韵跟祭、齐变成同韵也还保留二等[a]音较弇的遗迹。至于这两摄在《阿弥陀经》跟《大乘中宗见解》里所以都变成 e，恐怕是由"i-umlaut"所生出来的中和现象。《千字文》里的齐韵字只有"陛、隸、翳"读 ei，其余的大部分都转入 e 摄，跟这种现象是很类似的。佳韵有"解、畫"两字均读作 a，应入第一摄，惟匣母的"解"字《大乘中宗见解》跟《金刚经》均读 e，依例应入本摄(参看 a 摄第一)。此外，二等夬韵、三等废韵在这四种藏音里都没有例字，照音理来类推，夬应与佳为伍，废应与祭为伍，所以它们或者是读作 wa、e'i 两韵的。

au、eu 两摄韵母表说明：

第八、第九两摄只有《千字文》能分，在其他三种藏音里，效摄字有混而为一的趋势，流摄字有并入第五摄的趋势。照《切韵》音讲，《千字文》的系统是比较近古的，不过其中也有一部分豪、肴、宵、萧韵的字转入 e'u 摄。在这些字中，"寥、飄"的主要元音所以变-e-，大概是由 ya-的"i-umlaut"所致，只有豪韵字分化成 a'u、e'u 两韵，而"皋、高、藁"同属 k 组，"糟、操"同属 ts 组，显然不能拿声母不同来解释。它们所以有这样纷歧的现象，或许由于吐蕃语没有 au 音所致。因为在现代西藏语里 rta（马）+ bu（小）应该变成 rta-u，而实际上却读作 rteu（小马）；bya（鸟）+ bu（小）应该变成 bya-u，而实际上却读作 byeu 或 byiu（小鸟），这便是很好的旁证。[①] 至于第九摄的 e 元音，藏文虽然写成一样，实际上恐怕流摄应该读[ə]，效摄应该读[ε]，因为藏文没有[ə]音所以才用 e 来替代，这跟曾、梗两摄里的 e 元音好像是一样的情形。此外，像《千字文》里的"口、後"两字所以变成较开的 a'o 韵，恐怕是受声调的影响，这在现代北平音中也有类似的变化。

im、in 两摄韵母表说明：

咸、深两摄的-m 收声，在这四种藏音里还都好好地保存着，不过覃、谈、咸、衔、凡已然混成一韵，严、盐、添已然混成一韵，几乎完全看不出《切韵》所以分立九韵的道理来了。在《大乘中宗见解》里，有一个"感"字读 gwam，一个"合"字读 hwab（参阅第十七

① 此点颇得李方桂先生启发之益，特此声谢！

摄),这跟我假设覃合谈开的说法不谋而合①,虽然只靠这两个孤证不能使我的假设得到确切的证实,可是覃韵的合口遗迹居然在这时候还保存着,也算是够有趣味的了。至于盐、严两韵有六个字变成 em,这是由 ya 的“i-umlaut”所致,实际上是可以附入 yam 韵的。

an 摄韵母表说明:

第十二摄中的山、删两韵,在《千字文》里开口跟寒同韵,合口虽没有例字,按理说也应该跟桓同韵;可是在其他三种藏音里不单开口变近元、仙、先,就是合口也有一个“幻”字变成齐齿,可见二等的主要元音是介乎一、三等之间的。仙、先两韵的主要元音在《千字文》跟《大乘中宗见解》里,只有“綿、弁、免、天、堅、垣、員、轉”等受“i-um-laut”的影响由 a 变成 e(其中的“堅”字还不过是又读),但是在《阿弥陀经》跟《金刚经》里,合口虽然还保持 a 音,开口除去一个“徧”字却完全变成 e 音了。至于《大乘中宗见解》里的“言 ge、免 mye、天 'de”三个对音,-n 收声也露了消变的朕兆,这是很可注意的现象。

in 摄韵母表说明:

臻摄开口三等的真、欣两韵,在这四种藏音里所有的例字一律混而不分;一等的痕韵有一个“根”字,《金刚经》跟《大乘中宗见解》也都读 kin,其他的字是否同三等不分,从这仅有的例字是难决定的。不过合口的魂、谆、文三韵,除去“門、鵾、本、論”四字稍有牵混外,却有一等读 on、三等读 un 的趋势,那么以合例开,我们也可以假定痕与真、欣是有分别的了。至于《千字文》里的“尹、

① 参阅《切韵闭口九韵之古读及其演变》,《庆祝蔡元培先生六十五岁论文集》,第 469—523 页。

郡”两字读-win,《大乘中宗见解》里的“倫”字读-in,都露出藏文 u 有替代[y]音的痕迹,这也是很可注意的。

aṅ 摄韵母表说明:

照《阿弥陀经》跟《金刚经》两种藏音来看,宕摄的字应该以第十四摄为正读,以第二摄为变读,但是《千字文》除去“糠、康”两字外一律变入 o 摄,《大乘中宗见解》除去“上、相、想、像”四字外一律变入oṅ 摄,这显然由于方音的不同。江韵的字,照《切韵》的反切看本来应该全是开口,但是《韵镜》的第三转已然标作“开合”,《切韵指南》的江摄就简直地标明:“见、帮、晓、喻属开,知、照、来、日属合”。在这四种藏音里虽然只有三个江韵的字,而“絳”开“幢”合,完全跟《切韵指南》的系统相符。可见江韵受声母的影响而分化成开合两类实在不是从宋代才开始的。

eṅ 摄韵母表说明:

曾摄字的-ṅ 收声,在这四种藏音里一律都保存着;梗摄字的-ṅ 收声在《阿弥陀经》、《金刚经》跟《大乘中宗见解》里除去“命、行、明、名、經”五字外,也还照样地保存着,但在《千字文》里却只有本摄所收的六个字没有消变,其余的却完全转入第三摄了。如果照我在第 88 页所提议的规律讲,那么曾摄字的-ṅ 收声所以在《千字文》里没有消变,或许因为它们还保存中古[ə]元音的缘故,西藏语既然没有[ə]的对音,所以译音者就勉强拿 e 来替代,实际的音值恐怕跟梗摄的元音是有分别的。至于其他三种藏音虽然跟《千字文》不同,但是除去少数的牵混,大致曾摄的元音是 i,梗摄的元音是 e,对于两摄的读法还是不相杂厕的。此外,《大乘中宗见解》有一个诤韵的“硬”字对音作’gu’u,疑系’geṅ 音之讹,现在既然不能据原写本校正,故未列入表中。

oṅ 摄韵母表说明:

在这四种藏音里，通摄字因为一、三等的不同分化成 oṅ 、uṅ 两韵，除去《大乘中宗见解》的“通、恐、用”三字稍有牵混外，其余是很有规律的。宕摄字照《千字文》应该并入 o 摄，照《阿弥陀经》跟《金刚经》应该读作 aṅ 摄，惟独《大乘中宗见解》除去“上、相、想、像”四字外都变同通摄的一等，跟其余的三种藏音完全不同。这种宕、通混合的现象，同现代的客家话、福佬话颇类似，可是在已经调查过的西北方音中，却还找不到它的直接后代音呢。

以上所讨论的只是各摄的舒声，至于促声字虽然也可以附在“阳韵”各摄来讨论，不过它们的收声完全跟舒声不同，列表时颇感困难。我为辨别音素的便利起见，另外分出八摄，这跟宋元等韵家的分摄法是不很一致的。

ab、ib 两摄韵母表说明：

这两摄的读音是跟第十、第十一两摄相应的，所以盍、洽两韵虽没有代表字，我们却可以由舒声谈、咸两韵类推出来。yab 韵中有几个字变成 eb 韵，这跟第十摄的“廉、厭、餤、念、嚴”等一样是由 ya 中和而成的，至于《阿弥陀经》中“劫”字的对音，那就算是特别的例外了。咸、深两摄入声的收声，在这四种藏音里一律写作带音的-b，在畏吾儿语中就变成带音的摩擦音[-β][1]，到了现代西北方音连这个[-β]也没有了，可见这个收声的消失是经过-b > -β > ○的历程。

ar、ir 两摄韵母表说明：

第十九、二十两摄的读音是跟第十二、十三两摄相应的，所以鎋、迄两韵虽没有代表字，却可以由山、欣两韵类推出来。yar 韵中有几个字变成 er，这跟第十二摄的“綿、言、邊、肩、天……”等一

① H. Maspero 前引文 P. 44。

样是由 ya 中和而成的。山、臻两摄的入声字，闽、粤语收[-t]，越南语收[-ţ]，日译汉音收-tsu[-tsɿ]，日译吴音收-chi[tɕi]，而在高丽译音里却拿-l 当它们的收声。在这四种藏音里只有《阿弥陀经》的“跋、發”两字收-d，其余的都收-r①，这跟高丽译音系统是很相近的。其实拿-r 或-l 当山、臻摄入声收声的，还不只西藏译音跟高丽译音为然，在唐代的“陀罗尼”译音跟别种中央亚细亚语言中也有类似的现象，例如：

《佛说随求即得大自在陀罗尼》：

“薩”对 sar：薩波怛他揭多 = *sar*vatathāgata

薩蒲烏(二合)波達囉(二合)陛瓢 = *sar*vaupȧdravebhyaḥ

烏波薩祇瓢 = upa*sar*gebhyaḥ

“達”对 dhar：那牟勃陀達摩僧祇瓢 = namo Buddha-*dhar*ma saṅghebhyaḥ

畏吾儿语：

“佛”对 bur：佛僧 = *bur*sang

“乙”对·ir：乙 = ·*ir*

粟特语：

“密”对 mīr(日光、日曜日)　　“咥”对 tiṛ(水星)

土耳其语：

“達”对 tar：莫货達干 = bagha · *tar*gan

中古波斯语(Pehlvi)：

“遏”对’r：遏换健塞 = ’*rw*’ngānsah

“勿”对 var：電那勿 = denā*var*②

---

① 刘半农先生云：“疑此-r 之音值当为[ɹ]，决非颤音。”

② 关于华梵对音及中央亚细亚语举例根据马伯乐前引文 p.42。

可见这个-r 收声在唐代的西北方音里是很普遍的。伯希和对于这类收声的译音有时候-t、-r 两写[①]，有时候写作 ð[②]，他并且说："……舌尖音是拿摩擦音 ð 来代表，因为我采取一个介乎-t 跟-r 之间的音值，这个 t 或者是最初的（不过也不一定普遍如此），但是在唐朝时候的中国北部这个截断音已经变成-r 了。"[③]在伯希和以前，艾谨（J. Edkins）也曾提议过这个学说，他以为"用来译 ni 的汉字（就是在 Nirvâna 对音里的），从前在中国有些地方读作 nit，有些地方读作 nir"[④]，从这四种藏音跟上面所举的那些旁证来看，我相信这种解释是很合理的。至于《阿弥陀经》里"跋、發"两字的-d 正好代表这个收声没有变成-r 以前的读法，这也可以算是《阿弥陀经》比其他三种时代较早的证据。所以山、臻两摄入声收声的演变在唐代西北方音里应该经过-d > -ð > -r 的历程，不过到了现代西北方音连这个-r 也变得没影儿了。

ag 摄韵母表说明：

这一摄的读音本来应该跟第十四摄相应的，但是宕摄的舒声《千字文》虽然并入 o 摄，《大乘中宗见解》虽然转入 oṅ 摄，而这里的铎、药两韵却不单保存着收声，就连主要元音也没有改变，此其不同之点一；通摄的三等鍾韵，在这四种藏音一律读作 uṅ，而它的促声烛韵在《千字文》里却变成"宕、江"两摄的合口，此其不同之点二；此外除去"藐"字有两个又读，其余都是很规则的。

eg 摄韵母表说明：

这一摄的读音本来应该跟第十五摄相应的，但是梗摄的舒声

① 例如在《中国发见的摩尼教经典》里（J. As，1911 p. 570）：fwyt（fwyr）。

② 例如在《Milindapañha 的专名》里（J. As，1914. p. 390）：wiäð。

③ T' oung Pao，1915. p. 3.

④ J. Edkins《中国的佛教》（*Chinese Buddhism*），1880. p. 7。

在《千字文》里大部分变成 e,有几个残馀没变的,便跟曾摄的登、蒸两韵一律写作 eṅ,从写法上看它们的主要元音并没有分别;在其他三种藏音里大体有曾摄读 iṅ、梗摄读 eṅ 的趋势,跟《千字文》是不一致的。至于它们的促声却恰好跟这种情形相反,因为照这里所有的对音看,在《阿弥陀经》、《金刚经》跟《大乘中宗见解》里,除"侧、色、帛"三字外,简直可以混成一韵,而《千字文》却因为洪(一、二等)、细(三、四等)的不同分成 eg、ig 两类,不过照写法的表面看,梗、曾两摄促声的分界,无论如何都算是混而不辨的了。

og 摄韵母表说明:

这一摄的读音是跟第十六摄相应的,不过《千字文》里的烛韵字除去"足"字之外完全转入 ag 摄;所有这四种藏音里的德韵字属于 k 组合口的读作 og,属于 p 组开口的读作 ug,这都是舒声所没有的现象。从谐声字的系统来看,《切韵》德、职两韵的声符虽然有许多跟屋韵三等相通,但是还没有同屋(一等)、沃、烛混合的,所以本摄里德韵合口的分合现象,也同现代福佬话的情形一样①,只能算是方音的特异色彩,对于《切韵》以前的古音并不能给我们任何的新启示。

关于各摄的特征,我在上文已然分别讨论过了。此外有几个各摄共同的问题,还得要特别提出来讨论:

(1) 声母对于韵母的影响是一个音韵学上很重要的问题,有许多韵部错综的现象都得靠它来解释,不过专从韵书或诗文押韵上推求,至多只能得到一点儿启示,恐怕没有方法把它证实。我

① 但"默、北"两字汕头话读作-æk,厦门话口语读-ak,文言读-iək,均与其他德韵开口字同,而与本摄之变读异。

在这四种藏译汉音的文件里却发现三点有趣的现象：

(a)合口韵母在 p 组声母后皆变开口，例如：

wa > a：磨、摩、頗、波、破　wi > i：肥、微　wai > ai：杯、陪、背

wan > an：磻、盤、煩、飯、晚、萬　war > ar：跋、末、發

(b)o、eu、iu 三韵在 p 组声母后皆变成 u 韵，例如：

o > u：菩、布、補　eu > u：茂、牟　iu > u：婦、富、阜、不、否、覆

(c)齐齿韵母在 c 组声母后往往省却 y 介音，例如：

ya > a：蛇、者、捨、舍	yo > o：床、腸、觴、嘗、唱
iu > eu：抽、手、晝	yan > an：禪、膳、善、然
yaṅ > aṅ：上、長	yeṅ > eṅ：蒸、昇、承
yoṅ > oṅ：長、常、狀(大)	yar > ar：設、舌
yag > ag：弱、著、若	ig > eg：側、色(大)

这三种现象里，(a)是受声母异化作用(dissimilation)的影响，(b)是受声母同化作用(assimilation)的影响，至于(c)却有两种可能的解释：第一，c 组若是读如舌尖后音[tʂ]、[tʂʻ]、[dʐ]、[ʂ]、[ʐ]，则 y 介音就可以像北平话那样被声母硬化而消失；第二，c 组若是读如舌面前音[tɕ]、[tɕʻ]、[dʑ]、[ɕ]、[ʑ]，则 y 介音就可以被声母同化而省却。照现代藏音的读音看，我是比较赞成后一说的。

(2) 在《千字文》里，我们发现好些重写元音的例子，如：

組 dzoʼo　紡 pʻoʼo　酒 dzuʼu　舉 kuʼu　象 syoʼo

唱 cʻoʼo　時 çiʼi

这七个字里除去“唱、時”两字之外都是上声，于是我们就可以设想当时记音的人对于上声字是很注意的，因为他不单受声调的影响把全清声母混入全浊，并且还想出一种特别的标音法来表明它

们,足见这种声调至少在他听起来是很感异样的了。这种把上声重写双元音的标音法,在一千多年后赵元任先生所创制的国语罗马字居然也不谋而合地采用了它,这其间虽然没有任何因果关系,但是专从这种心理所同然的巧合而论,也算是够有趣味的了。

（3）合口的洪(一、二等)、细(三、四等)音在近代方言里多数变成“合口”、“撮口”两呼,但是照这四种藏音的写法来看,合口的洪、细是混而不分的。例如:

-wan:冠、桓、歡、觀、翫、暖、斷、亂、喚、算(桓合一);還(删合二);遠、勸(元合三);宣、緣、轉(仙合三)

-war:拔(末合一);厥(月合三);悦、絶、劣、説(薛合三)

-wan:光、廣(唐合一);王、網、往(阳合三)

-un:門、鵾、本(魂合一);遵、筍、輪、順、潤(谆合三);墳、軍、群、分、運、聞、云、藴、問(文合三)

-ur:骨(没合一);弗、勿、鬱、佛、物(物合三);出(术合三)

这种现象,除去阳韵的字是受声母的影响,其余的有两个可能的解释:第一,合口细音在这一系方音里完全混入洪音,根本没有变成撮口呼;第二,西藏语没有撮口音,遇到[iu]、[y]之类就勉强拿[u]来替代。在这两种解释中,我比较赞成后一说。因为从“幻hyan”(参阅第十二摄),“尹'win、郡gwin、倫lin”(参阅第十三摄)几个对音来看,我们就可以想见当时记音人游移于[i]、[u]两音之间的神气来了。

（4）关于入声的收声,我们从好久就知道咸、深摄收-p,山、臻摄收-t,宕、江、梗、曾、通摄收-k,并且在现代广州、客家、汕头、厦门等处方音中还可以找到实证。就这几处现代方音来审辨,它们的音值应该是一种不带音的截断音(voiceless implosives),但是在这四种藏音里,却把它们写作-b、-r(-d)、-g,这究竟是西藏语的替代音，还是这种方音的真正音值呢？如果是真正音值的话，那么，入声的收声究竟是不带音的-p、-t、-k在前，还是带音的-b、-d、-g在前呢？要答复前一个问题，我们得先求后一个问题的解决。关于入声的收声最初是否带音的问题，高本汉曾经说："要想知道这个-t或-d是否最初的音，这是现在绝对不能决定的。我们可以想象入声字本来是收-b、-d、-g的，并且经过德文 bad > b_At 那样类似的演变，于是变成-p、-t、-k。不过我们关于这类学说并没有任何的确据；西藏文永远用-b、-d、-g作收声不能给我们什么启发，尤其是关于西藏文的历史以及汉语跟西藏语的语言关系我们更不知道什么。所以我们只好说在我们对于读音最早有些认识的时候，换言之，就是日译吴音的时候，已经可以证实有一个-t，而关于唇音跟舌根音收声（-p、-k）的读音并没有任何浊音的暗示。"①他这种论调是很谨慎的。但是照我推想，汉语入声收声的演化应该经过下列的步骤：

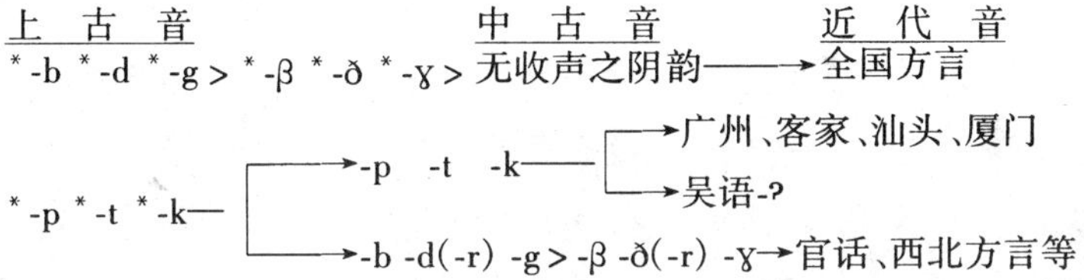

照这样假设，那么上古音的入声收声便应该有带音的跟不带音的两套：带音的*-b、*-d、*-g比较容易丢掉或变成部位相近的元音，所以在中古时代就渐渐地消灭了；不带音的*-p、*-t、*-k在中古时代大部分方音还都照样地保存着，但是有一部分方音却变成带音的-b、-d（-r）、-g——现在所讨论的四种藏音就是属于这一系

① B. Karlgren：*La Phonologie Chinoise*, p. 604.

的。如果拿上古 * -b、* -d、* -g 的演变历程来类推，那么入声收声在近代官话跟西北方音中的消变当然要经过这样一个阶段。对于这种假设我自然还得要另外讨论，不过我们在这里如果承认它是可能的，那么西藏译音的-b、-d(-r)、-g 就不一定是-p、-t、-k 的替代音了。

(5) 关于《切韵》一等[ɑ]与二等[a]的区别，在这四种藏音里，《千字文》可以分辨咍、泰与皆、佳，豪与肴的不同；《阿弥陀经》、《金刚经》跟《大乘中宗见解》可以分辨寒与山的不同；至于歌、麻的分别只在较晚的《大乘中宗见解》里由“可 k‘o、我 ’go”两字的变读可以窥见一点儿消息，此外各韵在藏文写法上却都混而为一了。然而就从这几个偶然流露出来的遗迹，已经够使我们承认[ɑ]与[a]在藏文写法上虽难分辨，而实际的语音却未必全泯侈弇之界。等到下文同现代西北方音比较时，我还可以证实这个说法。

总括上面的两节来看，我们对于唐代沙州或沙州附近的方音系统已然可以得其梗概了。我固然知道当时译音的吐蕃人并不是语音学家，而且写法往往也有任意的出入，然而代表音素的标音即使有些小毛病，究竟比汉字的反切精确得多，况且合起这四种材料来一共有 1152 个对音，其中虽然有不少重复的字，但是它们不单对于《切韵》的每个声类都有代表字，就是对于韵部也只有幽、废、夬、臻、耕、栉、盍、洽、鎋、迄十韵的例字缺如，我们只须根据这些对音，便可对于《切韵》音跟唐代西北方音的关系推想出十之七八来，所以这一部分材料无论如何是值得我们注意的。至于藏文写法跟实际音值的异同，等在第四章里我们再来讨论。

关于《大乘中宗见解》的两个本子，陶慕士认为对音本是吐蕃占据沙州时代的东西而译音本是在它以后的东西①,我对于译音本虽然无缘窥其全豹,然而单从陶慕士所发表的一段标音对照例②来看,已然觉得他所断定的先后不一定可靠了。因为在对音本里有一个很后起的现象,就是全浊声母大部分变成次清,而在译音本里却还没有发生这个剧烈的变化,例如:

例字	声纽	声调	对音本标音	译音本标音
别	並	入	p'ar	'bywar, 'pyar
鼻	並	去	p'yi	'byir, 'bwir
塵	澄	平	c'in	jin, 'jen
造	从	上	ts'eu	'dza'u
集	从	入	ts'ib	dzib

还有,禅、床两母在对音本里跟《千字文》、《阿弥陀经》、《金刚经》等三种藏音一样地混入审母,而译音本却有几个没混的例:

例字	声纽	对音本标音	译音本标音
是	禅	çi	'źi
受	禅	çi'u	'źi'u
舌	床三	çar	źar

这即使其中含有方音的歧异,我们也不能说译音本是对音本以后的东西。至于韵母一方面,如同咍、泰读-ai:

例字	韵部	对音本标音	译音本标音
礙	代	'ge	ga'i
大	泰	de	'da'i
蓋	泰	ke	ga'i
外	泰	'gwe	'gwa'i, 'ga'i

① 参阅上文25页。

② JRAS. 1929. pp. 61－62.

豪韵读-a’u：

例字	韵部	对音本标音	译音本标音
造	皓	ts‘e’u	’dza’u

之类，也都是较古的现象。所以我对于陶慕士的说法是不能承认的。

我写完这一章以后，承陈寅恪先生以日本昭和七年(1932)十月三日怀德堂堂友会所发行的《怀德》第十号见示，其中有两篇财津桃溪的遗著，一篇是《敦煌出土汉藏对音材料与〈韵镜〉之比较(其一)》，一篇是《唐代音与日本所传音之比较》。前一篇转载静安学社所编的《东洋学论丛》，后一篇是静安学社的未刊稿。我乍一看见前一篇的题目，很佩服财津能够先获我心，并且觉得我这篇将成的稿子简直可以废弃的，及至我把全篇读完了以后，反倒对于我自己所写的不肯割爱了，因为照我看起来，财津这篇东西大约有四点可以商榷：

(1) 财津桃溪是昭和六年(1931)十月死的，但是他所比较的材料只有《千字文》、《阿弥陀经》、《金刚经》三种，而没有收入1929年1月陶慕士在JRAS里所发表的《大乘中宗见解》。

(2) 就已经发表的一部分(其一)看，他只把三种藏音的声母按照《韵镜》的声类次序排比了一下，并没有拿它们所代表的方音声系作主体，至于韵母一方面简直更没有提到。他并且说："本来用别国文字来写一国的语音是很困难的，无论写得如何精确毕竟是比较的，要想绝对照原样写下来几乎没有希望，因为对于声母或许还可以得其近似，而于微妙的韵母几乎可以说是不可能，尤其是在那对于声韵学既没有知识，对于写音又没有经验的古代就更加困难了。”①其实照我看起来，这几种藏音除非对于它们自己的语言里本来没有的几个音勉强用相近的音来替代，其余无论声母、韵母大部分都算够精确的，韵母并不见得比声母特别“微妙”，也不至于完全不能“得其近似”，这只要看看我在上文所得的结果便可了然；不过我并不是说它们是“绝对照原样写下来的”，只是说韵母的精确程度跟声母不相上下罢了。

(3) 羽田亨跟陶慕士所用的罗马字标音有时写法虽然不同，而所代表的声音实际是一致的。② 财津对于这两家所用的罗马字完全没敢变更，于是送气有时作‘，有时作 h(例如“天”，《金刚经》作 t‘en，《阿弥陀经》作 then)，合口有时作 w，有时作 v(例如“歡”，《千字文》作 hwan，《阿弥陀经》作 hvan)，并且同一床母而分作 ç、s 两种写法(例如“實”，《千字文》作 çir，《金刚经》作śir，《阿弥陀经》作śir)，同一’号而代表影、喻两类声母(例如《千字文》“尹’win、员’win”代表喻母，《金刚经》、《阿弥陀经》“阿’a、意’i”代表影母)。尤其可怪的是他因为羽田亨沿袭大司的办法把日母字写作 sh-，而陶慕士却用叶斯基的办法写作ź，就认为《千字文》读清音，其他两种读浊音，并且说：“这两种音究竟是由地方而异其发音，抑或译音者加入个人的差异，其理由现在还不能判然。”③这未免客观的过火反倒容易引人误会了。

(4) 此外还有许多讹脱的地方，不能完全认为手民之误，就我所发现的说：

《千字文》脱 41 字：

① 原文第 2 页。

② 参阅 26—27 页藏文字母与各家所用罗马字对照表。

③ 原文第 49 页。

秉 pye	飄 p‘ya’u	典 tyan[1]	條 dya’u	趙 ja’u	治 li
祇 ci	諸 cu	招 ca’u	箴 cim	燭 cwag	舍 çya
少 ça’u	叔 çug	嘗 ço	孰 çug	辱 źwag	俶 çug
績 cig	綵 ts‘a’i	飡 ts‘an	姑 ko	車 ki	交 ke’u
皋 kau	厥 kwar	絜 kyar	傾 k‘we	古 go	雅 ’ga
音 ·im	河 ha	何 ha	下 ha’	和 hwa	畫 hwa
槐 hwe’i	恒 heṅ	筵 yan	葉 yab	友 ·i’u	

《阿弥陀经》脱 11 字:

耨 nog, log	得 tig	莊 tsaṅ	日 źir	善 çan	數 ço
就 ’dzi’u	我 ’ga	五 ’go	願 ’gwan	已 yi	

《金刚经》脱 19 字:

墮 dwa	迦 ka	量 lyaṅ	莊 ’tsa, tsaṅ	提 de, de’i	女 ’ji
圍 ’u	已 yi	住 ju	數 çu	授 çi’u	受 çi’u
繞 źe’u	身 çin	聞 ’bun	誦 suṅ	說 çwar	即 tsig
得 tig	稱 c‘iṅ				

在这些个例里,虽然《千字文》一部分有许多是沿袭羽田亨的错误,其余的大部分却都由财津自己的疏忽所致。此外关于《切韵》的注音跟分类也显然有很多的错误,例如:

"分"字《金刚经》有 p‘un、’bun 两音,前一个应读"府文切",非母文韵平声,后一个应读"扶问切",奉母问韵去声,财津俱入非母文韵(参阅原文第 9 页非母表)。

"覆"字本有去入两读:去声宥韵"敷救切",入声屋韵"芳福切",《阿弥陀经》既然译作’p‘u 音并没有附-g 收声,当然不能读

① 凡汉字下加横线者表示专缺对音。

作入声，财津注云“入屋，芳福切”（参阅原文第 10 页敷母表）。

“典”字“多殄切”，本在上声铣韵，财津注为“去翰”（参阅原文第 13 页端母表）。

“藁”字亦作“稾”，“古老切”，见母皓韵上声，财津注为“上小，祛矫切”（参阅原文第 24 页见母表）。

“宣”字“须缘切”，心母仙韵，财津列入审母表中（参阅原文第 38 页审母表）。

原文第 40 页禅母表末列有“信”字，财津注为“平清，是征切”，而且把《金刚经》跟《阿弥陀经》都写作“śin”，今遍检两本始终没有找到这个对音，所注的反切也是不跟例字相应的。

这四种缺点我们虽然不能替财津桃溪曲为掩护，然而他自己曾经声明他是缺乏音韵学跟语言学上的知识的，并且认为从这一点仅有的材料提出“大部分想象的结论”也没有必要①，所以我一方面对于他这些小疵固然特别原谅，一方面却还把我研究所得不算“十分想象的结论”发表出来请求这一行同志的评判！至于那一篇《唐代音与日本所传音之比较》，另外是一个问题，在这里恕不提出讨论了。

① 原文第 3 页。

三　从《开蒙要训》的注音中所窥见的五代敦煌方音

我在上文曾经说，不论《开蒙要训》的注音者是否敦煌人，而他所注的音可以代表后唐明宗时代的敦煌方音那是无疑义的。所以专从时地的确定一点讲，这种材料比那几种汉藏对音的文件还比较可贵。可惜他所用的注音工具是方块汉字，而且同音互注的字倒占了三分之一以上，我们只能从对音错综的地方窥见一点当时方音的概况。可是这些错综的注音里还有些地方是由当时人误读半边字所致，不完全是当时实际的音变，如果把它们一律看待，那就不免拿类推的读音淆乱方音的大系了。所以我们要想考定这种方音的全部系统并且拟测它的音值，必须跟前面所讨论的汉藏对音交互参证，然后才可以得到一点比较可靠的结果，专靠这241对错综的注音，所得的结果就很有限了。我现在先从注音的错综处窥见音系的分合，再拿这种音系分合的条理来部署那些同音互注字，并参酌汉藏对音来拟定它们的音值；其中有许多音类没有错综的注音，也只好拿汉藏对音作为类推的标准。根据这种方法，我把《开蒙要训》的注音分作声母、韵母、声调三项，分别叙列于下：

甲　声母

这种方音的声母，跟前面所说的几种汉藏对音材料都不同，最重要的两点是：(1)全浊声母有与全清混淆的现象；(2)“齿头音”的四等已然开始混入“正齿音”。此外如泥、来不分，娘、日不分，也是那几种方音所没有的。其详细的分合情形如下举各例：

唇音组第一

（1）帮、並互注例：

	本文	切韵音	声韵呼等	注音	切韵音	声韵呼等
三〇六.5.1①	屏	卑盈切 pĭæŋ	帮清开四	平	蒲兵切 b'jĭɐŋ	並庚开三
三〇七.7.21	跛	布火切 puɑ	帮果合一	婆	薄波切 b'uɑ	並戈合一
三〇七.2.21	鈚	频脂切 b'i	並脂开四	兵	晡明切 pjĭɐŋ	帮庚开三
三〇九.1.9	瓢	毗霄切 b'ĭæu	並宵开四	標②	卑遥切 pĭæu	帮宵开四

（2）以非注敷例：

三〇六.6.11	紡	妃两切 p'jĭwaŋ	敷养合三	方	府良切 pjĭwaŋ	非阳合三
三一〇.4.14	芳	敷方切 p'jĭwaŋ	敷阳合三	方	府良切 pjĭwaŋ	非阳合三
三〇七.5.10	肺	芳废切 p'jĭwɐi	敷废合三	匪	府尾切 pjĭwĕi	非尾合三
三一〇.4.13	芬	抚文切 p'jĭuən	敷文合三	分	府文切 pjĭuən	非文合三

① 汉字为《敦煌掇琐》之页数，其次之阿拉伯码为行数及字数。下同。

② “標”原作“捺”，按此书“枼”多作“柰”，如三〇八.7.8“牒”作“㮈”，三一〇.616“蝶”作“蛛”均是。唯此字以音例求之，当为“標”之讹省非“楪”字也。

	本文	切 韵 音	声韵呼等	注音	切 韵 音	声韵呼等
三一〇 .6.15	蜂	敷容切 p'jĭwoŋ	敷锺合三	風	方戎切 pjĭoŋ	非东开三

（3）非、奉互注例：

三〇七 .2.12	粉	方吻切 pjĭuən	非吻合三	分	扶问切 b'jĭuən	奉问合三
三〇七 .5.2	腓	扶沸切 b'jwĕi	奉未合三	沸	方味切 pjwĕi	非未合三
三〇八 .10.1	腐	扶雨切 b'jĭu	奉麌合三	父	方矩切 pjĭu	非麌合三
三〇九 .9.12	負	房久切 b'jĭəu	奉有开三	父	方矩切 pjĭu	非麌合三

由以上三个例，我们可以看出当时帮、並不分跟非、敷、奉不分的痕迹来。至于以轻唇注重唇的例只有一个字：

三〇七 2.2	綘	边孔切 poŋ	帮董开一	奉	扶陇切 b'jĭuoŋ	奉肿合三

而且很有由声符“封”（“府容切”）字类推的可能。再证以西藏对音把非、敷都注作 p‘ 的办法，似乎在这时候轻唇音已经分化了。此外还有一对以並注滂的例：

三〇六 .5.19	麃	普辽切 p'ieu	滂萧开四	蒲	薄胡切 b'o	並模开一

韵母模、萧互通，于音理也差得很多，恐怕当时别有特异的读法，因为照本书多数的例，全浊是同全清互注而不同次清互注的。又有四对以帮注滂的字：

三〇六 .6.1	鋪	普胡切 p'o	滂模开一	補	博古切 po	帮姥开一
三〇六 .9.11	帊	普驾切 pa	滂祃开二	把	博下切 pa	帮马开二
三〇七 .7.6	縹	匹沼切 pĭæu	滂小开四	標	卑遥切 pĭæu	帮宵开四
三〇七 .4.12	膊	匹各切 p'ɑk	滂铎开一	博	补各切 pɑk	帮铎开一

也都是误读半边字所致，恐怕在这种方音里还不至于把送气跟不送气混而为一罢？

所以，参照《千字文》的藏音及本书的注音例来拟测，这种方音的唇音声母应该只有 p、p‘、’b、pf‘、’b_v 五类，其各类的同音互注字如下：

p 类（帮、並）：

	本文	切韵音	声韵呼等	注音	切韵音	声韵呼等
三〇六.1.3	筆	卑吉切 pǐĕt	帮质开四	必	卑吉切 pǐĕt	帮质开四
三一〇.3.8	拺	博故切 po	帮暮开一	布	博故切 po	帮暮开一
三一〇.3.11	梹	必邻切 pǐĕn	帮真开四	賓	必邻切 pǐĕn	帮真开四
三一一.7.3	靽	博慢切 puɑn	帮换合一	半	博慢切 puɑn	帮换合一
三一〇.6.21	蜯	步项切 b'ɔŋ	並讲开二	棒	步项切 b'ɔŋ	並讲开二

p' 类（滂）：

	本文	切韵音	声韵呼等	注音	切韵音	声韵呼等
三〇六.2.13	*娉[①]	匹正切 p' ĭæŋ	滂劲开四	*聘	匹正切 p' ĭæŋ	滂劲开四
三〇六.9.9	帔	攀糜切 p'jiĕ	滂支开三	披	攀糜切 p'jiĕ	滂支开三
三〇七.7.6	鈹	攀糜切 p'jiĕ	滂支开三	帔	攀糜切 p'jiĕ	滂支开三
三〇八.9.20	剕	匹迷切 p'iei	滂齐开四	鈚	匹迷切 p'iei	滂齐开四

’b 类（明）：

	本文	切韵音	声韵呼等	注音	切韵音	声韵呼等
三〇六.5.6	幕	慕各切 mɑk	明铎开一	莫	慕各切 mɑk	明铎开一
三〇七.4.10	拇	莫厚切 mə̆u	明厚开一	母	莫厚切 mə̆u	明厚开一
三一〇.1.16	鏝	莫半切 muɑn	明换合三	漫	莫半切 muɑn	明换合三
三一〇.6.20	蟆	莫霞切 ma	明麻开二	麻	莫霞切 ma	明麻开二

① 凡加 * 号者皆经校改；其显然讹俗一望可辨者即不别出校语。下同。

pf‘类(非、敷、奉)：

	本文	切韵音	声韵呼等	注音	切韵音	声韵呼等
三〇五 .9.21	諷	方凤切 pjĭoŋ	非送开三	風	方凤切 pĭjoŋ	非送开三
三〇六 .10.22	枋	府良切 pjĭwaŋ	非阳合三	方	府良切 pjĭwaŋ	非阳合三
三〇七 .1.1	緋	甫微切 pjwĕi	非微合三	非	府微切 pjwĕi	非微合三
三〇八 .1.8	鍑	方六切 pjĭok	非屋开三	腹	方六切 pjĭok	非屋开三
三〇六 .8.9	絳①	符容切 b'jĭwoŋ	奉锺合三	逢	符容切 b'jĭwoŋ	奉鍾合三
三〇九 .8.16	芙	防无切 b'jĭu	奉虞合三	夫	防无切 b'jin	奉虞合三
三一〇 .7.12	魴	符方切 bjĭwaŋ	奉阳合三	方	符方切 b'jĭwaŋ	奉阳合三

'b_v 类(微)：

	本文	切韵音	声韵呼等	注音	切韵音	声韵呼等
三〇五 .4.11	霧	亡遇切 mjĭu	微遇合三	武	文甫切 mjĭu	微麌合三
三〇五 .10.10	儛	文甫切 mjĭu	微麌合三	武	文甫切 mjĭu	微麌合三
三〇六 .7.14	紋	无分切 mjĭuən	微文合三	文	无分切 mjĭuən	微文合三
三一〇 .6.11	蚊	无分切 mjĭuən	微文合三	文	无分切 mjĭuən	微文合三
三〇八 .8.10	* 輞	文两切 mjĭwaŋ	微养合三	* 罔	文两切 mjĭwaŋ	微养合三

非、敷、奉三母的字，在藏文译音里大部分都拿 p‘ 来对它们，好像已经都变成 p‘jĭw-了，再进一步就有由 p‘jĭw- > pf‘ 或 f 的可能，这种方音正是由中古音变成近代音的过渡，所以我把它们拟作 pf‘。由此类推，微类就应该读作'b_v 了。

① 此即缝纫之“缝”字。

舌音组第二

（1）端、定互注例

	本文	切韵音	声韵呼等	注音	切韵音	声韵呼等
三〇八 .2.3	鍛	丁贯切 tuan	端换合一	段	徒玩切 d'uan	定换合一
三一〇 .7.21	蹬	徒亘切 d'əŋ	定嶝开一	等	多肯切 təŋ	端等开一

（2）泥、来互注例

三〇五 .6.20	溺	奴历切 niek	泥锡开四	歷	郎击切 liek	来锡开四
三〇九 .4.22	籠	卢红切 loŋ	来东开一	農	奴冬切 nuoŋ	泥冬合一

此外有两个以端注透的例：

三〇六 .5.11	鎉	吐盍切 t'ap	透盍开一	荅	都合切 tạp	端合开一
三〇六 .6.17	蒻	吐盍切 t'ap	透盍开一	荅	都合切 tạp	端合开一

这许是特殊的读法；又有一个以端注泥的例：

三〇八 .10.18	拈	奴兼切 niem	泥添开四	佔	丁兼切 diem	端添开四

一个以透注泥的例：

三一〇 .7.5	鲇	奴兼切 niem	泥添开四	沾	他兼切 t'iem	透添开四

这都是由声符类推的读法，而不是声类的并合。因此这种方音的舌音声母应该只有 t、t'、l 三类，各类的同音互注字如下：

t 类（端、定）：

三〇六 .2.20	燈	都滕切 təŋ	端登开一	登	都滕切 təŋ	端登开一
三一一 .1.8	鐙	都邓切 təŋ	端嶝开一	登	都滕切 təŋ	端登开一
三〇六 .8.16	襠	都郎切 taŋ	端唐开一	當	都郎切 taŋ	端唐开一

	本文	切韵音	声韵呼等	注音	切韵音	声韵呼等
三〇七.3.8	*䵭[①]	都代切 tại	端代开一	戴	都代切 tại	端代开一
三〇八.6.9	搭	都合切 tạp	端合开一	答	都合切 tạp	端合开一
三〇八.9.10	雕	都聊切 tieu	端萧开四	彫	都聊切 tieu	端萧开四
三一〇.8.17	鵰	都聊切 tieu	端萧开四	彫	都聊切 tieu	端萧开四
三〇九.2.15	店	都念切 tiem	端㮇开四	沾	都念切 tiem	端㮇开四
三〇五.5.8	電	堂练切 dʻien	定霰开四	殿	堂练切 dʻien	定霰开四
三〇六.5.14	闐	堂练切 dʻien	定霰开四	殿	堂练切 dʻien	定霰开四
三〇八.10.16	填	徒年切 dʻien	定先开四	田	徒年切 dʻien	定先开四
三〇八.7.19	跳	徒聊切 dʻieu	定萧开四	調	徒聊切 dʻieu	定萧开四
三一〇.6.17	螳	徒郎切 dʻɑŋ	定唐开一	唐	徒郎切 dʻɑŋ	定唐开一

tʻ类(透):

三〇五.6.4	泰	他盖切 tʻai	透泰开一	太	他盖切 tʻai	透泰开一

l类(泥、来):

三一一.1.19	弩	奴古切 no	泥姥开一	努	奴古切 no	泥姥开一
三〇五.4.12	露	洛故切 lo	来暮开一	路	洛故切 lo	来暮开一
三〇六.8.12	絡	卢各切 luɑk	来铎合一	洛	卢各切 luɑk	来铎合一
三〇六.10.18	絡	卢各切 luɑk	来铎合一	洛	卢各切 luɑk	来铎合一
三〇九.2.1	酪	卢各切 luɑk	来铎合一	洛	卢各切 luɑk	来铎合一

---

① 此字不见于字书,今从声符"戴"定其音,惟《开蒙要训》本文与"壁、屐、澤、隻"为韵则似本读入声矣。

	本文	切韵音	声韵呼等	注音	切韵音	声韵呼等
三〇六.9.19	爐	落胡切 lo	来模开一	盧	落胡切 lo	来模开一
三〇七.1.14	簏	卢谷切 lok	来屋开一	禄	卢谷切 lok	来屋开一
三一〇.9.5	鹿	卢谷切 lok	来屋开一	禄	卢谷切 lok	来屋开一
三〇七.7.11	鑞[①]	良涉切 ljĭæp	来葉开三	獵	良涉切 ljĭæp	来葉开三
三〇七.2.8	奩	力盐切 ljĭæm	来盐开四	鐮	力盐切 ljĭæm	来盐开四
三〇七.4.4	膂	力举切 ljĭo	来语开三	吕	力举切 ljĭo	来语开三
三〇八.3.20	撩	落萧切 lieu	来萧开四	遼	落萧切 lieu	来萧开四
三〇八.8.13	軨	郎丁切 lieŋ	来青开四	令	郎丁切 lieŋ	来青开四
三〇九.10.7	廊	鲁当切 lɑŋ	来唐开一	郎	鲁当切 lɑŋ	来唐开一
三一〇.3.12	榔	鲁当切 lɑŋ	来唐开一	郎	鲁当切 lɑŋ	来唐开一
三一〇.6.18	螂	鲁当切 lɑŋ	来唐开一	郎	鲁当切 lɑŋ	来唐开一
三一〇.9.17	狼	鲁当切 lɑŋ	来唐开一	郎	鲁当切 lɑŋ	来唐开一
三一〇.4.19	蘿	鲁何切 lɑ	来歌开一	羅	鲁何切 lɑ	来歌开一
三一〇.6.10	蜋	吕张切 ljĭaŋ	来阳开三	良	吕张切 ljĭaŋ	来阳开三
三一〇.7.6	鯉	良士切 lji:	来止开三	里	良士切 lji:	来止开三
三一〇.10.13	騮	力求切 ljĭəu	来尤开三	留	力求切 ljĭəu	来尤开三

我所以把泥、来两母都拟读作 l，因为在藏文对音里来母的音值 l 与《切韵》无异，而泥母则转变为'd，证以厦门方音明母变[b]、疑母变[g]，而泥母变[l]的例，我们可以推断唐代西北方音的'd 在五代的敦煌方音已经变成 l 了。

① 此字不见于字书，今从声符“巤”定其音。

齿音组第三

（1）知、照互注例：

	本文	切韵音	声韵呼等	注音	切韵音	声韵呼等
三〇五 .5.11	震	章刃切 tɕĭěn	照震开三	鎮	陟刃切 ȶĭěn	知震开三
三〇七 .6.3	*疹	章忍切 tɕĭěn	照轸开三	鎮	陟刃切 ȶĭěn	知震开三
三一〇 .9.9	麞	诸良切 tɕĭaŋ	照阳开三	張	陟良切 ȶĭaŋ	知阳开三
三一〇 .5.9	*斸	陟玉切 ȶĭuok	知烛合三	捉	侧角切 tʂɔk	照觉开二

（2）照、澄互注例：

三〇六 .5.4	*障①	之亮切 tɕĭaŋ	照漾开三	長	直亮切 ȡ' ĭaŋ	澄漾开三
三〇六 .6.19	*紵	直吕切 ȡ' ĭo	澄语开三	志	职吏切 tɕi:	照志开三
三〇六 .10.6	*竽	直吕切 ȡ' ĭo	澄语开三	志	职吏切 tɕi:	照志开三
三〇八 .2.21	葙	直利切 ȡ'i	澄至开三	至	脂利切 tɕi	照至开三

（3）以澄注知例：

三〇六 .4.16	帳	知亮切 ȶĭaŋ	知漾开三	長	直亮切 ȡ'ĭaŋ	澄漾开三

由以上三例，可见知、照、澄三母在这种方音里已然混而不分了。

（4）以穿注彻例：

三〇七 .8.8	癡	丑之切 ȶ'i:	彻之开三	侈	尺氏切 tɕ'iě	穿纸开三

由上例可见彻、穿两母在这种方音里也混而不分。全浊澄母照上面的例，有五个字都混入全清，但是也有一个混入次清的例：

① 倚障字应作“障”，原作“鄣”误。

	本文	切韵音	声韵呼等	注音	切韵音	声韵呼等
三〇七.8.7	惷	丑江切 ʈ'ɔŋ	彻江开二	濁	直角切 ɖ'ɔk	澄觉开二

这不是当时特别的读法，就是入声跟舒声的变读不同。

（5）以娘注日例：

三〇七.9.1	戁	人善切 ȵʑĭæn	日狝开三	*赧	铙阪切 ɳan	娘潸开二

由此例可以窥见娘、日不分的痕迹。

至于“正齿音”的二、三等是否混合，在《开蒙要训》的注音里虽然没有直接的例，可是若拿《千字文》的藏音作旁证，想来也应该不分的。其中的床母字在藏文对音里有时候读 c‘，有时候读 ç，在这种注音里也有时候注审母字：

三一一.1.18	GRP	所交切 ʂau	审肴开二	巢	锄交切 ɖʐ'au	床肴开二

有时候注禅母字：

三一〇.1.16	圌	市缘切 ʑĭwæn	禅仙合三	船	食川切 dʑ‘ĭwæn	床仙合三

还有时候拿穿母字来注它：

三〇六.6.20	紃	食伦切 dʑĭuĕn	床谆合三	川	昌缘切 tɕĭwæn	穿仙合三

乍一看似乎很参差的。但是，如果末一个例是由偏旁类推所致，那么在这里所有的例可以说都混入摩擦音审、禅一类了。禅并为审在这种注音里虽然也没有直接的证据，若是参证《千字文》的音跟下文心、邪、审、禅互通的例，那就无疑地可以断定它是对的了。

此外，有一个以穿注审的例：

三〇九.7.12	篩	疏夷切 ʂi	审脂开二	差	楚宜切 tʂ'iĕ	穿支开二

这应该是特殊的读法，犹如“篩”字在厦门的话音也有读作[t‘ai]的，但是其余的审母二等字并不完全如此变。至于

三〇六.8.1	綻	丈苋切 ɖ'an	澄裥开二	定	徒径切 d‘ieŋ	定径开四

那显然是由声符类推而保存的古读。所以“舌上”、“正齿”的不分，在这种方音里除去全浊变全清一点外，其余跟《千字文》的藏音极为近似。可是在《千字文》的藏音里“齿头音”还清清楚楚地保存着，而在这种注音里却不然了。例如：

（6）精、从互注例：

	本文	切韵音	声韵呼等	注音	切韵音	声韵呼等
三〇五 .10.15	蹤	即容切 tsĭwoŋ	精锺合四	從	疾容切 dz‘ĭwoŋ	从锺合四
三〇九 .2.8	薺	徂礼切 dz‘iei	从荠开四	精	子盈切 tsĭæŋ	精清开四
三〇一 .7.11	鱒	才本切 dz‘uən	从混合一	遵	将伦切 tsĭuĕn	精谆合四

（7）以邪注心例：

三〇五 .6.1	嵩	息弓切 sĭoŋ	心东开四	松	祥容切 zĭwoŋ	邪锺合四

这只是本组内的清浊混并，还有一个以从注清的例：

三〇八 .1.6	銼	粗卧切 ts‘uɑ	清过合一	矬	昨禾切 dz‘uɑ	从果合一

也不过由声符类推的读法，可是在另外几个例里“齿头音”跟“舌上”、“正齿”就混而不分了：

（8）以从注澄例：

三〇九 .9.16	椽	直挛切 ȡ‘ĭwæn	澄仙合三	全	疾缘切 dz‘ĭwæn	从仙合四

（9）以照注从例：

三〇八 .4.21	漬	疾智切 dz‘iĕ	从寘开四	至	脂利切 tɕi	照至开三
三〇八 .9.11	雋	徂兖切 dz‘iwæn	从猕合四	專	职缘切 tɕĭwæn	照仙合三

（10）以彻注清例：

三〇八 .4.4	蹴	七宿切 ts‘ĭok	清屋开四	畜	敕六切① ȶ‘ĭok	彻屋开三

---

① “畜”《广韵》“许六切”，此从《集韵》。

（11）以清注穿例：

	本文	切韵音	声韵呼等	注音	切韵音	声韵呼等
三〇八.7.2	掣	昌列切 tɕ‘ĭæt	穿薛开三	切	千结切 ts‘iet	清屑开四

（12）以审注心例：

三〇六.7.12	繡	息救切 sĭə̆u	心宥开四	守	书九切 ɕĭə̆u	审有开三

（13）以邪注禅例：

三〇六.4.7	睡	是伪切 ʑwiĕ	禅寘合三	遂	徐醉切 zwi	邪至合四
三〇八.4.16	捶	是棰切① ʑwiĕ	禅寘合三	遂	徐醉切 zwi	邪至合四
三〇七.5.3	腨	市兖切 ʑĭwæn	禅狝合三	旋	辞恋切 ziwen	邪线合四

这究竟是“齿头音”变入“正齿音”，还是“正齿音”变入“齿头音”呢？究竟是全部的变化，还是一部分的变化呢？要解答这个问题，我们得拿现代西北方音作参证。精、清、心三母在现代西北方音里的读法，三水、桑家镇等处不分呼等一律读作[ts]、[ts‘]、[s]；西安、山西跟其他甘肃方音一等读作[ts]、[ts‘]、[s]，四等除止摄字外都变[tɕ]、[tɕ‘]、[ɕ]。从母平声跟清母一样，仄声跟精母一样，邪母跟心母一样。应用这种音变的条理，返回来再看上面几个混入“正齿”、“舌上”的“齿头音”，我们立刻就可以发现它们完全是属于四等的。况且在这种注音里有一个以晓注心的例：

三〇八.1.12	鏇	荀缘切 sĭwæn	心仙合四	喧	况袁切 xĭwɐn	晓元合三

这虽然也许是由声符类推所致，然而在敦煌写本的“归三十字母例”里有“心邪晓是喉中音清”一句话，所以未尝不可以拿它当做心、晓两母的四等已然同样腭化成[ɕ]的暗示。如果这样假设不

① “捶”《广韵》“之累切”，此从《集韵》。

错,那么我们就可以说:“齿头音”的四等除止摄字外,因为受 i 介音的腭化,在五代的敦煌方音里已然跟“正齿音”混而不分;但是在一等韵母前面,却还保持它本来的读法,这跟几种现代西北方音的读法是类似的。因此,齿音组的声母应该分作“齿头音”ts、ts‘、s 三类跟“正齿音”c、c‘、ç、ź四类。根据上面的条理,我把这一组的同音互注字分别列举于下:

ts 类(精、从):

	本文	切韵音	声韵呼等	注音	切韵音	声韵呼等
三〇六 .6.3	縿	子皓切 tsɑu	精皓开一	早	子皓切 tsɑu	精皓开一
三一〇 .2.16	㨂	祖才切 tsại	精咍开一	哉	祖才切 tsại	精咍开一
三一一 .3.9	臓	则郎切 tsɑŋ	精唐开一	藏	则郎切 tsɑŋ	精唐开一
三〇七 .3.7	髭	即移切 tsiě	精支开四	訾	即移切 tsiě	精支开四
三一〇 .3.2	梓	即里切 tsi:	精止开四	子	即里切 tsi:	精止开四
三〇九 .5.3	艚	昨劳切 dzɑu	从豪开一	曹	昨劳切 dzɑu	从豪开一

ts‘类(清):

三〇六 .7.8	綵	仓宰切 ts‘ại	清海开一	*深①	仓宰切 ts‘ại	清海开一

s 类(心、邪):

三〇六 .10.12	*縗	苏内切 tsuại	心队合一	碎	苏内切 suại	心队合一
三一〇 .3.4	桑	息郎切 sɑŋ	心唐开一	乗②(?)	息郎切 sɑŋ	心唐开一
三一一 .4.1	賽	先代切 sại	心代开一	塞	先代切 sại	心代开一
三〇七 .3.5	鬚	相俞切 sĭu	心虞合四	須	相俞切 sĭu	心虞合四

① “深”字不见于字书,从声符“采”定音。

② 此字疑为“桑”之别体,以别体注本字与三〇八 .10.21“壶”字例同。

	本文	切 韵 音	声韵呼等	注音	切 韵 音	声韵呼等
三一〇.10.9	飼	祥吏切 zi	邪志开四	寺	祥吏切 zi	邪志开四

c类（照、知、澄、精$_{四}$、从$_{四}$）：

三〇五.10.22	箏	侧茎切 tʂɛŋ	照耕开二	爭	侧茎切 tʂɛŋ	照耕开二
三〇七.4.8	抓	侧绞切 tʂau	照巧开二	爪	侧绞切 tʂau	照巧开二
三〇七.2.7	粧	侧羊切 tʂĭaŋ	照阳开二	莊	侧羊切 tʂĭaŋ	照阳开二
三一〇.10.17	賭	止野切 tɕĭa	照马开三	者	章也切 tɕĭa	照马开三
三一一.1.9	靼	旨热切 tɕĭæt	照薛开三	折	旨热切 tɕĭæt	照薛开三
三〇六.1.5	筑	张六切 ʈĭok	知屋开三	竹	张六切 ʈĭok	知屋开三
三〇五.9.20	酲	直贞切 ɖʻĭæŋ	澄清开三	程	直贞切 ɖʻĭæŋ	澄清开三
三〇六.8.4	袟	直一切 ɖĭět	澄质开三	姪	直一切 ɖĭět	澄质开三
三〇八.8.19	軸	直六切 ɖĭok	澄屋开三	逐	直六切 ɖĭok	澄屋开三
三〇五.9.4	爵	即略切 tsĭak	精药开四	雀	即略切 tsĭak	精药开四
三〇七.4.21	脊	资昔切 tsĭæk	精昔开四	積	资昔切 tsĭæk	精昔开四
三一一.2.19	跡	资昔切 tsĭæk	精昔开四	積	资昔切 tsĭæk	精昔开四
三〇七.6.19	癤	子结切 tsiet	精屑开四	節	子结切 tsiet	精屑开四
三一〇.7.8	鰤	子结切 tsiet	精屑开四	節	子结切 tsiet	精屑开四
三〇八.3.8	燋	即消切 tsĭæu	精宵开四	焦	即消切 tsĭæu	精宵开四
三一四.4.16	菁	子盈切 tsĭæŋ	精清开四	精	子盈切 tsĭæŋ	精清开四
三〇五.4.18	睛	疾盈切 dzʻĭæŋ	从清开四	情	疾盈切 dzʻĭæŋ	从清开四

cʻ类（穿、清$_{四}$、彻$_{例缺}$）：

	本文	切韵音	声韵呼等	注音	切韵音	声韵呼等
三〇八.4.8	杈	初牙切 tʂ'a	穿仙开二	叉	初牙切 tʂ'a	穿仙开二
三〇六.8.5	穿	昌缘切 tɕ' ĭwæn	穿仙合三	川	昌缘切 tɕ' ĭwæn	穿仙合三
三〇九.7.6	杵	昌与切 tɕ' ĭo	穿语开三	處	昌与切 tɕ' ĭo	穿语开三
三〇九.10.9	廠	尺亮切 tɕ' ĭaŋ	穿漾开三	唱	尺亮切 tɕ' ĭaŋ	穿漾开三
三一一.2.11	竊	千结切 ts'iet	清屑开四	切	千结切 ts'iet	清屑开四

ç 类(审、禅、床、心$_{四}$、邪$_{四}$):

三〇五.10.20	瑟	所栉切 ʂĭĕt	审栉开二	虱	所栉切 ʂĭĕt	审栉开二
三〇六.1.8	笙	所庚切 ʂɐŋ	审庚开二	生	所庚切 ʂɐŋ	审庚开二
三〇六.2.10	甥	所庚切 ʂɐŋ	审庚开二	生	所庚切 ʂɐŋ	审庚开二
三〇六.7.6	紗	所加切 ʂa	审麻开二	沙	所加切 ʂa	审麻开二
三一〇.7.3	魦	所加切 ʂa	审麻开二	沙	所加切 ʂa	审麻开二
三一一.1.18	駛	疏吏切 ʂi	审志开二	使	疏吏切 ʂi	审志开二
三〇五.4.1	舒	伤鱼切 ɕĭo	审鱼开三	書	伤鱼切 ɕĭo	审鱼开三
三〇五.5.7	覢	失冉切 ɕĭæm	审琰开三	閃	失冉切 ɕĭæm	审琰开三
三〇六.7.4	絁	式支切 ɕiĕ	审支开三	施	式支切 ɕiĕ	审支开三
三〇六.10.5	筬	是征切 ʑĭæŋ	禅清开三	成	是征切 ʑĭæŋ	禅清开三
三〇六.3.14	勦	钼交切 dʐ'au	床肴开二	巢	钼交切 dʐ'au	床肴开二
三一〇.9.2	麝	神夜切 dʐĭa	床祃开三	射	神夜切 dʐĭa	床祃开三
三〇七.1.5	緗	息良切 sĭaŋ	心阳开四	相	息良切 sĭaŋ	心阳开四
三〇七.5.19	痟	相邀切 sĭæu	心宵开四	逍	相邀切 sĭæu	心宵开四

	本文	切韵音	声韵呼等	注音	切韵音	声韵呼等
三〇七 .10.18	銷	相邀切 sĭæu	心宵开四	逍	相邀切 sĭæu	心宵开四
三〇七 .6.12	癬	息浅切 sĭæn	心狝开四	鮮	息浅切 sĭæn	心狝开四
三〇九 .2.22	惜	思积切 sĭæk	心昔开四	昔	思积切 sĭæk	心昔开四
三〇六 .5.22	蓆	祥易切 zĭæk	邪昔开四	席	祥易切 zĭæk	邪昔开四
三〇六 .9.18	續	似足切 zĭwok	邪烛合四	俗	似足切 zĭwok	邪烛合四

ʑ 类(日、娘)：

三〇六 .8.20	*襦	人朱切 nʑĭu	日虞合三	*儒	人朱切 nʑĭu	日虞合三
三〇七 .3.6	髥	而艳切 nʑiæm	日艳开四	染	而艳切 nʑiæm	日艳开四
三〇八 .4.4	蹂	耳由切 nʑĭə̆u	日尤开三	柔	耳由切 nʑĭə̆u	日尤开三
三一〇 .5.8	攘	人样切 nʑĭaŋ	日漾开三	讓	人样切 nʑĭaŋ	日漾开三
三〇六 .10.7	*躡①	尼辄切 njĭæp	娘葉开三	聶	尼辄切 njĭæp	娘葉开三
三〇九 .4.15	籹	尼吕切 njĭo	娘语开三	女	尼吕切 njĭo	娘语开三

此外有一对以清注心的例：

三一一 .1.7	鞺	素回切 suɑ̣i	心灰合一	漼	七罪切 ts'uɑ̣i	清贿合一

这应该是由声符类推的读法，跟本组的系统没有关系，还有一对注音也很特别：

三〇八 .2	*鏉	慈庾切 dz'iu	从麌合四	取	七庾切 ts'iu	清麌合四

“鏉”不见于字书，这是我由声符类推的读音，不过照上面全浊变全清的例来审核，好像当时不应该这样念的，现在只好存疑了。

① “躡”原作“䠐”，案《释名》“躡，摄也；登其上使摄服也”。此处与“胜”连文，疑即“躡”之俗体。

牙音组第四

（1）见、群互注例：

	本文	切 韵 音	声韵呼等	注音	切 韵 音	声韵呼等
三〇六 .5.9	氍	其俱切 gjĭu	群虞合三	鬼	居伟切 kjwĕi	见尾合三
三一〇.3.9	拑	巨淹切 gjĭæm	群盐开三	甘	古三切 kɑm	见谈开一
三〇六 .7.16	絚	古羽切 kjĭu	见麌合三	巨	其吕切 gjĭo	群语开三

以上三例可见这种方音里见、群两母没有分别。此外还有：

（2）以匣注疑例：

三〇七 .8.10	頑	五还切 ŋwan	疑删合二	還	户关切 ɣwan	匣删合二

（3）以疑注群例：

三〇五 .10.19	琴	巨金切 gjĭəm	群侵开三	吟	鱼金切 ŋjĭəm	疑侵开三

（4）溪、匣互注例：

三〇六 .8.15	榼	苦盍切 k'ɑp	溪盍开一	迨	侯阁切 ɣwɑ̣p	匣合开一
三〇七 .4.16	踝	胡瓦切 ɣwa	匣马合二	誇	苦瓜切 k'wa	溪麻合二

（5）见、溪互注例：

三〇七 .1.13	篋	苦协切 k'iep	溪帖开四	劫	居怯切 kjĭæp	见业开三
三〇八 .3.14	柯	古俄切 kɑ	见歌开一	可	枯我切 k'ɑ	溪哿开一

（6）见、匣互注例：

三〇五 .7.3	艦	胡黤切 ɣam	匣槛开二	監	格忏切 kam	见鉴开二
三〇五 .9.13	酣	胡甘切 ɣɑm	匣谈开一	甘	古三切 kɑm	见谈开一

	本文	切韵音	声韵呼等	注音	切韵音	声韵呼等
三〇七 .2.10	匣	胡甲切 ɣap	匣狎开二	甲	古狎切 kap	见狎开二
三〇七 .7.10	瘕	古牙切 ka	见麻开二	遐	胡加切 ɣa	匣麻开二

（7）以见注影例：

三〇六 .1.17	翁	乌红切ʻoŋ	影东开一	公	古红切 koŋ	见东开一

其中跟喉音相通的地方很多，但是除“頑”、“袪”、“踝”、“篋”四对注音以外，其余都是同声符的字，这恐怕是当时由声符类推的俗读，而不足以代表正式的音变。所以我还把这一组还分作 k、kʻ、ʼg三类，各类的同音互注字如下：

k 类（见、群）：

三〇五 .6.21	渦	古禾切 kuɑ	见戈合一	過	古禾切 kuɑ	见戈合一
三〇五 .9.7	嘉	古牙切 ka	见麻开二	加	古牙切 ka	见麻开二
三〇九 .9.15	架	古讶切 ka	见祃开二	價	古牙切 ka	见祃开二
三〇六 .6.16	葛	古达切 kɑt	见曷开一	割	古达切 kɑt	见曷开一
三〇七 .2.9	鏡	居庆切 kjĭɐŋ	见映开三	敬	居庆切 kjĭɐŋ	见映开三
三〇七 .4.15	跟	古痕切 kən	见痕开一	根	古痕切 kən	见痕开一
三〇七 .5.11	肝	古寒切 kɑn	见寒开一	干	古寒切 kɑn	见寒开一
三〇七 .5.16	筋	举欣切 kjĭən	见欣开三	斤	举欣切 kjĭən	见欣开三
三〇七 .6.13	疥	古拜切 kạI	见怪开二	介	古拜切 kạI	见怪开二
三〇七 .6.22	肌	居夷切 kji	见脂开三	飢	居夷切 kji	见脂开三
三〇七 .10.16	錮	古暮切 ko	见暮开一	故	古暮切 ko	见暮开一
三〇八 .1.16	堦	古谐切 kạI	见皆开二	皆	古谐切 kạI	见皆开二

	本文	切韵音	声韵呼等	注音	切韵音	声韵呼等
三〇八 .5.16	橿	居良切 kĭaŋ	见阳开三	薑	居良切 kĭaŋ	见阳开三
三一一 .1.5	韁	居良切 kĭaŋ	见阳开三	薑	居良切 kĭaŋ	见阳开三
三〇八 .7.12	竅	古历切 kiek	见锡开四	墼[1]	古历切 kiek	见锡开四
三〇八 .8.15	釭	古红切 koŋ	见东开一	公	古红切 koŋ	见东开一
三一〇.8.3	鴿	古沓切 kap	见合开一	合	古沓切 kap	见合开一
三一一 .1.11	鷸[2]	古穴切 kiwet	见屑合四	决	古穴切 kiwet	见屑合四
三〇六 .2.9	舅	其九切 gʻĭə̆u	群有开三	舊	其九切 gʻĭə̆u	群有开三
三〇六 .3.1	炬	其吕切 gʻĭo	群语开三	巨	其吕切 gʻĭo	群语开三
三〇九 .4.14	鉅	其吕切 gʻĭo	群语开三	巨	其吕切 gʻĭo	群语开三
三一一 .2.6	*懼	其遇切 gʻĭu	群遇合三	*具	其遇切 gʻĭu	群遇合三
三〇六 .3.22	瓊	渠营切 gʻĭwæŋ	群清合四	瓊	渠营切 gʻĭwæŋ	群清合四
三〇六 .9.15	裙	渠云切 gʻĭuən	群文合三	鯨	渠云切 gʻĭuən	群文合三
三一〇.7.9	鯨	渠京切 gʻĭɐŋ	群庚开三	擎	渠京切 gʻĭɐŋ	群庚开三

kʻ类(溪):

三〇六 .1.1	箜	苦红切 kʻoŋ	溪东开一	空	苦红切 kʻoŋ	溪东开一
三一一 .1.4	鞚	苦贡切 kʻoŋ	溪送开一	空	苦贡切 kʻoŋ	溪送开一
三〇六 .6.9	縴	苦坚切 kʻien	溪先开四	牽	苦坚切 kʻien	溪先开四
三〇六 .8.18	袴	苦故切 kʻo	溪暮开一	庫	苦故切 kʻo	溪暮开一

[1] “竅”原作“竅”,“墼”原作“墼”,形近而讹,今据同音互注例正之。

[2] “鷸”不见于字书,依声符“矞”定其音,“矞”《集韵》“古穴切”。

	本文	切韵音	声韵呼等	注音	切韵音	声韵呼等
三〇九.7.20	穅	苦冈切 k'ɑŋ	溪唐开一	康	苦冈切 k'ɑŋ	溪唐开一

'g 类(疑):

同音互注例缺。

喉音组第五

(1) 以匣注晓例:

三〇七.7.16	呵	虎何切 xa	晓歌开一	何	胡歌切 ɣa	匣歌开一

这个例虽然是同声符字,但心、邪的混合既然跟《千字文》的藏音相同,则晓、匣的混合当然也不能独异,所以我们由这个孤证就可推断这两母是不分的。

(2) 以喻三等注喻四等例:

三〇九.10.21	牖	与久切 ĭəu	喻有开四	又	于救切 ĭəu	喻宥开三

由此例可见喻母三、四等的混合,但照《千字文》的藏音看,喻母的开合口也许是不同音的。《开蒙要训》有一个以晓注喻三等合口的例:

三〇六.10.10	籰	王缚切 jĭwak	喻药合三	霍	虚郭切 xwɑk	晓铎合一

我们很可以用《阿弥陀经》跟《金刚经》读"云"为 hun 的例来解释这一对注音,可见喻的合口是不应该同开口合并的。因此我把这一组分作·、h、y、w 四类,而附列其同音互注字如下:

·类(影):

三〇五.9.5	嚥	於甸切·ien	影霰开四	鷰	於甸切·ien	影霰开四
三〇六.2.12	姻	於真切·ĭěn	影真开四	因	於真切·iěn	影真开四
三〇七.2.15	糰	乌前切·ien	影先开四	烟	乌前切·ien	影先开四

	本文	切韵音	声韵呼等	注音	切韵音	声韵呼等
三〇六.8.10	⿰糹㥯	於谨切·ǐən	影隐开三	隱	於谨切·ǐən	影隐开三
三〇六.9.5	䙅	於宵切·ǐæu	影宵开四	要	於霄切·ǐæu	影宵开四
三〇七.4.3	腰	於霄切·ǐæu	影宵开四	要	於霄切·ǐæu	影宵开四
三〇七.2.17	⿰月厭	於葉切·ǐæp	影叶开四	厭	於葉切·ǐæp	影葉开四
三〇七.6.18	癰	於容切·ǐwoŋ	影鍾合三	邕	於容切·ǐwoŋ	影鍾合三
三〇七.8.14	啞	衣嫁切·a	影祃开二	亚	衣嫁切·a	影祃开二
三一〇.8.15	鴦	乌郎切·ɑŋ	影唐开一	佒	乌郎切·ɑŋ	影唐开一

h 类(晓、匣):

三〇五.4.19	晦	荒内切 xuɑ̣i	晓队合一	悔	荒内切 xuɑ̣i	晓队合一
三〇七.4.5	胸	许容切 xjǐwoŋ	晓鍾合三	凶	许容切 xjǐwoŋ	晓鍾合三
三〇七.7.11	庥	许尤切 xjǐəu	晓尤开三	休	许尤切 xjǐə̆u	晓尤开三
三〇七.7.4	*臰	许久切 xjǐəu	晓有开三	*朽[①]	许久切 xjǐəu	晓有开三
三〇七.7.17	噓	朽居切 xjǐo	晓鱼开三	虚	朽居切 xjǐo	晓鱼开三
三一一.1.15	哮	呼教切 xau	晓效开二	孝	呼教切 xau	晓效开二
三〇五.5.3	霞	胡加切 ɣa	匣麻开二	遐	胡加切 ɣa	匣麻开二
三〇八.10.12	瑕	胡加切 ɣa	匣麻开二	遐	胡加切 ɣa	匣麻开二
三一〇.6.19	蝦	胡加切 ɣa	匣麻开二	遐	胡加切 ɣa	匣麻开二
三〇六.1.2	篌	户钩切 ɣəu	匣侯开一	侯	户钩切 ɣə̆u	匣侯开一

① 《广韵》"臭,凡气之总名,俗作臰,尺救切",此借为训"腐气"之"殠",音"许久切";"朽"原讹作"朽"。

	本文	切韵音	声韵呼等	注音	切韵音	声韵呼等
三〇七.1.2	紅	户公切 ɣoŋ	匣东开一	洪	户公切 ɣoŋ	匣东开一
三一〇.8.4	鴻	户公切 ɣoŋ	匣东开一	洪	户公切 ɣoŋ	匣东开一
三〇八.10.21	壺	户吴切 ɣo	匣模开一	壷	户吴切 ɣo	匣模开一
三一〇.4.11	葫	户吴切 ɣo	匣模开一	胡	户吴切 ɣo	匣模开一
三一〇.9.12	狐	户吴切 ɣo	匣模开一	荷	户吴切 ɣo	匣模开一
三〇九.8.14	荷	胡歌切 ɣɑ	匣歌开一	何	胡歌切 ɣɑ	匣歌开一
y 类(喻$_{\text{开}}$)：						
三〇七.4.6	腋	羊益切 ĭæk	喻昔开四	亦	羊益切 ĭæk	喻昔开四
三〇八.8.6	驛	羊益切 ĭæk	喻昔开四	亦	羊益切 ĭæk	喻昔开四
三〇七.6.5	癢	徐两切 ĭaŋ	喻养开四	養	徐两切 ĭaŋ	喻养开四
三〇九.7.18	颺	与章切 ĭaŋ	喻阳开四	羊	与章切 ĭaŋ	喻阳开四
三〇七.10.21	冶	羊者切 ĭa	喻马开四	也	羊者切 ĭa	喻马开四
三〇九.10.6	*簷	余廉切 ĭæm	喻盐开四	閻	余廉切 ĭæm	喻盐开四
三一〇.1.3	*籥	以灼切 ĭak	喻养开四	藥	以灼切 ĭak	喻药开四
三一〇.8.18	鷂	徐昭切 ĭæu	喻宵开四	遥	徐昭切 ĭæu	喻宵开四
三一一.3.15	誘	与久切 ĭěu	喻有开四	酉	与久切 ĭəu	喻有开四
w 类(喻$_{\text{合}}$)						
三一〇.4.7	芸	王分切 jĭuən	喻文合三	云	王分切 jĭuən	喻文合三
三〇六.10.11	傭	徐封切 ĭwoŋ	喻鍾合四	容	徐封切 ĭwoŋ	喻鍾合四
三〇七.10.19	鎔	徐封切 ĭwoŋ	喻鍾合四	容	徐封切 ĭwoŋ	喻鍾合四

	本文	切韵音	声韵呼等	注音	切韵音	声韵呼等
三〇九.8.17	蓉	馀封切 ĭwoŋ	喻鍾合四	容	馀封切 ĭwoŋ	喻鍾合四

以上凡5组22类:——p、p‘、’b、pf‘、’bv,t、t‘、l,ts、ts‘、s、c、c‘、ç、ź,k、k‘、’g,·、h、y、w——不过是我参照《千字文》藏音及上面仅有的那一些错综注音所拟测的声系罢了。关于全浊、全清相混一点,显然跟《大乘中宗见解》的藏音不同,但是由上面那些各组相应的互注例来看,如果当时注音者不至于十分随便,我们只能承认它是这种方音的特异色彩,因为这种混合的情形既然不像《千字文》跟《大乘中宗见解》那样完全限于上去声,而且全浊跟次清互注的例在241对注音里只见过三次,所以即使这种结果同那四种藏音相去较远,而根据本书所有的材料,我们暂时只好这样分类了。此外像非、敷、奉三母由分化而混并以及“齿头音”的四等混入“正齿音”之类,也算是这种方音声系的特色。

乙　韵母

这种方音的韵母,有两点跟《千字文》的藏音极为近似:(一)蟹摄的四等跟梗摄对转;(二)遇摄的鱼韵多数混入止摄,比起声母来格外显着关系密切。所以我现在根据《开蒙要训》的注音来探讨五代的敦煌方音,关于韵部的分合跟韵值的拟测,除去在注音的错综处发现另外的异点,大体是拿《千字文》的藏音作参证的。如果这个前提可以成立,那么我们就可以把所有这些注音分成23摄:

歌摄第一(《切韵》歌、戈、麻)

这一摄只有一个以歌注夬的例：

	本文	切韵音	韵声呼等	注音	切韵音	韵声呼等
三〇七.7.12	欬	於犗切·ai	夬影开二	阿	乌何切·ɑ	歌影开一

此外就没有其他错综的注音了。我现在参照《千字文》的藏音，把它所有的同音互注字分列于下：

a 韵(歌、麻$_{开二}$)：

三〇九.8.14	荷	胡歌切 ɣɑ	歌匣开一	何	胡歌切 ɣɑ	歌匣开一
三一〇.4.19	蘿	鲁何切 lɑ	歌来开一	羅	鲁何切 lɑ	歌来开一
三〇五.5.3	霞	胡加切 ɣa	麻匣开二	遐	胡加切 ɣa	麻匣开二
三〇八.10.12	瑕	胡加切 ɣa	麻匣开二	遐	胡加切 ɣa	麻匣开二
三一〇.6.19	蝦	胡加切 ɣa	麻匣开二	遐	胡加切 ɣa	麻匣开二
三〇五.9.7	嘉	古牙切 ka	麻见开二	加	古牙切 ka	麻见开二
三〇九.9.15	架	古讶切 ka	祃见开二	價	古讶切 ka	祃见开二
三〇六.7.6	紗	所加切 ʂa	麻审开二	沙	所加切 ʂa	麻审开二
三一〇.7.3	魦	所加切 ʂa	麻审开二	沙	所加切 ʂa	麻审开二
三〇八.4.8	杈	初牙切 ʨʻa	麻穿开二	叉	初牙切 ʨʻa	麻穿开二
三一〇.6.20	蟆	莫霞切 ma	麻明开二	麻	莫霞切 ma	麻明开二
三〇七.8.14	啞	衣嫁切·a	祃影开二	亞	衣嫁切·a	祃影开二

ya 韵(麻$_{开三}$):

	本文	切韵音	韵声呼等	注音	切韵音	韵声呼等
三〇七.10.21	冶	羊者切 ĭa	马喻开四	也	羊者切 ĭa	马喻开四
三一〇.10.17	赭	止野切 tɕĭa	马照开三	者	章也切 tɕĭa	马照开三
三一〇.9.2	麝	神夜切 dʑĭa	祃床开三	射	神夜切 dʑĭa	祃床开三

wa 韵(戈、麻$_{合二}$)

三〇五.6.21	渦	古禾切 kuɑ	戈见合一	過	古禾切 kuɑ	戈见合一
三一〇.6.20	蟆	莫霞切 mwa	麻明开二	麻	莫霞切 mwa	麻明开二

据《千字文》藏音凡戈韵唇音字转读 a;又蟹韵开口"解"字读 a,卦韵合口"畫"字读 wa。此摄没有相似的例可资比较,不过"蟆、麻"一对注音,依例类推是可以附入 a 韵的。

模摄第二(《切韵》模、唐、阳)

这一摄没有错综注音的例,也没有模、唐对转的例,我所以如此并合,完全是参照《千字文》的藏音定的。因为唐、阳韵的-ṅ 收声在别种汉藏对音的文件里虽然还大部分保存着,可是在《千字文》里除去"康、糠、帳"三个字以外,完全都消变了。我既然相信《开蒙要训》的注音跟《千字文》藏音相近,所以我在这里就根据这个条理,把本摄的同音互注字分列于下:

o韵(模、唐):

	本文	切韵音	韵声呼等	注音	切韵音	韵声呼等
三〇六.9.19	纑	落胡切 lo	模来开一	盧	落胡切 lo	模来开一
三〇八.10.21	壺	户吴切 ɣo	模匣开一	壷	户吴切 ɣo	模匣开一
三一〇.9.12	狐	户吴切 ɣo	模匣开一	胡	户吴切 ɣo	模匣开一
三一一.1.19	弩	奴古切 no	姥泥开一	努	奴古切 no	姥泥开一
三〇五.4.12	露	洛故切 lo	暮来开一	路	洛故切 lo	暮来开一
三〇六.8.18	袴	苦故切 k‘o	暮溪开一	庫	苦故切 k‘o	暮溪开一
三〇七.10.16	錮	古暮切 ko	暮见开一	故	古暮切 ko	暮见开一
三〇六.8.16	襠	都郎切 tɑŋ	唐端开一	當	都郎切 tɑŋ	唐端开一
三〇九.10.7	廊	鲁当切 lɑŋ	唐来开一	郎	鲁当切 lɑŋ	唐来开一
三一〇.6.18	螂	鲁当切 lɑŋ	唐来开一	郎	鲁当切 lɑŋ	唐来开一
三一〇.9.19	狼	鲁当切 lɑŋ	唐来开一	郎	鲁当切 lɑŋ	唐来开一
三一〇.3.4	桑	息郎切 sɑŋ	唐心开一	乗(?)	息郎切 sɑŋ	唐心开一
三一〇.6.17	螳	徒郎切 d‘ɑŋ	唐定开一	唐	徒郎切 d‘ɑŋ	唐定开一
三一〇.8.15	鴦	乌郎切·ɑŋ	唐影开一	佒	乌郎切·ɑŋ	唐影开一
三一一.3.9	臟	则郎切 tsɑŋ	唐精开一	藏	则郎切 tsɑŋ	唐精开一

yo韵(阳):

三〇六.10.22	枋	府良切 pjĭwaŋ	阳非合三	方	府良切 pjĭwaŋ	阳非合三
三一〇.7.12	魴	符方切 b‘jĭwaŋ	阳奉合三	方	符方切 b‘jĭwaŋ	阳奉合三
三〇七.1.5	緗	息良切 sĭaŋ	阳心开四	相	息良切 sĭaŋ	阳心开四

	本文	切韵音	韵声呼等	注音	切韵音	韵声呼等
三〇七.2.7	粧	侧羊切 tʂĭaŋ	阳照开二	莊	侧羊切 tʂĭaŋ	阳照开二
三〇八.3.16	橿	居良切 kjĭaŋ	阳见开三	薑	居良切 kjĭaŋ	阳见开三
三一一.1.5	韁	居良切 kjĭaŋ	阳见开三	薑	居良切 kjĭaŋ	阳见开三
三〇九.7.18	颺	与章切 ĭaŋ	阳喻开四	羊	与章切 ĭaŋ	阳喻开四
三〇七.6.5	癢	馀两切 ĭaŋ	养喻开四	養	馀两切 ĭaŋ	养喻开四
三一〇.6.10	蜋	吕张切 ljĭaŋ	阳来开三	良	吕张切 ljĭaŋ	阳来开三
三〇八.8.10	*輞	文两切 mjĭwaŋ	养微合三	*罔	文两切 mjĭwaŋ	养微合三
三〇九.10.9	敞	尺亮切 tɕʻĭaŋ	漾穿开三	唱	尺亮切 tɕʻĭaŋ	漾穿开三
三一〇.5.8	攘	人样切 ȵʑĭaŋ	漾日开三	讓	人样切 ȵʑĭaŋ	漾日开三

此外,有一个以模注麻的例:

三一〇.10.18	騧	古华切 kwa	麻见合二	苽	古胡切 ko	模见开一

这应该是由声符“瓜”类推的读法。

据《千字文》的藏音应该还有 uo 韵,不过除去“图 duo、土 tʻuo”两个对音以外,并没有另外的例,而且其他舌音字如“途 do、杜 do、路 lo”之类,跟这两个字的读法也不一致,所以我在这里并没有单分出来。至于唐、阳两韵的实际音值,即使跟《千字文》的藏音一样,也不过是带着鼻摩擦音的[o$\bar{ɣ}$]、[io$\bar{ɣ}$],并不是纯粹的口音,这里把它们并成一摄,只是拿藏音的表面写法作标准罢了。

齐摄第三(《切韵》齐、祭、庚、耕、清、青)

这一摄的错综注音,可以分作两方面来论列:一种是“梗摄”本身的混合;一种是“梗摄”跟齐、祭韵的混合。关于梗摄本身的混合,共有四例:

(1) 庚、青互注例:

	本文	切韵音	韵声呼等	注音	切韵音	韵声呼等
三〇五.5.2	瞑	莫经切 mieŋ	青明开四	明	眉兵切 mjĭɐŋ	庚明开三
三〇五.7.4	*艇	徒鼎切 d‘ĭɐŋ	梗定开四	定	徒经切 d‘ieŋ	径定开四
三〇六.1.6	罄	苦定切 k‘ieŋ	径溪开四	慶	丘敬切 k‘jĭɐŋ	映溪开三

(2) 庚、清互注例:

三〇六.2.2	嬰	於盈切·ĭæŋ	清影开四	英	於惊切·ĭɐŋ	庚影开三
三〇六.5.1	屏	卑盈切 piæŋ	清帮开四	平	蒲兵切 b‘jĭɐŋ	庚並开三
三〇七.3.21	頸	居郢切 kĭæŋ	静见开四	敬	居庆切 kjĭɐŋ	映见开三
三〇八.3.17	柄	陂病切 pjĭɐŋ	映帮开三	餅	必郢切 pĭæŋ	静帮开四

(3) 以清注青例:

三一〇.3.5	榠	莫经切 mieŋ	青明开四	名	弥並切 mĭæŋ	清明开四

(4) 以庚注耕例:

三〇五.6.22	浤	户萌切 ɣwɛŋ	耕匣合二	横	户盲切 ɣwɐŋ	庚匣合二

关于梗摄跟齐、祭韵的混合共有四例:

(1) 以庚注齐例:

	本文	切韵音	韵声呼等	注音	切韵音	韵声呼等
三〇七.3.2	髻	古诣切 kiei	霁见开四	敬	居庆切 kjĭɐŋ	映见开三
三〇七.7.10	翳	於计切·iei	霁影开四	映	於敬切·ĭɐŋ	映影开三
三一〇.7.10	鲵	五稽切 ŋiei	齐疑开四	迎	语京切 ŋjĭɐŋ	庚疑开三

（2）以庚注祭例：

三〇五.8.9	憩	去例切 k'jĭæi	祭溪开三	慶	丘敬切 k'jĭɐŋ	映溪开三

（3）以清注齐例：

三〇八.2.13	犁	郎奚切 liei	齐来开四	令	力政切 lĭæŋ	劲来开四
三〇九.2.8	薺	徂礼切 dz'iei	荠从开四	精	子盈切 tsĭæŋ	清精开四

（4）青、齐互注例：

三〇六.3.19	提	杜奚切 d'iei	齐定开四	亭	特丁切 d'ieŋ	青定开四
三〇七.7.14	啼	他计切 t'iei	霁透开四	聽	他定切 t'ieŋ	径透开四
三一〇.1.20	梯	土鸡切 t'iei	齐透开四	聽	他丁切 t'ieŋ	青透开四
三〇八.1.12	昴①	都挺切 tieŋ	迥端开四	帝	都计切 tiei	霁帮开四

脂韵的唇声字也有两个用庚韵字来注的例：

三〇七.2.21	鈚	频脂切 b'i	脂並开四	兵	哺明切 pjĭɐŋ	庚帮开三
三〇七.4.14	膍	部比切 b'i	至並开四	病	皮命切 b'jĭɐŋ	映並开三

据此可知庚、耕、清、青四韵的-ṅ收声当然也消变成[ɣ̃]了。所以我援照《千字文》藏音的例，把它们跟齐、祭韵并成一摄，而把

① 此字与“镬”连文当即“鼎”之别体，按诸音理亦甚符合。丁声树说。

这一摄的同音互注字分列于下:

e 韵(庚、耕):

	本文	切韵音	韵声呼等	注音	切韵音	韵声呼等
三〇六 .1.8	笙	所庚切 ʂɐŋ	庚审开二	生	所庚切 ʂɐŋ	庚审开二
三〇六 .2.10	甥	所庚切 ʂɐŋ	庚审开二	生	所庚切 ʂɐŋ	庚审开二
三一〇.7.9	鯨	渠京切 gjĭɐŋ	庚群开三	擎	渠京切 gjĭɐŋ	庚群开三
三〇七 .2.9	鏡	居庆切 kjĭɐŋ	映见开三	敬	居庆切 kjĭɐŋ	映见开三
三〇五 .10.22	筝	侧茎切 ʧɛŋ	耕照开二	爭	侧茎切 ʧɛŋ	耕照开二

ye 韵(齐、清、青):

三〇八 .9.20	剕	匹迷切 pʻiei	齐滂开四	鈚	匹迷切 pʻiei	齐滂开四
三〇五 .4.18	晴	疾盈切 dzʻ ĭæŋ	清从开四	情	疾盈切 dzʻ ĭæŋ	清从开四
三〇五 .9.20	酲	直贞切 ȡʻĭæŋ	清澄开三	程	直贞切 ȡʻĭæŋ	清澄开三
三〇六 .3.22	㻛	渠营切 gʻĭwæŋ	清群合四	瓊	渠营切 gʻĭwæŋ	清群合四
三〇六 .10.5	筬	是征切 ʑĭæŋ	清禅开三	成	是征切 ʑĭæŋ	清禅开三
三一〇.4.16	菁	子盈切 tsĭæŋ	清精开四	精	子盈切 tsĭæŋ	清精开四
三〇六 .2.13	娉	匹正切 pʻĭæŋ	劲滂开四	娉	匹正切 pʻĭæŋ	劲滂开四
三〇八 .8.13	軨	郎丁切 lieŋ	青来开四	令	郎丁切 lieŋ	青来开四

we(庚、耕、清$_{合}$):

同音互注例缺。据"浤:横"(三〇五.6.22)跟《千字文》的"横 hwe'e、營 we、傾 kwe"三个对音类推,本摄应有此韵。

案《千字文》的藏音庚韵在 m-、k-两声母的后面大部分还保留 -ṅ 收声(如"更 keṅ、驚 keṅ、孟 meṅ、明 meṅ、盟 meṅ"之类),但也并不完全一致(如"京 ke");这里的庚韵既然没有属于 m-声母的例字，而属于k-声母的“敬”字却有跟齐韵合用的直证（三〇七.3.2“髫：敬”），从它得声的“擎”字当然也可以视同一律，因此我就把它们完全列在本摄了。不过从梗摄变入此摄的字，也应该是带有鼻摩擦音的[eɤ̃]，而不是纯粹口音[e]，这跟唐、阳、模的合并情形是相似的。

脂摄第四（《切韵》脂、之、支、微、鱼）

这一摄里的错综注音，也应该分作止摄本身的混合跟鱼韵转入止摄的两类。关于止摄本身混合的，共有四例：

（1）脂、支互注例：

	本文	切韵音	韵声呼等	注音	切韵音	韵声呼等
三〇六.7.17	紕	匹夷切 pʻi	脂滂开四	披	攀糜切 pʻjiĕ	支滂开三
三〇八.8.1	遲	直尼切 ȡʻi	脂澄开三	池	直离切 ȡʻiĕ	支澄开三
三〇九.7.12	篩	疏夷切 ʂi	脂审开二	差	楚宜切 tʂʻiĕ	支穿开二
三〇七.4.1	臂	卑义切 piĕ	寘帮开四	比	必至切 pi	至帮开四
三〇八.4.21	漬	疾智切 dziĕ	寘从开四	至	脂利切 tɕi	至照开三
三〇六.4.7	睡	是伪切 ʑwiĕ	寘禅合三	遂	徐醉切 zwi	至邪合四
三〇八.4.16	捶	是棰切 ʑwiĕ	寘禅合三	遂	徐醉切 zwi	至邪合四
三一〇.4.1	羆	彼为切 pjwiĕ	支帮合三	悲	府眉切 pji	脂帮开三

（2）支、之互注例：

	本文	切韵音	韵声呼等	注音	切韵音	韵声呼等
三〇六.6.18	呰	即移切 tsiě	支精开四	子	即里切 tsi:	止精开四
三〇八.9.17	鐁	息移切 siě	支心开四	思	息兹切 si:	之心开四
三〇八.10.11	*攲	去奇切 k'jiě	支溪开三	欺	去其切 k'ji:	之溪开三
三〇九.1.5	*卮[1]	章移切 tɕiě	支照开三	之	止而切 tɕi:	之照开三
三〇九.8.18	枝	章移切 tɕiě	支照开三	之	止而切 tɕi:	之照开三
三〇六.5.3	倚	於义切·iě	寘影开四	意	於记切·i:	志影开四
三〇七.8.8	癡	丑之切 ţ'i:	之彻开三	侈	尺氏切 tɕ'iě	纸穿开三

（3）以之注脂例：

三〇六.2.5	姊	将几切 tsi	旨精开四	子	即里切 tsi:	止精开四
三〇七.2.11	脂	旨夷切 tɕi	脂照开三	之	止而切 tɕi:	之照开三
三〇七.2.16	粭	旨夷切 tɕi	脂照开三	之	止而切 tɕi:	之照开三

（4）以之注微例：

三一〇.6.13	蟣	居狶切 kjěi	尾见开三	己	居理切 kjĭ:	止见开三

关于鱼韵转入止摄的，也有四例：

（1）脂、鱼互注例：

三〇六.2.8	姨	以脂切 i	脂喻开四	餘	以诸切 ĭo	鱼喻开四
三〇七.6.17	痍	以脂切 i	脂喻开四	餘	以诸切 ĭo	鱼喻开四
三〇七.2.19	梳	所葅切 ʂĭo	鱼审开二	師	疏夷切 ʂi	脂审开二

[1] 原文作“它”，今据音例及“盃椀盏它”全句文义校改。

	本文	切韵音	韵声呼等	注音	切韵音	韵声呼等
三〇六.5.10	毓[1]	山於切 ʂĭo	鱼审开二	師	疏夷切 ʂi	脂审开二
三一〇.1.13	貯	丁吕切 ȶĭo	语知开三	至	脂利切 tɕi	至照开三

(2) 之、鱼互注例：

三〇七.3.12	頤	与之切 i:	之喻开四	餘	以诸切 ĭo	鱼喻开四
三〇九.10.8	厠	初吏切 tʂ'i:	志穿开二	楚	创举切 tʂ' ĭo	语穿开二
三〇六.8.11	綛	渠记切 gjĭ:	志群开三	巨	其吕切 gjĭo	语群开三
三〇六.6.19	紵	直吕切 ȡ' ĭo	语澄开三	志	职吏切 tɕi:	志照开三
三〇六.10.6	竚	直吕切 ȡ'ĭo	语澄开三	志	职吏切 tɕi:	志照开三
三〇八.2.7	鋸	居御切 kjĭo	御见开三	己	居理切 kjĭ:	止见开三

(3) 支、鱼互注例：

三〇六.6.10	縭[2]	邻知切 ljiĕ	支来开三	驢	力居切 ljĭo	鱼来开三
三〇七.5.20	羸	力为切 ljwiĕ	支来合三	驢	力居切 ljĭo	鱼来开三
三〇七.1.8	綺	墟彼切 k'jiĕ	纸溪开三	去	羌举切 k'jĭo	语溪开三
三一〇.8.20	翅	施智切 ʂiĕ	寘审开二	鼠	舒吕切 ɕĭo	语审开三

(4) 以鱼注微例：

三〇六.10.3	機	居依切 kjĕi	微见开三	居	九鱼切 kjĭo	鱼见开三
三〇八.2.22	稀	香衣切 xjĕi	微晓开三	虚	朽居切 xjĭo	鱼晓开三

① 《类篇》作"[illegible]"，疏鸠切又山於切，义并同。

② "縭"《广韵》郎奚切，今从《集韵》。

由这八条看来，我们可以知道关于脂、之、支、微的不分跟鱼韵的转入止摄，在这种方音里跟《千字文》的藏音是一样的，它们已然都变成 i 韵了。不过关于脂、支、微的合口字，却因声母的不同而变入两摄。据《千字文》的藏音，脂韵合口字在 ç 的后头读 wi（33.7“誰 çwi”），在ts‘的后头读 we（36.6“翠 ts‘we”）；支韵合口字在 s 的后头读 u'i（2.7“随 su'i”），在 c‘跟 l 的后头读 u（11.1“吹 c‘u”，35.2“累 lu”）；微韵合口字在唇音声母的后头读如开口（16.6“肥 bi”，18.4“微 'byi”，9.4“飛p‘e”），在影母的后头读 u'i（23.3“威·u'i”，38.12“畏 u'i”）；至于支、微两韵的喻母合口字，在《千字文》的藏音里只有一个微韵的“炜”字读作 'we（42.3），可是在《金刚经》的藏音里支韵的“爲”字跟微韵的“圍”字都读 'u，所以我对于止摄合口字的分配，除去把“捶：遂”（三〇八.4.16）跟“睡：遂”（三〇六.4.7）两对注音归入本摄，认为应当读作 wi 韵，其余跟虞韵合用或者合于上面所说转入-u 韵的条理的，一律附入虞摄第五（详下文）。鱼韵的字在《千字文》的藏音里也有-i、-u 两读，其间虽没有十分一贯的条理，然而在 k 组跟 l 母的后面多数读作 u 韵，关于这一点，我想这种方音里，除去有合用的直证以外，应该跟它一致的。依据上面的推断，我把这一摄的同音互注字分列于下：

i 韵（脂、之、支开口，微开口及唇声合口，鱼韵的一部分）：

	本文	切韵音	韵声呼等	注音	切韵音	韵声呼等
三〇七.6.22	肌	居夷切 kji	脂见开三	飢	居夷切 kji	脂见开三
三一〇.3.2	梓	即里切 tsi:	止精开四	子	即里切 tsi:	止精开四
三一〇.7.6	鯉	良士切 lji:	止来开三	里	良士切 lji:	止来开三
三一〇.10.9	飼	祥吏切 zi:	志邪开四	寺	祥吏切 zi:	志邪开四

	本文	切韵音	韵声呼等	注音	切韵音	韵声呼等
三〇六 .7.4	絁	式支切 ɕiĕ	支审开三	施	式支切 ɕiĕ	支审开三
三〇六 .9.9	帔	攀縻切 p'jiĕ	支滂开三	披	攀縻切 p'jiĕ	支滂开三
三〇七 .7.6	鈹	攀縻切 p'jiĕ	支滂开三	帔	攀縻切 p'jiĕ	支滂开三
三〇七 .3.7	髭	即移切 tsiĕ	支精开四	貲	即移切 tsiĕ	支精开四
三〇七 .1.1	緋	甫微切 pjwĕi	微非合三	非	甫微切 pjwiĕi	微非合三
三〇五 .4.1	舒	伤鱼切 ɕĭo	鱼审开三	書	伤鱼切 ɕĭo	鱼审开三
三〇七 .7.17	嘘	朽居切 xjĭo	鱼晓开三	虚	朽居切 xjĭo	鱼晓开三
三〇六 .3.1	炬	其吕切 gjĭo	语群开三	巨	其吕切 gjĭo	语群开三
三〇九 .4.14	鉅	其吕切 gjĭo	语群开三	巨	其吕切 gjĭo	语群开三
三〇九 .4.15	籹	尼吕切 njĭo	语娘开三	女	尼吕切 njĭo	语娘开三
三〇九 .7.6	杵	昌与切 tɕ'ĭo	语穿开三	處	昌与切 tɕ'io	语穿开三

wi 韵(脂、支、微$_{合口}$):

同音互注字例缺。但可参考:

三〇八 .4.16	捶	是棰切 ʑwiĕ	寘禅合三	遂	徐醉切 zwi	至邪合四
三〇六 .4.7	睡	是伪切 ʑwiĕ	寘禅合三	遂	徐醉切 zwi	至邪合四

虞摄第五(《切韵》虞、尤,支、脂、微$_{合口}$,模、侯$_{唇音}$)

在《千字文》的藏音里,虞韵没有例外地都读成 u,尤韵的唇声字读 u,其余的读 iu,这种方音当然也跟它类似,所以凡是同虞韵合用的,我都认为它们读 u。例如:

(1)虞、支互注例:

三〇六 .5.13	盂	羽俱切 jĭu	虞喻合三	爲	薳支切 jwiĕ	支喻合三
三一〇.10.12	騟	羊朱切 ĭu	虞喻合四	爲	薳支切 jwiĕ	支喻合三

	本文	切韵音	韵声呼等	注音	切韵音	韵声呼等
三〇七.5.14	髓	息委切 swiě	纸心合四	須	相俞切 sĭu	虞心合四
三一一.3.11	僞	危睡切 ŋjwiě	寘疑合三	遇	牛具切 ŋjĭu	遇疑合三

(2)以虞注脂例：

	本文	切韵音	韵声呼等	注音	切韵音	韵声呼等
三〇七.1.16	櫃	求位切 gʻjwi	至群合三	具	其遇切 gʻjĭu	遇群合三
三一〇.4.12	葰	息遺切 swi	脂心合四	須	相俞切 sĭu	虞心合四
三一〇.10.14	騅	职锥切 tɕwi	脂照合三	朱	章俱切 tɕĭu	虞照合三

(3)以微注虞例：

	本文	切韵音	韵声呼等	注音	切韵音	韵声呼等
三〇六.5.9	氍	其俱切 gʻjĭu	虞群合三	鬼	居伟切 kjwĕi	尾见合三

(4)以鱼注虞例：

	本文	切韵音	韵声呼等	注音	切韵音	韵声呼等
三〇六.7.22	縷	力主切 ljĭu	麌来合三	吕	力举切 ljĭo	语来开三
三〇七.2.3	屦①	九遇切 kjĭu	遇见合三	吕	力举切 ljĭo	语来开三

(5)以虞注尤例：

	本文	切韵音	韵声呼等	注音	切韵音	韵声呼等
三〇九.9.12	負	房久切 bʻjĭĕu	有奉开三	父	方矩切 pjĭu	麌非合三

据此类推，那么：

	本文	切韵音	韵声呼等	注音	切韵音	韵声呼等
三〇七.9.2	愧	俱位切 kjwi	至见合三	鬼	居伟切 kjwĕi	尾见合三
三〇七.4.4	膂	力举切 ljĭo	语来开三	吕	力举切 ljĭo	语来开三

也都应当读成 u 韵。依据这个条理，我把这一摄的同音互注字分列于下：

u 韵（虞，模、侯唇声）：

---

① “屦”字当时或误读如“縷”，故亦以“吕”注之。

	本文	切韵音	韵声呼等	注音	切韵音	韵声呼等
三〇六.8.20	檽	人朱切 ȵʑĭu	虞日合三	儒	人朱切 ȵʑĭu	虞日合三
三〇七.3.5	鬚	相俞切 sĭu	虞心合四	須	相俞切 sĭu	虞心合四
三〇九.8.16	芺	防无切 bʻjĭu	虞奉合三	夫	防无切 bʻjĭu	虞奉合三
三〇五.10.10	儛	文甫切 mjĭu	麌微合三	武	文甫切 mjĭu	麌微合三
三〇六.6.5	橆	文甫切 mjĭu	麌微合三	武	文甫切 mjĭu	麌微合三
三一一.2.6	懼	其遇切 gjĭu	遇群合三	具	其遇切 gʻjĭu	遇群合三
三一〇.3.8	抪	博故切 po	暮帮开一	布	博故切 po	暮帮开一
三〇七.4.10	拇	莫厚切 məu	厚明开一	母	莫厚切 məu	厚明开一
iu 韵(尤)						
三〇七.7.11	庥	许尤切 xjĭəu	尤晓开三	休	许尤切 xjĭəu	尤晓开三
三〇七.7.4	*杲	许久切 xjĭəu	有晓开三	*朽	许久切 xjĭəu	有晓开三
三〇八.4.4	蹂	耳由切 ȵʑĭəu	尤日开三	柔	耳由切 ȵʑĭəu	尤日开三
三一〇.10.13	騮	力求切 ljĭəu	尤来开三	留	力求切 ljĭəu	尤来开三
三〇六.2.9	舅	其九切 gjĭəu	有群开三	舊	其九切 gʻjĭəu	有群开三
三一一.3.15	誘	与久切 ĭəu	有喻开四	酉	与久切 ĭəu	有喻开四

咍摄第六(《切韵》咍、灰、泰),皆摄第七(《切韵》皆、佳、祭,废、齐$_{\text{半}}$)

照《千字文》的藏音,蟹摄一等咍、灰、泰韵应读作 ai 而二等的皆、佳,三等祭、废跟四等齐韵的一部分应读作 ei,在《开蒙要训》的注音里我们只发现有:

（1）以泰注咍例：

	本文	切韵音	韵声呼等	注音	切韵音	韵声呼等
三〇七.2.18	黛	徒耐切 dʻɑ̣i	代定开一	大	徒盖切 dʻɑi	泰定开一
三〇七.10.2	瑇	徒耐切 dʻɑ̣i	代定开一	大	徒盖切 dʻɑi	泰定开一

（2）以泰注灰例：

三〇六.4.11	憒	胡对切 ɣuɑ̣i①	贿匣合一	会	黄外切 ɣuɑi	泰匣合一

（3）佳、皆互注例：

三〇七.2.20	釵	楚佳切 tʂai	佳穿开二	差	楚皆切 tʂại	皆穿开二
三一〇.9.16	豺	士皆切 dʐʻại	皆床开二	柴	士佳切 dʐʻai	佳床开二

虽然有三个由声符类推而混入止摄的地方：

三〇八.3.12	溉	古代切 kɑ̣i	代见开一	己	居理切 kji:	止见开三
三〇八.10.19	捭	北买切 pai	蟹帮开二	卑	必移切 piĕ	支帮开四
三〇七.5.10	肺	芳废切 pʻjĭwɐi	废敷合三	匪	府尾切 pjwĕi	尾非合三

却没有一等跟二、三等互通的例，因此我还照《千字文》的藏音把它们分作 ai、ei 两摄，而分列其同音互注字于下：

ai 韵（咍、泰$_{\text{开}}$）：

三一〇.2.16	㦥	祖才切 tsɑ̣i	咍精开一	哉	祖才切 tsɑ̣i	咍精开一
三〇六.7.8	綵	仓宰切 tsʻɑ̣i	海清开一	*深	仓宰切 tsʻɑ̣i	海清开一
三一一.4.1	賽	先代切 sɑ̣i	代心开一	塞	先代切 sɑ̣i	代心开一

① “憒”《广韵》“古对切”，此从《集韵》音。

	本文	切韵音	韵声呼等	注音	切韵音	韵声呼等
三〇五.6.4	泰	他盖切 tʻai	泰透开一	太	他盖切 tʻai	泰透开一

wai 韵(灰、泰$_{合}$):

三〇五.4.19	晦	荒内切 xuại	队晓合一	悔	荒内切 xuại	队晓合一
三〇六.10.12	綷	苏内切 suại	队心合一	碎	苏内切 suại	队心合一
三〇七.10.3	瑁	莫佩切 muại	队明合一	每	莫佩切 muại	队明合一

ei 韵(皆;其余例缺):

三〇八.1.16	堦	古谐切 kại	皆见开二	皆	古谐切 kại	皆见开二
三〇七.6.13	疥	古拜切 kại	怪见开二	介	古拜切 kại	怪见开二

wei 韵(废,皆、佳、祭$_{合}$):

同音互注字例缺。

豪摄第八(《切韵》豪、肴、宵、萧)

这一摄的错综注音只有:

(1)以豪注肴例:

三一〇.1.15	窖	古孝切 kau	效见开二	告	古到切 kɑu	号见开一

(2)宵、萧互注例:

三〇五.10.21	箫	苏雕切 sieu	萧心开四	逍	相邀切 sĭæu	宵心开四
三〇七.7.8	療	力照切 lĭæu	笑来开三	遼	落萧切 lieu	萧来开四

因此,我们就可以推断,这种方音里的效摄字一、二等不分,

三、四等不分，照《千字文》的藏音应该读成 au、yau 两韵，其同音互注字如下：

au 韵(豪、肴)：

	本文	切韵音	韵声呼等	注音	切韵音	韵声呼等
三〇九.5.3	𩞄	昨劳切 dz'ɑu	豪从开一	曹	昨劳切 dz'ɑu	豪从开一
三〇六.6.3	缲	子皓切 tsɑu	皓精开一	早	子皓切 tsɑu	皓精开一
三〇六.3.4	勦	钽交切 dẓ'au	肴床开二	巢	钽交切 dẓ'au	肴床开二
三〇七.4.8	抓	侧绞切 tṣau	巧照开二	爪	侧绞切 tṣau	巧照开二
三一一.1.15	哮	呼教切 xau	效晓开二	孝	呼教切 xau	效晓开二

yau 韵(宵、萧)：

	本文	切韵音	韵声呼等	注音	切韵音	韵声呼等
三〇六.9.5	䙅	於霄切·ĭæu	宵影开四	要	於霄切·ĭæu	宵影开四
三〇七.4.3	腰	相邀切·ĭæu	宵影开四	要	相邀切·ĭæu	宵影开四
三〇七.5.19	痟	相邀切 sĭæu	宵心开四	逍	相邀切 sĭæu	宵心开四
三〇七.10.18	銷	即消切 tsĭæu	宵精开四	逍	即消切 tsĭæu	宵精开四
三〇八.3.8	燋	即消切 tsĭæu	宵精开四	焦	即消切 tsĭæu	宵精开四
三一〇.8.18	鷂	馀昭切 ĭæu	宵喻开四	遥	馀昭切 ĭæu	宵喻开四
三〇八.3.20	撩	落萧切 lieu	萧来开四	遼	落萧切 lieu	萧来开四
三〇八.7.19	跳	徒聊切 d'ieu	萧定开四	調	徒聊切 d'ieu	萧定开四
三〇八.9.10	雕	都聊切 tieu	萧端开四	彫	都聊切 tieu	萧端开四
三一〇.8.17	鵰	都聊切 tieu	萧端开四	彫	都聊切 tieu	萧端开四

侯摄第九(《切韵》侯)

照《千字文》的藏音,流摄三等的尤韵跟虞韵同摄,一等的侯韵除去唇声字转入 u 韵,其余的应该读 eu。在《开蒙要训》的注音里,不单没有跟别摄错综的注音,甚至于同音互注的例也只有两个:

	本文	切 韵 音	韵声呼等	注音	切 韵 音	韵声呼等
三〇六 .1.2	篌	户钩切 ɣǝ̆u	侯匣开一	侯	户钩切 ɣǝ̆u	侯匣开一
三〇六 .10.9	鍭	户钩切 ɣǝ̆u	侯匣开一	侯	户钩切 ɣǝ̆u	侯匣开一

我姑且把它们的读音也拟作 eu,并且单独分成一摄。

覃摄第十(《切韵》覃、谈、咸、衔、盐、添、严、凡)

这一摄共有三对错综的注音,其中只有一对可以证明覃、谈的合用:

三〇七 .1.7	紺	古暗切 kɑm	勘见开一	敢	古览切 kɑm	敢见开一

其余的两对,照我看一个是由声符类推的读法:

三一〇.3.9	拑	巨淹切 gjĭæm	盐群开三	甘	古三切 kɑm	谈见开一

一个是特殊的例外:

三一〇.1.14	窨	于禁切·ĭǝm	沁影开四	奄	衣俭切·ĭæm	琰影开四

都跟韵系的分合无关。所以我们对于这一摄只能参照《千字文》的藏音,认为覃、谈、咸、衔、凡同读 am,盐、严、添同读 yam。不过 am 韵的同音互注例在《开蒙要训》里是没有的,底下所列的只是

yam 韵一部分：

am 韵(覃、谈、咸、衔、凡)：

同音互注例缺。

yam 韵(盐、严、添)：

	本文	切 韵 音	韵声呼等	注音	切 韵 音	韵声呼等
三〇七 .2.8	奩	力盐切 lĭæm	盐来开四	鐮	力盐切 lĭæm	盐来开四
三〇九 .10.6	簷	余廉切 ĭæm	盐喻开四	閻	余廉切 ĭæm	盐喻开四
三〇五 .5.7	覢	失冉切 ɕĭæm	琰审开三	閃	失冉切 ɕĭæm	琰审开三
三〇七 .3.6	髯	而艳切 ȵʑĭæm	艳日开四	染	而艳切 ȵʑĭæm	艳日开四
三〇九 .2.15	店	都念切 tiem	㮇端开四	沾	都念切 tiem	㮇端开四

侵摄第十一(《切韵》侵)

照《千字文》的藏音，这一摄应该无例外地读作 im，它的同音互注字只有两对，而且是以平注上的：

三〇六 .4.9	寑	七稔切 tsʻĭəm	寑清开四	侵	七林切 tsʻĭəm	寑清开四
三〇六 .9.1	襟	居吟切 kjĭəm	侵见开三	錦	居饮切 kjĭəm	寑见开三

不过在《开蒙要训》的注音里，却有一个跟《千字文》不同的特异现象，就是侵、庚互通的例：

三一一 .4.15	禁	居荫切 kjĭəm	沁见开三	敬	居庆切 kjĭɐŋ	映见开三

我们在上文曾经说：唐代的西北方音中-ṅ 收声虽然有一部分消变，而-m、-n 却仍旧保存着；到了现代的西北方音不单-ṅ 声已然全部消灭，就是-m、-n 两种收声也都连类而变了。照我在齐摄所举的例来看，“敬”字既然可以注“髻”(参阅上文 138 页)，至少也应

当读作[eɤ̃]或[iɤ̃],现在又拿它注“禁”字,那么-m收声无疑已然露了消变的痕迹了。可惜我们所得的例子太少,还不能够下确定的断案,然而无论如何,我们对于这个有力的暗示是不可忽略的。

寒摄第十二(《切韵》寒、桓、删、山、元、仙、先)

照《千字文》藏音的写法,山摄一等寒跟二等删、山不分,三等元、仙跟四等先不分,在《开蒙要训》的注音中,我们也可以看见:

(1)以删注寒例:

	本文	切韵音	韵声呼等	注音	切韵音	韵声呼等
三〇五.8.7	奸	古寒切 kɑn	寒见开一	姦	古颜切 kan	删见开二

(2)以删注山例:

三〇六.4.1	鰥	古顽切 kwan	山见合二	關	古还切 kwan	删见合二

(3)元、仙互注例:

三〇八.1.12	鍹	荀缘切 sĭwæn	仙心合四	喧	况袁切 xjĭwen	元晓合三
三〇八.8.8	轅	雨元切 jĭwen	元喻合三	員	王权切 jĭwæn	仙喻合三
三一〇.9.6	猿	雨元切 jĭwen	元喻合三	員	王权切 jĭwæn	仙喻合三

(4)以先注元例:

三一〇.8.14	鴛	於袁切·ĭwen	元影合三	烟	乌前切·ien	先影开四

(5)仙、先互注例:

三〇六.4.8	眠	莫贤切 mien	先明开四	綿	名延切 mĭæn	仙明开四
三〇六.5.21	薦	作甸切 tsien	霰精开四	箭	子贱切 tsĭæn	线精开四
三〇七.7.20	攣	吕员切 lĭwæn	仙来合四	蓮	落贤切 lien	先来开四

这种现象都跟《千字文》的藏音相合，因此我就拟定寒跟删、山的开口读 an，桓跟删、山的合口读 wan；元、仙、先的开口读 yan，合口读 wan，或转为 yan（例如：三一〇 .8.14“鴛：烟”）。此外，如：

	本文	切 韵 音	韵声呼等	注音	切 韵 音	韵声呼等
三〇七 .9.1	戁	人善切 nʑĭæn	狝日开三	*赧	铙阪切 ɳan	潸娘开二

恐怕是由声符类推，误把“戁”字读成“難”音的缘故。还有两个转入臻摄的例：

三〇六 .6.20	紃	食伦切 dʑĭuěn	谆床合三	川	昌缘切 tɕ' ĭwæn	仙穿合三
三〇六 .5.20	*藺	良刃切 ljĭěn	震来开三	練	郎甸切 lien	霰来开四

前一个是由声符类推所致，不能代表正则的音变；后一个真先互通，虽然还遗留着上古音的蜕形，不过在当时的方音也只能算是一个特殊的例外。根据上面的推论，我把这一摄的同音互注字分列于下：

an 韵（寒；删、山的开口例缺）：

三〇七 .5.11	肝	古寒切 kɑn	寒见开一	干	古寒切 kɑn	寒见开一

yan 韵（仙、先的开口；元开口例缺）：

三〇六 .8.5	穿	昌缘切 tɕ' ĭwæn	仙穿合三	川	昌缘切 tɕ' ĭwæn	仙穿合三
三〇七 .6.12	癬	息浅切 sĭæn	狝心开四	鲜	息浅切 sĭæn	狝心开四
三〇六 .6.9	縴	苦坚切 k'ien	先溪开四	牽	苦坚切 k'ien	先溪开四
三〇七 .2.15	粬	乌前切·ien	先影开四	烟	乌前切·ien	先影合四
三〇八 .10.16	填	徒年切 d 'ien	先定开四	田	徒年切 d 'ien	先定开四
三〇五 .5.8	電	堂练切 d 'ien	霰定开四	殿	堂练切 d 'ien	霰定开四
三〇六 .5.14	闐	堂练切 d 'ien	霰定开四	殿	堂练切 d 'ien	霰定开四

	本文	切韵音	韵声呼等	注音	切韵音	韵声呼等
三〇五.9.5	嚥	於甸切·ien	霰影合四	鷰	於甸切·ien	霰影合四

wan韵(桓、山合口;删、元、仙、先的合口例缺)

三一〇.1.19	鏝	莫半切 muɑn	换明合一	漫	莫半切 muɑn	换明合一
三一一.1.3	靽	博慢切 puɑn	换帮合一	半	博慢切 puɑn	换帮合一
三〇九.5.4	鐶	户关切 ɣwan	山匣合二	還	户关切 ɣwan	山匣合二

最后还有一个以线韵合口注戈韵的例:

三〇九.3.14	臠	缕骫切 ljĭuɑ	戈来合三	戀	力卷切 ljĭwæn	线来合三

我觉得这个现象有两个可能的解释:第一是“臠”字本来的-n收声还没有消变;第二是“戀”字的-n收声也露了消变的兆端。可惜它们两个是同声符字,很有类推读音的嫌疑,单靠这一个孤证是不能决定什么的。

痕摄第十三(《切韵》痕、魂、真、谆、欣、文)

这一摄只有两对以谆注魂的例:

三一〇.7.11	鱒	才本切 dzʻuən	混从合一	遵	将伦切 tsĭuĕn	谆精合四
三一一.1.20	鈍	徒恩切 dʻuən	恩定合一	脣	食伦切 dʑʻĭuĕn	谆床合三

照《千字文》的藏音,痕、真、欣应读in,魂应读on,谆、文应读un,《开蒙要训》既然以谆注魂,或者一、三等已然混淆了。因此我把这一摄的同音互注字分作in、un两韵附列于下:

in 韵(痕、真、欣):

	本文	切韵音	韵声呼等	注音	切韵音	韵声呼等
三〇七.4.15	跟	古痕切 kən	痕见开一	根	古痕切 kən	痕见开一
三〇六.2.12	姻	於真切·iĕn	真影开四	因	於真切·iĕn	真影开四
三一〇.3.11	梹	必邻切 pĭĕn	真帮开四	賓	必邻切 pĭĕn	真帮开四
三〇七.5.16	筋	举欣切 kjĭən	欣见开三	斤	举欣切 kjĭən	欣见开三
三〇六.8.10	縪	於谨切·ĭən	隐影开三	隐	於谨切·ĭən	隐影开三

un 韵(文;魂、谆例缺):

三〇六.7.14	紋	无分切 mjĭuən	文微合三	文	无分切 mjĭuən	文微合三
三一〇.6.11	蚊	无分切 mjĭuən	文微合三	文	无分切 mjĭuən	文微合三
三〇六.9.15	裙	渠云切 gjĭuən	文群合三	群	渠云切 gjĭuən	文群合三
三一〇.4.7	芸	王分切 jĭuən	文喻合三	云	王分切 jĭuən	文喻合三

登摄第十四(《切韵》登、蒸)

照《千字文》的藏音看,梗摄虽然混入齐、祭韵,而曾摄的-ṅ 收声还好好地保存着,不过一、三等的分野却已然泯灭了。在《开蒙要训》的注音中也有同样的例:

三〇六.7.7	繒	疾陵切 dz'ĭəŋ	蒸从开四	曾	昨棱切 dz'əŋ	登从开一

因此我认为蒸、登两韵在这种方音里也应一律拟作 eṅ,其同音互注字只有属于登韵的一对:

三〇六.2.20	燈	都滕切 təŋ	登端开一	登	都滕切 təŋ	登端开一

江摄第十五(《切韵》江、唐一字)

这一摄在《千字文》藏音里有一个江韵的“绛”字读作gaṅ(37.12),有唐韵的“糠、康”两字读作k‘aṅ (40.6,44.2),而《阿弥陀经》的“幢”字却读作jwaṅ、zwaṅ两音(参阅上文79页),可见从唐朝起江韵已经受声母的影响而分化为开合两类了。在《开蒙要训》里有三个同音互注的例:

	本文	切韵音	韵声呼等	注音	切韵音	韵声呼等
三〇八.2.15	耩[1]	古项切 kɔŋ	讲见开一	降	古巷切 kɔŋ	绛见开一
三一〇.6.2	蜯	步项切 b'ɔŋ	讲並开二	棒	步项切 b'ɔŋ	讲並开二
三〇九.7.20	糠	苦冈切 k'ɑŋ	唐溪开一	康	苦冈切 k'ɑŋ	唐溪开一

还有一个以江注东的例:

三〇七.8.6	*贛	古送切 koŋ	送见开一	江	古双切 kɔŋ	江见开二

不过这个“贛”字与“惷”连文,本来应该按《集韵》读作戇愚之“戇”(“陟降切”,在绛韵),跟送韵训赐的“贛”字(“古送切”)音义俱别。这里用“江”字来注它,或者是沿袭“古送切”的讹读所致;若是读作“陟降切”的话,必得“江”字的声母已然变成近代的腭化音然后才讲得通呢。我想,后一个假设未免把时代提得早了一点,最多也不过读作声变韵不变的kaṅ音罢了。如此说来,那么这一摄还应该像《千字文》那样读作aṅ跟waṅ的。此外还有一个以觉注江的例:

① “耩”原讹作“搆”,《广韵》上声三讲“耩耕也,古项切”,此处与“耕”连文而注以“降”音,读为“耩”字音义并通。丁声树说。

	本文	切韵音	韵声呼等	注音	切韵音	韵声呼等
三〇七.8.7	舂	丑江切 ʈʂ'ɔŋ	江穿开二	濁	直角切 ɖ'ɔk	觉澄开二

这是很值得我们注意的现象。由这对注音，可以给我在102—104页关于唐代西北入声收声的假设找到一个旁证。因为照藏文注音的例，"舂"应作c'aṅ，"濁"应作c'ag或jag，惟其"濁"的收声是-g，所以才能用来注-ṅ收声的"舂"，这跟《毛诗·郑风·女曰鸡鸣》以"来"[*ləg]、"赠"[*dz'əŋ]押韵是一样的道理，如果"濁"的收声是-k，就不会有这样现象了。

东摄第十六(《切韵》东、冬、鍾)

照《千字文》的藏音，通摄的一等读oṅ，三等读uṅ。《开蒙要训》的注音一、三等也是截然不混的：

(1)东$_{一}$、冬互注例：

三〇七.6.6	疼	徒冬切 d'uoŋ	冬定合一	同	徒红切 d'oŋ	东定开一
三〇九.4.22	籠	卢红切 loŋ	东来开一	農	奴冬切 nuoŋ	冬泥开一

(2)东$_{三}$、鍾互注例：

三〇五.4.1	嵩	息弓切 sĭoŋ	东心开四	松	祥容切 zĭwoŋ	鍾邪合四
三〇七.6.20	腫	之陇切 tɕĭwoŋ	鍾照合三	衆	之仲切 tɕĭoŋ	送照开三
三〇七.7.18	癃	力中切 ljĭoŋ	东来开三	龍	力鍾切 jĭwoŋ	鍾来合三
三一〇.6.15	蜂	敷容切 p'jĭwoŋ	鍾敷合三	風	方戎切 pjĭoŋ	东非开三

所以它们也应当分成oṅ、uṅ两韵。依据上例，我把这一摄的同音互注字附列于下：

oṅ 韵(东$_{一}$;冬例缺):

	本文	切韵音	韵声呼等	注音	切韵音	韵声呼等
三〇六.1.1	箜	苦红切 k'oŋ	东溪开一	空	苦红切 k'oŋ	东溪开一
三〇七.1.2	紅	户公切 ɣoŋ	东匣开一	洪	户公切 ɣoŋ	东匣开一
三一〇.8.4	鴻	户公切 ɣoŋ	东匣开一	洪	户公切 ɣoŋ	东匣开一
三〇八.8.15	釭	古红切 koŋ	东见开一	公	古红切 koŋ	东见开一

uṅ 韵(东$_{三}$、鍾):

三〇五.9.21	諷	方凤切 pjĭoŋ	送非开三	風	方凤切 pjĭoŋ	送非开三
三〇六.8.9	縫	符容切 b'jĭwoŋ	鍾奉合三	逢	符容切 b'jĭwoŋ	鍾奉合三
三〇六.10.1	傭	馀封切 ĭwoŋ	鍾喻合四	容	馀封切 ĭwoŋ	鍾喻合四
三〇七.10.19	鎔	馀封切 ĭwoŋ	鍾喻合四	容	馀封切 ĭwoŋ	鍾喻合四
三〇九.8.17	蓉	馀封切 ĭwoŋ	鍾喻合四	容	馀封切 ĭwoŋ	鍾喻合四
三〇七.4.5	胸	许容切 xjĭwoŋ	鍾晓合三	凶	许容切 xjĭwoŋ	鍾晓合三
三〇七.6.18	*癰	於容切·ĭwoŋ	鍾影合三	邕	於容切·ĭwoŋ	鍾影合三

合摄第十七(《切韵》合、盍、洽、狎、乏)

属于这一摄的错综注音,我们有:

(1) 以合注盍例:

三〇六.5.11	䤼	吐盍切 t'ɑp	盍透开一	答	都合切 tɑ̣p	合端开一
三〇六.6.17	蓢	吐盍切 t'ɑp	盍透开一	答	都合切 tɑ̣p	合端开一
三〇八.6.9	搭	吐盍切 t'ɑp	盍透开一	答	都合切 tɑ̣p	合端开一
三〇六.8.15	榼	苦盍切 k'ɑp	盍透开一	迨	侯阁切 ɣɑ̣p	合匣开一

（2）以狎注洽例：

	本文	切韵音	韵声呼等	注音	切韵音	韵声呼等
三〇九.5.1	鵊	讫洽切 kạp	洽见开二	甲	古狎切 kap	狎见开二

（3）以业注怗例：

三〇七.1.13	篋	苦协切 k'iep	怗溪开四	劫	居怯切 kjǐep	业见开三

这种合并的情形都跟《千字文》的藏音相符，只有：

（4）以盍注怗例：

三〇七.2.5	*屟	苏协切 siep	怗心开四	*搕	私盍切 sɑp	盍心开一

算是一个特异的例外。因此，我仍旧准舒声例，把合、盍、洽、狎、乏拟读为 ab，葉、业、怗拟读为 yab，而分列其同音互注字如下：

ab 韵（合；盍、洽、狎、乏四韵例缺）：

三一〇.8.3	鴿	古沓切 kɑ̣p	合见开一	合	古沓切 kɑ̣p	合见开一

yab 韵（葉；业、帖两韵例缺）：

三〇六.10.7	*躡	尼辄切 njǐæp	葉娘开三	聶	尼辄切 njǐæp	葉娘开三
三〇七.2.17	靨	於葉切·ǐæp	葉影开四	厭	於葉切·ǐæp	葉影开四
三〇七.10.11	鑞	良涉切 ljǐæp	葉来开三	獵	良涉切 njǐæp	葉来开三

缉摄第十八（《切韵》缉）

此摄据《千字文》的藏音应读作 ib。《开蒙要训》里只有一个以侵注缉的例：

三〇九.7.3	澀[①]	色立切 ṣǐəp	缉审开二	参	所今切 ṣǐəm	侵审开二

① “澀”疑即“澀”之俗体，字亦作“澁”。丁声树说。

这同“惷濁”的注音例颇为近似，也可据此证明，“澀”的收声在五代、敦煌方音读-b 而不读-p（参阅 157 页）。

曷摄第十九（《切韵》曷、末、鎋、黠、月、薛、屑）

这一摄只有一个以屑注薛的例：

	本文	切韵音	韵声呼等	注音	切韵音	韵声呼等
三〇八 .7.2	掣	昌列切 tɕʻĭæt	薛穿开三	切	千结切 tsʻiet	屑精开四

所以我只好参考《千字文》的藏音跟舒声的例，把曷跟黠、鎋的开口拟读为 ar，把月、薛、屑的开口拟读为 yar，把末跟黠、鎋、月、薛、屑的合口拟读为 war。其见于本书的同音互注字如下：

ar 韵（曷；黠、鎋开口例缺）：

三〇六 .6.16	葛	古达切 kɑt	曷见开一	割	古达切 kɑt	曷见开一

yar 韵（薛、屑开口；月开口例缺）：

三一一 .1.9	䩞	旨热切 tɕĭæt	薛照开三	折	旨热切 tɕĭæt	薛照开三
三〇七 .6.19	癤	子结切 tsiet	屑精开四	節	子结切 tsiet	屑精开四
三一〇 .7.8	鰤	子结切 tsiet	屑精开四	節	子结切 tsiet	屑精开四
三一一 .2.11	竊	千结切 tsʻiet	屑清开四	切	千结切 tsʻiet	屑清开四

war 韵（屑合口；末、黠、鎋、月、薛合口例缺）：

三一一 .1.11	*鞨	古穴切 kiwet	屑见合四	决	古穴切 kiwet	屑见合四

此外我还发现一个以薛注齐的例：

三一〇 .1.5	栖	先稽切 siei	齐心开四	薛	私列切 siet	薛心开四

这必得两音都变成* se 或* sye 才有相通的可能呢。由这个例子，很可使我们推想山摄入声的-t 收声，在这时候已然逐渐从 t > d > r > 〇了。

迄摄第二十(《切韵》迄、栉、质、没、术、物)

这一摄只有一个以质注迄的例：

	本文	切韵音	韵声呼等	注音	切韵音	韵声呼等
三〇七 .8.15	吃	居乙切 kjĭət	迄见开三	吉	居质切 kĭĕt	质见开四

所以我们只能参照《千字文》的藏音跟舒声的例，把质、栉、迄拟读为 ir，把没、術、物拟读为 ur，而分列其同音互注字如下：

ir 韵(质、栉；迄例缺)：

三〇五 .10.20	瑟	所栉切 ʂĭĕt	栉审开二	虱	所栉切 ʂĭĕt	栉审开二
三〇六 .1.3	筚	卑吉切 pĭĕt	质帮开四	必	卑吉切 pĭĕt	质帮开四
三〇六 .8.4	袟	直一切 dʻĭĕt	质澄开三	姪	直一切 dʻĭĕt	质澄开三

ur 韵(没、術、物)：

例缺。

德摄第二十一(《切韵》德、职、陌、麦、昔、锡)

曾、梗两摄的入声，在《开蒙要训》的注音里是不能分的，不单梗摄的入声有三条自相合用的例：

(1) 以麦注陌例：

三一一 .2.13	驀	莫白切 mɐk	陌明开二	麦	莫获切 mɛk	麦明开二

(2) 以锡注陌例：

三〇八 .10.15	隙	绮戟切 kʻjĭɐk	陌溪开三	喫	苦击切 kʻiek	锡溪开四

(3) 以昔注锡例：

三〇七 .10.9	錫	先击切 siek	锡心开四	惜	思积切 sĭæk	昔心开四

而且曾、梗两摄的入声还有四条互通的例：

（4）德、陌互注例：

	本文	切韵音	韵声呼等	注音	切韵音	韵声呼等
三〇八.9.9	嚇	呼格切 xɐk	陌晓开二	黑	呼北切 xək	德晓开一
三〇八.9.12	刻	苦得切 k'ək	德溪开一	刻	苦格切 k'ɐk	陌溪开二

（5）以职注陌例：

三〇八.7.4	索	山戟切 ʂɐk	陌审开二	色	所切切 ʂĭək	职审开二

（6）职、昔互注例：

三〇五.8.16	翊	与职切 ĭək	职喻开四	亦	羊益切 ĭæk	昔喻开四
三〇八.7.20	躑	直炙切 ȡ' ĭæk	昔澄开三	直	除力切 ȡ' ĭək	职澄开三

（7）以职注锡例：

三〇五.5.10	靂	郎击切 liek	锡来开四	力	林直切 ljĭək	职来开三
三〇八.1.5	鏴	郎击切 liek	锡来开四	力	林直切 ljĭək	职来开三

不过从这七条来看，曾、梗两摄的入声虽然混而为一，而洪细的分野似乎还没有泯灭。因为其中那一个以锡注陌的例，所注的“隟”字本来是陌韵的三等，那一个以职注陌的例，“索、色”两字又同属于审母二等，这都跟原则没有妨碍的。况且德韵的合口有两个混入屋一等的例（见下文），也跟《千字文》的藏音相合，如果把德、麦、陌等一律读作 ig，那在音理上就讲不通了。所以我仍旧照《千字文》的藏音，把德、麦跟陌二等开口拟为 eg，把麦、陌的合口拟为 weg，把职、锡、昔跟陌三等拟为 ig，而分列其同音互注字如下：

eg 韵（德、麦、陌$_{二、开口}$）：

例缺。

weg 韵（麦、陌$_{合口}$）：

例缺。

ig韵(昔、锡、职;陌三例缺):

	本文	切韵音	韵声呼等	注音	切韵音	韵声呼等
三〇七.4.6	腋	羊益切 ĭæk	昔喻开四	亦	羊益切 ĭæk	昔喻开四
三〇八.8.6	驛	羊益切 ĭæk	昔喻开四	亦	羊益切 ĭæk	昔喻开四
三〇七.4.21	脊	资昔切 tsĭæk	昔精开四	積	资昔切 tsĭæk	昔精开四
三一一.2.19	跡	资昔切 tsĭæk	昔精开四	積	资昔切 tsĭæk	昔精开四
三〇九.2.22	惜	思积切 sĭæk	昔心开四	昔	思积切 sĭæk	昔心开四
三〇八.7.12	竅	古历切 kiek	锡见开四	墼	古历切 kiek	锡见开三

此外陌韵三等有一个跟鱼韵合用的例:

三〇七.2.6	屐	奇逸切 gjĭek	陌群开三	巨	其吕切 gjĭo	语群开三

“巨”字应读为 ki,可以用“綶:巨”(三〇六.8.11)的对音来证明,现在既然用它来注“屐”字,那么“屐”字的读音,很可表现“屐”的-g 收声,已然有了消失的朕兆。这一个特殊的例子,是很值得我们注意的。

铎摄第二十二(《切韵》铎、药、觉、烛)

照《千字文》的藏音,铎、觉的开口应读作 ag,药韵的开口应读作 yag,铎、觉、药的合口按条理应该跟通摄的烛韵一样地读作 wag。《开蒙要训》的注音有两处是跟这个条理相合的:

(1)以铎注药例:

三〇六.10.10	籰	王缚切 jĭwak	药喻合三	霍	虚郭切 xwak	铎晓合一

(2)以觉注烛例:

	本文	切韵音	韵声呼等	注音	切韵音	韵声呼等
三一〇.5.9	劚	陟玉切 ʈǐwok	烛知合三	捉	侧角切 tʂɔk	觉照开二

（3）以药注烛例：

三〇六.9.12	幞	房玉切 bʲǐwok	烛奉合三	縛	符钁切 bʲǐwak	药奉合三

其余的韵也应该跟上述的条理一致。因此我把这一摄的同音互注字也分成 ag、yag、wag 三韵：

ag 韵（铎开口）：

三〇六.5.6	幕	慕各切 mɑk	铎明开一	莫	慕各切 mɑk	铎明开一
三〇六.8.12	絡	卢各切 lɑk	铎来合一	洛	卢各切 lɑk	铎来合一
三〇六.10.18	絡	卢各切 lɑk	铎来合一	洛	卢各切 lɑk	铎来合一
三〇九.2.1	酪	卢各切 lɑk	铎来合一	洛	卢各切 lɑk	铎来合一

yag 韵（药开口；觉例缺）：

三〇五.9.4	爵	即略切 tsǐak	药精开四	雀	即略切 tsǐak	药精开四
三一〇.1.3	* 籥	以灼切 ǐak	药喻开四	藥	以灼切 ǐak	药喻开四

wag 韵（觉、烛；铎、药合口例缺）：

三〇七.7.13	嗽	所角切 ʂɔk	觉审开二	朔	所角切 ʂɔk	觉审开二
三〇六.9.18	續	似足切 zǐwok	烛邪合四	俗	似足切 zǐwok	烛邪合四

此外有一个以铎注暮的例：

三〇七.9.9	路	洛故切 lo	暮来开一	洛	卢各切 lɑk	铎来合一

这显然是由声符类推的读音。还有一个铎韵开合互注的例：

三〇五.6.3	霍	虚郭切 xwɑk	铎晓合一	郝	呵各切 xɑk	铎晓开一

这许是方俗的特殊读法，照我看都应当归入 ag 韵。

屋摄第二十三(《切韵》屋、沃,德$_{合口}$)

照《千字文》的藏音来看,通摄的入声屋、沃一等应读作 og,三等屋应读作 ug,烛转为 wag,而曾摄的德韵合口却跟屋韵一等变成同韵。在《开蒙要训》的注音中也恰好有两对以德韵合口注屋韵一等的例:

	本文	切韵音	韵声呼等	注音	切韵音	韵声呼等
三〇六.7.10	縠	胡谷切 ɣok	屋匣开一	或	胡国切 ɣwək	德匣合一
三〇八.8.9	轂	古禄切 kok	屋见开一	國	古或切 kwək	德见合一

依此类推,则其余各韵也应该跟《千字文》藏音的条理相合。所以我把这一摄所有的同音互注字按 og、ug 两韵分列于下:

og 韵(屋$_{一}$;沃、德合口例缺):

三〇七.1.14	簏	卢谷切 lok	屋来开一	禄	卢谷切 lok	屋来开一
三一〇.9.15	鹿	卢谷切 lok	屋来开一	禄	卢谷切 lok	屋来开一

ug 韵(屋$_{三}$):

三〇六.1.5	筑	张六切 ȶĭok	屋知开三	竹	张六切 ȶĭok	屋知开三
三〇八.1.8	鍑	方六切 pjĭok	屋非开三	腹	方六切 pjĭok	屋非开三
三〇八.8.19	軸	直六切 ȡʻĭok	屋澄开三	逐	直六切 ȡĭok	屋澄开三

以上 23 摄大体上跟《千字文》的藏音是很相近的,然而,假使"禁:敬"(三一〇.4.15)、"栖:薛"(三一〇.1.5)、"屐:巨"(三〇七.2.6)几对注音可以代表当时的实际音变,那么,不单鼻收声的消变渐渐扩大了范围(从-ṅ 到-m);甚至于入声的收声(-r、-g)也露了消变的朕兆了。照我看,这正是从唐代西北方音演变到现代西北方音的一个过渡的现象。

丙　声调

在现代的同系方言里，声调的分类大致都不很相远，而声调的音值彼此间却非常的参差。这恐怕不自现在为然，从隋唐以来已经发生类似的现象了。因为陆法言的《切韵序》上说："古今声调既自有别，诸家取舍亦复不同：吴楚则时伤轻浅，燕赵则多涉重浊；秦陇则去声为入，梁益则平声似去。"这当然也是调值的参差，而不是调类的混淆。劳乃宣说得好："陆法言《切韵序》曰：'秦陇则去声为入，梁益则平声似去。'盖以异方之人听之耳，使其本方之人听之，必不尔也。彼方之去，似此方之入，则彼必别有其入，且谓此方之入似其去；彼方之平似此方之去，则彼必别有其去，且谓此方之去似其平；以一方之音言之必自成其一方之平上去入，无稍缪戾者，故四声之辨可各以方音求之，其音不必强同，其理自无不同也。"①这种说法是很有见解的。我们且以现代方音为证：例如，北平的阴平读作高平调（˥ 55），天津人听起来像他的阳平，临淄人听起来像他的上声，咸阳人听起来近似他的去声；北平的阳平读作高升调（˧˥ 35），定县、获鹿跟天津人听起来像他们的上声，临淄人听起来近似他的阴平；北平的去声读作高降调（˥˩ 51），咸阳人听起来像他的上声，临淄人听起来像他的阳平②，然而各方音本身的调类却是秩然不紊的。调类在方音中的参差只有两个条件：第一，清浊声变来的阴阳凋，有的方音四声都分，有的方

① 《等韵一得》外篇，第19页。

② 说本赵元任先生方音声调比较表。

音单限于平声；第二，全浊的上声在多数方音里都有变成去声的趋势。我们研究古方音一个顶大的困难，就是对于调值的参差无从探究起。在《千字文》的藏音里，我们只发现上声有重写元音跟全清混入全浊的现象，除此之外，也没有什么痕迹可寻，但是在《开蒙要训》的注音里，我们却发现有：

（1）以平注上例：

	本文	切韵音	声韵呼等调	注音	切韵音	声韵呼等调
三〇六 .4.9	寑	七稔切^{c}ts' ĭəm	清寑开四上	侵	七林切$_{c}$ts' ĭəm	清侵开四平
三〇六 .6.11	紡	妃两切^{c}pj' ĭwaŋ	敷养合三上	方	府良切$_{c}$pjĭwaŋ	非阳合三平
三〇六 .8.21	褾	俾小切^{c}pĭæu	帮小开四上	標	卑遥切$_{c}$pĭæu	帮宵开四平
三〇七 .1.6	縹	匹沼切^{c}p' ĭæu	滂小开四上	標	卑遥切$_{c}$pĭæu	帮宵开四平
三〇七 .2.12	粉	方吻切^{c}pjĭuən	非吻合三上	分	府文切$_{c}$pjĭuən	非文合三平
三一〇.7.11	鱒	才本切^{c}dz' uən	从混合一上	遵	将沦切$_{c}$tsĭuěn	精谆合四平
三〇七 .4.16	踝	胡瓦切^{c}ɣwa	匣马合二上	誇	苦瓜切$_{c}$k' wa	溪麻合二平
三〇七 .5.14	髓	息委切^{c}swiě	心纸合四上	須	相俞切$_{c}$sĭu	心虞合四平
三〇七 .7.21	跛	布火切^{c}puɑ	帮果合一上	婆	薄波切$_{c}$b' uɑ	並戈合一平
三〇八 .9.11	雋	徂兖切^{c}dz ' ĭwæn	从狝合四上	專	职缘切$_{c}$tɕĭwæn	照仙合三平
三〇九 .2.8	薺	徂礼切^{c}dz' iei	从荠开四上	精	子盈切$_{c}$tsieŋ	精清开四平
三〇九 .10.11	庌	五下切^{c}ŋa	疑马开二上	衙	五加切$_{c}$ŋa	疑麻开二平

（2）以上注平例：

三〇六 .2.7	姑	古胡切$_{c}$ko	见模开一平	古	公户切^{c}ko	见姥开一上
三〇九 .3.1	酤	古胡切$_{c}$ko	见模开一平	古	公户切^{c}ko	见姥开一上

	本文	切韵音	声韵呼等调	注音	切韵音	声韵呼等调
三〇六.6.1	舖	普胡切$_{c}$p'o	滂模开一平	補	博古切^{c}po	帮姥开一上
三〇八.3.14	柯	古俄切$_{c}$kɑ	见歌开一平	可	枯我切^{c}k'ɑ	溪哿开一上
三〇六.5.9	氍	其俱切$_{c}$g‘ jĭu	群虞合三平	鬼	居伟切^{c}kjĭwĕi	见尾合三上
三〇六.5.12	璒	都滕切$_{c}$təŋ	端登开一平	等	多肯切^{c}təŋ	端等开一上
三〇六.6.18	偨	即移切$_{c}$tsiĕ	精支开四平	子	即里切^{c}tsi:	精止开四上
三〇六.9.1	襟	居吟切$_{c}$kjĭəm	见侵开三平	錦	居饮切^{c}kjĭəm	见寝开三上
三〇七.8.8	癡	丑之切$_{c}$ʈ'i:	彻之开三平	侈	尺氏切^{c}tɕ'iĕ	穿纸开三上
三〇九.1.8	欙	力追切$_{c}$lwi	来脂合四平	吕	力举切^{c}ljĭo	来语开三上

这种现象，乍一看起来好像读音者跟注音者分属甲乙两个方音区，而平、上两声的音值在这两个方音区里恰好互相颠倒似的。照刚才所举现代方音的例，这种解释本来也未尝不可能，然而我们再一看上一节里的同韵互注例，立刻就发现很多以平注平、以上注上的例，所以这种解释是不能成立的。况且在《开蒙要训》的注音里还有：

（3）以上注去例：

三〇五.10.2	詠	为命切 jĭweŋ^{ɔ}	喻映合三去	永	于憬切^{c}jĭweŋ	喻梗合三上
三〇六.4.10	寐	弥二切 mjwi^{ɔ}	明至合三去	美	母鄙切^{c}mjwi	明旨合三上
三〇六.9.11	帊	普驾切 p‘a^{ɔ}	滂祃开二去	把	博下切^{c}pa	帮马开二上
三〇六.9.16	究	居祐切 kjĭəu^{ɔ}	见宥开三去	九	举有切^{c}kjĭəu	见有开三上
三〇七.9.2	愧	俱位切 kjwi^{ɔ}	见至合三去	鬼	居伟切^{c}kjĭwĕi	见尾合三上
三〇七.5.10	肺	芳废切 p‘jĭɐi^{ɔ}	敷废合三去	匪	府尾切^{c}pjĭwei	非尾合三上
三〇七.10.22	鑄	之戍切 tɕĭu^{ɔ}	照遇合三去	主	之庾切^{c}tɕĭu	照麌合三上

	本文	切韵音	声韵呼等调	注音	切韵音	声韵呼等调
三〇八.1.1	鑵	古玩切 kuɑn^{ɔ}	见换合一去	管	古满切^{c}kuɑn	见缓合一上
三〇八.3.2	穊	几利切 ki^{ɔ}	见至开三去	己	居理切^{c}ki:	见止开三上
三〇八.3.17	柄	陂病切 pjĭɐŋ^{ɔ}	帮映开三去	餅	必郢切^{c}pĭæŋ	帮静开四上
三一〇.1.21	蹬	徒亘切 d‘əŋ^{ɔ}	定嶝开一去	等	多肯切^{c}təŋ	端等开一上
三一〇.8.20	翅	施智切 ɕiĕ^{ɔ}	审寘开三去	鼠	舒吕切^{c}ɕĭo	审语开三上
三一〇.9.15	豹	北教切 pau^{ɔ}	帮效开二去	飽	博交切^{c}pau	帮巧开二上
三一一.2.5	怖	普故切 p‘o^{ɔ}	滂暮开一去	普	滂古切^{c}p‘o	滂姥合一上

（4）以去注上例：

三〇六.9.3	領	良郢切^{c}ljĭæŋ	来静开三上	令	力政切 ljĭæŋ^{ɔ}	来劲开三去
三〇七.4.13	腿	吐猥切^{c}t‘uɑ̣i	透贿合一上	退	他内切 t‘uɑ̣i^{ɔ}	透队合一去
三一一.2.20	忖	仓本切^{c}ts‘uən	清混合一上	寸	仓困切 ts‘uən^{ɔ}	清慁合一去
三〇六.6.6	繭	古典切^{c}kien	见铣开四上	見	古电切 kien^{ɔ}	见霰开四去
三〇六.8.3	補	博古切^{c}po	帮姥开一上	布	博故切 po^{ɔ}	帮暮合一去
三〇七.3.21	頸	居郢切^{c}kĭæŋ	见静开四上	敬	居庆切 kjĭɐŋ^{ɔ}	见映开三去
三〇七.4.9	指	职雉切^{c}tɕĭ	照旨开三上	至	脂利切 tɕi^{ɔ}	照至开三去
三〇七.6.3	疹	章忍切^{c}tɕĭĕn	照轸开三上	鎮	陟刃切 ʈĭĕn^{ɔ}	知震开三去
三〇七.6.20	腫	之陇切^{c}tɕĭwoŋ	照肿合三上	衆	之仲切 tɕĭoŋ^{ɔ}	照送开三去
三〇八.1.22	斧	方矩切^{c}pjĭu	非麌合三上	付	方遇切 pjĭu^{ɔ}	非遇合三去
三〇九.7.9	搗	都皓切^{c}tɑu	端皓开一上	到	都导切 tɑu^{ɔ}	端号开一去

（5）以平注去例：

三〇七.6.11	*癰	乌贡切·oŋ^{ɔ}	影送开一上	邕	於容切$_{c}$·iwoŋ	影鍾合三平
三〇七.7.8	療	力照切 ljĭæu^{ɔ}	来笑开三去	遼	落萧切$_{c}$lieu	来萧开四平

	本文	切韵音	声韵呼等调	注音	切韵音	声韵呼等调
三〇八.2.5	釤	所鉴切 ʂam꜄	审鉴开二去	衫	所衔切꜀ʂam	审衔开二平
三一一.1.8	蹬	都邓切 təŋ꜄	端嶝开一去	登	都滕切꜀təŋ	端登开一平
三〇七.8.6	*贑	古送切 koŋ꜄	见送开一去	江	古双切꜀kɔŋ	见江开二平

（6）以去注平例：

三〇七.8.11	愚	遇俱切꜀ŋjĭu	疑虞合三平	遇	牛具切 ŋjĭu꜄	疑遇合三去
三〇八.2.13	犁	郎奚切꜀liei	来齐开四平	令	力政切 ljĭæŋ꜄	来劲开四去
三〇八.3.15	祠	似兹切꜀zi:	邪之开四平	寺	祥吏切 zi:꜄	邪志开四去
三一〇.10.20	韉	则前切꜀tsien	精先开四平	箭	子贱切 tsiæn꜄	精线开四去

如果平声跟上声颠倒，何以同时平、去跟上、去也都有互注的例呢？所以我们从这些错综的注音，还不能决定它们就是两种方音的调值参差。照我看，在上面这些例里，像"寝：侵、紡：方、褾：標、縹：標、粉：分、鱒：遵"，"姑：古、酤：古、餔：補、柯：可"，"詠：永、杷：把、究：九、愧：鬼"，"領：令、腿：退、忖：寸"跟"癰：邕、瘵：遼、釤：衫、蹬：登"之类，当然是由声符直接类推的读音；其馀像"髓：須、跛：婆、薺：精、庌：衙"，"啙：子、欙：吕"，"柄：餅"，"腫：衆、斧：付"跟"犁：令、韉：箭"之类，或许是由声符间接类推的读音，此外只能说是注音时对于声调的疏略了。然而我们对于调值的参差，虽然没有看出什么确定的结果，可是全浊跟次浊的上声在这种方音里已经显然地变成去声了。因为在《开蒙要训》的注音里我们发现：

（7）以浊上注去例：

三〇六.8.11	綛	渠记切 g'ji:꜄	群志开三去	巨	其吕切꜂g'jĭo	群语开三上
三〇七.3.1	髮	平义切 b'jiě꜄	並寘开三去	婢	便俾切꜂b'jiě	並纸开四上

	本文	切韵音	声韵呼等调	注音	切韵音	声韵呼等调
三一一.2.9	盜	徒到切 dʻɑu꜃	定号开一去	道	徒皓切꜂dʻɑu	定皓开一上
三〇五.4.11	霧	亡遇切 mjĭu꜃	微遇合三去	武	文甫切꜂mjĭu	微麌合三上
三一〇.8.11	鴈	五晏切 ŋan꜃	疑谏开二去	眼	五限切꜂ŋạn	疑产开二上

（8）以去注浊上例：

三〇五.7.3	艦	胡黤切꜂ɣam	匣槛开二上	監	格忏切 kam꜃	见鉴开二去
三〇五.7.4	艇	徒鼎切꜂dʻĭɐŋ	定梗开四上	定	徒径切 dʻĭæŋ꜃	定径开四去
三〇六.6.19	紵	直吕切꜂ɖʻĭo	澄语开三上	志	职吏切 tɕi:꜃	照志开三去
三〇六.10.6	竽	直与切꜂ɖʻĭo	澄语开三上	志	职吏切 tɕi:꜃	照志开三去
三〇七.5.3	腨	市兖切꜂ʑĭwæn	禅狝合三上	旋	辞恋切 zĭwæn꜃	邪线合四去
三〇七.5.7	腎	时忍切꜂ʑĭěn	禅轸开三上	慎	时刃切 ʑĭěn꜃	禅震开三去
三〇七.10.17	鐪①*	郎古切꜂lo	来姥开一上	路	洛故切 lo꜃	来暮开一去
三〇九.10.3	吻	武粉切꜂mjĭuən	微吻合三上	問	亡运切 mjĭuən꜃	微问合三去
三〇九.10.21	牖	与久切꜂ĭəu	喻有开四上	又	于救切 ĭəu꜃	喻宥开三去

这些例子跟那些类推的读法显然不同。而且我们还有一个有力的旁证，唐李涪《刊误》说："（《切韵》）吴音乖舛，不亦甚乎？上声为去，去声为上：……恨怨之恨则在去声，很戾之很则在上声；又言辯之辯则在上声，冠弁之弁则在去声；又舅甥之舅则在上声，故舊之舊则在去声；又皓白之皓则在上声，號令之號则在去声；又以恐字恨字俱去声。今士君子于上声呼恨，去声呼恐，得不为有识之所笑乎？……凡中华音切莫过东都，盖居天下之中，禀气特正，予尝以其音证之，必大哂而异焉。……予今别白上去，各归本音；

① "鐪"不见于字书，疑即"鑥"字。

详较重轻,以符古义,理尽于此,岂无知音!”他骂《切韵》是“吴音乖舛”,自然冤枉了陆法言,可是从他所举的例来看,我们可以断定在他的方音里全浊上声是跟去声不分的。因为“很”“胡恳切”(匣、很),“辯”“平免切”(並、狝——原作“符蹇切”,类隔,依《集韵》改),“舅”“其九切”(群、有),“皓”“胡老切”(匣、皓),都是浊上;而“恨”“胡艮切”(匣、恨),“弁”“皮变切”(並、线),“舊”“其救切”(群、宥)、“號”“胡到切”(匣、號),都是浊去,李涪既然不承认这种分别,可见在他的方音里当然混而为一了。至于“恐”字,《切韵》本来有“丘陇”(溪、肿)、“区用”(溪、用)二切,“区用”一音也一定不是李涪的方音,所以他才觉得“上声呼恨,去声呼恐”不免“为有识之所笑”。关于李涪的事迹并没有详细的记载。《四库全书总目提要》[①]云:“《刊误》二卷,唐李涪撰,旧本前有结衔称国子祭酒。郭忠恕《佩觿》引此书亦称李祭酒涪。五代去唐未远,当得其真。而陆游《渭南集》有是书跋曰:王行瑜作乱,宗正卿李涪盛陈其忠,必悔过。及行瑜传首京师,涪亦放死岭南,疑即此人。未详孰是也。”今考孙光宪《北梦琐言》云:“唐李涪,尚书福相之子。”又云:“唐相国李公福,河中有宅(原注:陇西事得于李载仁大夫)。”又云:“陇西李常侍,福相之子。”是李涪为唐宗室宰相李福之子。据《新唐书·宗室世系表》大郑王房[②],他的世系如下:

(一)郑孝王亮,隋赵兴太守、长社郡公——(二)襄邑恭王神符——(三)广川郡公义范——(四)殿中丞、袭魏国公捷——(五)虢州刺史坚——(六)盛唐令鹏——(七)太子太傅、同平章事福字能之——(八)涪。

---

① 子部杂家类二。

② 《新唐书》卷七〇。

李福事迹附载其兄李石传中①，而于李涪的事迹一点都没有提及。从郑王亮到李石、李福兄弟已历七传，但《旧唐书·李石传》仍旧说他是“陇西人”，可见李涪的方音或许就与陇西有关系；即使不然，也必不出乎他所住居的长安，或他所认为“居天下之中”的东都（洛阳）两个地方。王行瑜传首京师，事在唐昭宗乾宁二年（895）十一月，则《刊误》之成必定还早于是年。既然在后唐明宗天成四年（929）的34年以前李涪所代表的方音里，浊上已经变为去声，那么在《开蒙要训》的注音里所有的同样变化当然可以算是确定的事实了。至于这种方音的清浊声是否演变为阴阳调，从我们现在所有的材料，还看不出什么结果来呢。

综括本章所讨论的三项来看，我们可以说《开蒙要训》的注音所代表的五代敦煌方音，声母跟《千字文》的藏音虽然不同，而韵母却大体类似；至于声调一项，从现在所有的材料只能决定它的浊上跟去声不分，其余关于声调的错综注音，大概不是类推的读法，就是记音时的疏略，除此之外，我们还不能有什么更具体的断案。然而专从这几点论，已经可以拿它当做从唐代西北方音变到现在西北方音的一个枢纽了。

此外，有几对注音显然是由讹读所致，例如：

	本文	切韵音	韵声呼等	注音	切韵音	韵声呼等
三〇五.7.1	舡	许江切 xɔŋ	江晓开二	沿	与专切 ĭwæn	仙喻合四
三〇七.10.8	鈆	与专切 ĭwæn	仙喻合四	貢	古送切 koŋ	送见开一
三〇五.8.3	諂	丑琰切 ȶʻĭæm	琰彻开三	臽	苦感切 kʻɑm	溪感开一
三〇七.10.10	鍮	托侯切 tʻəu	侯透开一	喻	羊戍切 ĭu	遇喻合四

① 《新唐书》卷一三一，《旧唐书》卷一七二。

	本文	切韵音	韵声呼等	注音	切韵音	韵声呼等
三〇八.1.7	鸁	落戈切 lua	戈来合一	驢	力居切 ljĭo	鱼来开三
三一〇.7.7	鱧	卢启切 liei	荠来开四	風	方戎切 pjĭoŋ	东非开三
三一一.1.20	鈍	徒困切 d'uən	慁定合一	唇	食伦切 dʑ'uen	床谆合三

“沿”“鈆”本来是“沿”“鉛”的俗体，当时注音的人误认“㕣”声为“公”声，于是误读“舡”为“沿”，误用“貢”来注“鈆”。其实“沿”之俗体外，别无从水公声的“沿”字；“鉛”之俗体外，虽然《广韵》上平三锺另有一个从金公声的“鈆”字，读作“职容切”，训为“铁鈆”，不过此处既然“鈆锡”连文，究竟不如训为“锡之类”的“与专切”于义较顺。“鍮”只有“托侯切”一音，这里既然拿“喻”来注它，除非“喻”还保留上古的 * d-声母外，就恐怕是因为同从“俞”声而把“鍮”字读错了。拿其他喻母字的读法来证，前一种假设是不会有的。“諂”之读“臽”，当然也可以用类似情形来解释。至于以“驢”注“鸁”，由于误认“羸”、“鸁”为一音；以“風”注“鱧”，由于误认“豊”声为“豐”声；以“唇”注“鈍”，由于误认“鈍”与“純”为同音。像这些例子，我们只能认为是当时的讹读，不能拿它们来搅乱全体的音韵系统。不过这几对注音的错误都是显而易见的，而且它们的致误之由也都是有迹可寻的。另外还有几对注音，有的字形不可辨识（例如：三〇六.3.13“扐：討”，三〇六.9.4“紐：功”）；有的音理不可疏通（例如：三〇七.7.15“唾：火”，三〇八.6.8“拗：令”），我在没有得到别本校正以前，只好“于其所不知，盖阙如也！”①

最后，我还要附带论到《开蒙要训》本文的韵读问题。这部书

① 此书于注音以外讹脱之处亦甚多，拟俟获睹司坦因所得之两种，及伯希和所得之另一种，再详细校勘。

的通例是四字一句、两句一韵的，巾间有许多讹脱的地方可以据韵例来校勘它。照我统计的结果，除去有四句韵读不明的，一共有 172 韵。其中有：

(1)支韵独用例：

儀支垂支*彌支施支絼支啙支絁支(三〇六 .4.22——三〇六 .7.4)

鍦支宜支*敧支捭蟹① *戹支匙支炊支糜支鮍支(三〇八 .9.17——三〇九 .2.14)

(2)虞、鱼、模同用例：

軀虞疽鱼肥(?)除鱼嘘鱼儒虞愚虞衢虞閰鱼磲鱼瑚模珠虞徒模(三〇七 .6.7——三〇七 .10.15)

(3)豪、皓、宵通用例：

稻皓*蕎宵搗皓好皓蒿豪燥皓草皓倒皓抱皓(三〇九 .6.15——三〇九 .9.13)

(4)有、厚、宥、候同用例：

口有肘有拇厚手有後厚② 部厚醜有(三〇七 .3.16——三〇七 .5.21)

繡宥紐有陋候就宥袖宥舊宥究宥(三〇六 .7.12——三〇六 .9.16)

(5)唐、江、阳同用例：

梁阳廊唐堂唐窻江康唐倉唐*墻阳場阳行唐桑唐榔唐棠唐薑阳芳阳香阳攘阳槍唐防阳蜋阳螂唐鎕唐③ 魴阳腔江④ 凰唐鴦唐翔阳麞阳狼唐羊阳强阳驦唐韁阳傍唐剛唐忙唐常阳量阳贜唐張阳鵳阳倡阳殃阳⑤ ……良阳章阳忘阳(三〇九 .9.21——三一一 .6.13)

---

① “捭”字今虽在蟹韵，但“卑”声本属支韵。

② 此韵前衍一字。

③ 此字不见于字书，从声符“堂”定音。

④ 此韵下句衍一“蝮”字。

⑤ 此下有四句失韵，待考。

(6)庚、耕、清、青同用例：

明庚迎庚榮庚青青晴清生庚驚庚清清名清并清浤耕停青(三〇五.3.8——三〇五.7.8)

醒清横庚聲清箏耕笙庚兄庚① 嬰清甥庚成清盈清令青擎庚儜青情清(三〇五.9.20——三〇六.4.14)

(7)旱、缓、翰、换同用例：

⿰米半缓鐵旱斷缓滿缓嬾旱(三〇九.4.19——三〇九.6.7)

鑵换爨换桉翰鍛翰鑽换畔换短缓灌换亂换按翰散翰瀾翰(三〇八.1.1——三〇八.5.1)

(8)铎、药、觉、烛、陌、麦、昔、锡同用例：

廓铎躍药惡铎恪铎爵药樂觉(三〇五.7.6——三〇五.9.12)

作铎 * 籰药絡铎緑烛帛陌壁锡屐陌澤陌隻昔⿰黑戠(?)(三〇六.10.2——三〇七.3.8)

獲麦格陌搦陌摑麦② 責麦索陌⿱穴叔锡躑昔驛昔⿰車責麦③* ⿰革畐陌嚇陌(三〇八.5.9——三〇八.9.9)

惜昔益昔④ 炙昔適锡酢铎(三〇九.2.22——三〇九.4.11)

所以我们不单根据《日本现在书目》可以断定《开蒙要训》是东晋与齐梁之间的"马氏"所撰，就是由押韵的情形来看，也可以断定这部书的本文跟注音不属于同一方音系统。因为照上文所归纳的注音系统，鱼韵应该跟支韵相通，虞韵应该跟尤韵相通，模韵应该跟唐、阳韵相通；而在本文的押韵里，支韵自己独用，阳、唐跟江同用，虞、鱼、模却仍旧照大多数方言的成例混为一

① 原文"兄弟"二字互倒，于韵例不合，今正之。

② 此韵七字，疑有讹脱。

③ 此字不见于字书，从声符"責"定音。

④ 此韵内有"忝"字，乃注音误入正文者。

类。这已经可以很显然地看出它们是两个方音了。在上面所举的八个韵例里，前七条都是很普通的情形，只有后一个比较特别一点儿。然而我在晋朝的诗文韵读中，也发现不少类似的例：

何劭（陈郡阳夏人）

《游仙诗》：柏陌落託铎石昔洛鶴樂铎邈觉（《全晋诗》二，27上）

张翰（吴郡吴人）

《赠张弋阳》：……昔昔薄铎夕昔索陌（《全晋诗》四，12下）

孙楚（太原中都人）

《荣启期赞》：懌昔泊樂铎宅陌（《全晋文》六十，9下）

夏侯湛（谯国谯人）

《山路吟》：……落崿錯铎石昔（《全晋诗》四，17下；又《全晋文》六八，8上）

《雷赋》：鑿铎爍药沃沃濯觉溺锡辟昔（《全晋文》六八，1下）

《缴弹赋》：繳药獲麦（《全晋文》六八，3上）

郤正（河南偃师人）

《释讥》：澤額陌壑铎魄陌（《全晋文》七十，7下）

左思（齐国临淄人）

《咏史》之七：薄铎宅陌郭廓铎籍昔壑铎昔昔澤陌（《全晋诗》四，11上）

《蜀都赋》：博雒錯莫铎澤陌液昔（《全晋文》七四，3上）

廓幕铎泊陌霍薄铎（《全晋文》七四，4上）

絡作铎魄陌昔昔（《全晋文》七四，4下）

《吴都赋》：客陌奕昔百白陌博作铎（《全晋文》七四，7下）

宅貘陌落铎格骼澤陌（《全晋文》七四，9上）

《魏都赋》:液昔白陌斥昔落铎昔昔帛赫宅陌(《全晋文》七四,12上)

梅陶(西平人)

《怨歌行》:鹤墼铎客魄陌迹昔(《全晋诗》五,10下)

蔡洪(吴郡人)

《围棋赋》:郭落铎弈射昔悉质(?)(《全晋文》八一,7上)

殷巨(云阳人)

《奇布赋》:績锡尺斁昔濯觉赫白陌(《全晋文》八一,9上)

张协(安平人)

《七命》:櫱雀药錯铎跖昔白陌(《全晋文》八五,11上)

貊陌朔觉譯昔(《全晋文》八五,11下)

陆机(吴郡人)

《遂志赋》:躍药濯樂觉溺锡學觉(《全晋文》九六,5下)

《七微》:落錯铎石昔閣铎弈昔(《全晋文》九八,2下)

《演连珠》:適昔約药迹昔(《全晋文》九九,6下)

陆云(吴郡人)

《喜霁赋》:懌昔作铎石昔霍閣铎弈昔(《全晋文》一百,3下)

《牛责季友》:惜昔落閣铎弈昔薄铎(《全晋文》一〇三,8上)

吴声歌曲

《子夜歌》:惜昔薄铎(《全晋诗》八,2上)

《上声歌》:雀药隔麦(《全晋诗》八,6上)

李暠(陇西成纪人)

《述志赋》:奕辟益昔壑铎溺锡(《全晋文》一五五,1下)

释僧肇(京兆人)

《鸠摩什法师诔》:邈觉漠作铎溺锡(《全晋文》一六五,15上)

宋齐以降,除去两篇有意拟古的作品:

谢惠连(陈郡阳夏人)

《雪赋》：錯索铎奕積昔隙陌席璧昔白陌（《全宋文》三四，1下）

江淹（济阳考城人）

《拟陈思王曹植赠友》：璧昔宅陌薄落閣铎若药臒諾藿铎（《全梁诗》五，8上）

就很少见这种押韵法了。本来照《诗经》的押韵，应该把上面所见的字分成五部：凡从"各、乇、乍、斥、尺、睪、若、白、赫、隻、蒦、郭、亞、霍、索、昔、炙、石、射、專、咢、壑、屰、亦、夜、莫、席"诸声的为*模部入声；从"弱、翟、爵、雀、樂、敫、鑿、夭、貌、勺"诸声的为*豪部入声；从"鬲、商、辟、益、責"诸声的为*齐部入声；从"录、學"声的为*萧部入声；从"國"声的为*咍部入声。所以在这些韵读里，除张翰、左思跟陆氏"二秀"还能完全合于周秦古音，其余各家都不免混乱古音的旧部了。这究竟是由拟古而生出来的类推的错误，还是魏晋时代实际古音，我们现在虽然不能确定，然而这种押韵法可以代表魏晋之际的一时风尚，却由宋齐以降的押韵现象可以得到反证。由这种观点，再返回来看《开蒙要训》的时代，我们就可以进一步说它是离顾恺之、王义较近，而离周兴嗣较远的东西。因为这本"童而习之"的小书，押韵时自然用不着像谢惠连《雪赋》或江淹《拟陈思王曹植赠友》那样的拟古，它的押韵法既然跟晋代的风气相近，那么，当然也应该是这个时代的产物了。

四　唐五代西北方音与现代西北方音的比较

我们对于四种藏译汉音跟《开蒙要训》的注音既然上溯《切韵》以穷其源，最好再能同它们的后代音比较以竟其流。我现在所采取的六种西北方音——兰州、平凉、西安、三水、文水、兴县——虽然不能算是它们的直接后代音，然而从几个特点来看，其间实在不无渊源可寻，所以在现代敦煌附近的方音没经过精确的调查以前，只能用这种不得已而思其次的办法。现在为叙述上的便利，我单提出几项特点来讨论，至于逐字的比较，我不过在附录一里举了《千字文》一种做例罢了(参阅第252页至277页)。

甲　声母的比较

关于唐五代西北方音跟现代西北方音的声母异同，有五点值得提出来讨论：

(1) 全浊声母的演变

全浊並、定、澄、从、群五母在兰州、平凉、西安、三水、文水、兴县六种方音里，平声各变成本类的次清，仄声各变成本类的全清，这是很有规则的。在前面几种藏音里，只有《大乘中宗见解》很显著地把大部分全浊写作次清，其余的三种并没有直接的证据；至于《开蒙要训》的全清全浊互注例，就比较同现代西北方音的演变相差较远了。照我看起来，全浊声母在现代西北方音中的读法还是逐渐由《千字文》跟《大乘中宗见解》所代表的那一系方音演变来的。因为：(一)《千字文》的藏音虽然没有把全浊写作次清，而大部分的全清上、去声字却跟《大乘中宗见解》一样地同全浊混淆；(二)全浊在《大乘中宗见解》里保持本读的只有"怠 de、第 de、大 de、地 di、道 de'u、定 deṅ、達 dar、着 jag"八个字，其中绝对没有平声，可见古全浊声母的送气成素，从那时候起已经受声调的影响而有强弱的不同了。况且在三水的方音里从母的仄声"在、造、皁、贼、凿、罪、坐、族、藉、字、自、捷、嚼"等字跟平声一样变成 ts'[①]；並母的仄声"薄、笨、部、步、脖、拔、鼻、病"等字跟平声一样变成 p'[②]；还有平凉方音里的並、定、澄、从、床几母的仄声字也有一部分读作次清[③]，可见全浊仄声之变全清是受声调影响逐渐蟺蜕而成的。这种现象从《大乘中宗见解》所代表的方音已然渐露端绪，到了现代西北方音跟其他大部分"官话"就更有规则了。奉、床两母的演变跟别的全浊声母稍有不同。奉母在《阿弥陀经》跟《金刚经》里还是读作 b 的，但在《千字文》跟《大乘中宗见解》里已然大部分跟非、敷一样变成 p'，《开蒙要训》的注音也有非、敷、奉互注的例，我相信，它在那时候就应读作[pf']，再经过一度摩擦化的演变，于是在现代六种西北方音里除去文水转为[x]，其

① 参阅 B. Karlgren *Etudes sur la Phonologie Chinoise*. p. 508.

② 参阅前书 p. 550.

③ 参阅前书 pp. 395，406，499，508，550.

余的就都变成[f]了。床母在四种藏音里,除去《千字文》有一个"床"字读作 c‘o,《大乘中宗见解》里有一个"狀"字又读作ts‘oṅ以外,其余不论二、三等都读作 ç,不过它在现代西北方音中的变化却是很复杂的。就我所采取的六种方音来看,它的变化情形约如下表[1]:

床	二等				三等			
	平		仄		平		仄	
	开	合[2]	开[3]	合	开[4]	合	开[5]	合
兰州	ts‘	t‘	ts,s	ʈ	ʂ,ʈ‘	f	ʂ,s	f
平凉	ts‘	t‘,tʂ	ts,s	ʈ,tʂ	ʂ,ʈ‘	ʂ	ʂ,s	ʂ
西安	ts‘	pf‘	ts,s	pf	ʂ,ʈ‘	f	ʂ,s	f
三水	ts‘		ts,s	ts	ʂ,ʈ‘	s	ʂ,s	s
文水	ts‘		ts,s	ts	ʂ,tʂ	ts‘	ʂ,s	s
兴县	ts‘		ts,s	ts	ʂ,tʂ	ts‘	ʂ,s	s

我们由这个表可以看出床母二等同澄母的演变相近,以读破裂摩擦音或破裂音为原则;三等同禅母的演变相近,以读摩擦音为原则,所以在藏译汉音里虽然只有"床 c‘o、狀 ts‘oṅ"两字读作破裂摩擦音,然而这未必不是床母二等没有都变摩擦音的遗迹。至于二等的"士、仕、俟、事"之类同三等的"示、谥"之类一律变成摩擦音,那是从唐五代到现在的平行演变,并不是现代西北方音特有的现象。

总括以上所说,我把並、定、澄、从、群五母在唐五代跟现代西北方音中的演变列成下表:

---

① 参阅 B. Karlgren *Etudes sur la Phonologie Chinoise* p. 407.

②⑤ 合口二等"雏"字平凉读[tʂ‘-]。

③ 仄声开口二等"俟、仕、士、事"及开口三等"示、谥"等在此六种方音中均读[s-]。

④ 开口三等"乘、蛇"二字在兰州、平凉、西安、三水读[ʈ‘-],文水、兴县读[tʂ‘-]。

切韵声类	並		定		澄							从				群	
条件	平	仄	平	仄	平			仄				平		仄		平	仄
					二等	三等		二等		三等		一等	四等	一等	四等		
读音 方音类别					开	开	合	开	合	开	合						
兰州	pʻ	p	tʻ	t	tsʻ	ʈʻ		ts	ʈ	ʈ		tsʻ	tɕʻ	ts	tɕ	tɕʻ	tɕ
平凉	pʻ	p	tʻ	t	tsʻ	ʈʻ		ts	ʈ	ʈ		tsʻ	tɕʻ	ts	tɕ	tɕʻ	tɕ
西安	pʻ	p	tʻ	t	tsʻ	ʈʻ	pfʻ	ts	pf	ʈ	pf	tsʻ	tɕʻ	ts	tɕ	tɕʻ	tɕ
三水	pʻ	p,pʻ	tʻ	t	tsʻ	ʈʻ	tsʻ	ts		ʈ	ts	tsʻ		ts,tsʻ		tɕʻ	tɕ
文水	pʻ	p	tʻ	t	tsʻ	tʂʻ	tsʻ	ts		tʂ	ts	tsʻ	tɕʻ	ts	tɕ	tɕʻ	tɕ
兴县	pʻ	p	tʻ	t	tsʻ	tʂ	tsʻ	ts		tʂ	ts	tsʻ	tɕʻ	ts	tɕ	tɕʻ	tɕ
开蒙要训	① *p		*t		*c							*ts	*c	*ts	*c	*k	
大乘中宗见解	pʻ		tʻ,d		cʻ,j							tsʻ				kʻ	
千字文	b		d		j							dz				g	
金刚经	b		d		j							dz				g	
阿弥陀经	b		d		j							dz				g	

(2) 舌上音与正齿音的混并

在前面所引的四种藏音跟《开蒙要训》的注音里，“舌上音”知、彻同“正齿音”照、穿都混而不分，这究竟是实际读音的混合，还是写法上的混合，是很值得注意的。照理论上讲，知、彻的音值无论是[ʈ]、[ʈʻ]或[ȶ]、[ȶʻ]，都不能用藏文所有的字母来直接译写出来，那么，因为用近似的 c、cʻ 替代以致跟照、穿混同，自然是

① 表中双线以上之音符为国际音标，双线以下者为藏语罗马字。两式宽严不同，音值亦异，如同一[tɕ]音而前者用 tɕ，后者用 c；同一 y 号而前者读[y]，后者读[j]，宜分别观之，以免牵混。下同。

可能的现象。然而在现代西北方音里，知、彻跟照、穿也是混而不分的，例如：

切韵声类 条件 读音 方音类别	知照				彻穿			
	二等		三等		二等		三等	
	开	合	开①	合	开	合②	开③	合
兰州	ts	ʈ	tʂ,ʈ	ʈ	tsʻ	ʈʻ	tʂʻ,ʈʻ	ʈʻ
平凉	ts	ʈ	tʂ,ʈ	tʂ,ʈ	tsʻ	tʂʻ,ʈʻ	tʂʻ,ʈʻ	tʂʻ,ʈʻ
西安	ts	pf	tʂ,ʈ	pf	tsʻ	pfʻ	tʂʻ,ʈʻ	pfʻ
三水	ts		tʂ,ʈ	ts	tsʻ		tʂʻ,ʈʻ	tsʻ
文水	ts		tʂ	ts	tʂʻ		tʂʻ	tsʻ
兴县	ts		tʂ	ts	tsʻ		tʂʻ	tsʻ
开蒙要训	*c				*cʻ			
大乘中宗见解	c				cʻ			
千字文	c				cʻ			
金刚经	c				cʻ			
阿弥陀经	c				cʻ			

由这种事实，就可以使我们推想“舌上音”跟“正齿音”在西北方音中的混合已然有很悠久的历史，那几种藏音所代表的就是当时实际的读音，而不仅是替代的写法；如果单是替代的写法，《开蒙要训》的注音就不会那样巧合了。我从前认为知、彻、澄、娘之混变自北宋已肇其端，至陈晋翁《切韵指掌图节要》有知、彻、澄、泥而无照、穿、床、娘，梅膺祚所据之《韵法直图》有照、穿、床、泥

①③ 止摄开口三等字在此六种方言中照母变[ts]，穿母变[tsʻ]。

② 彻母合口二等字兰州、平凉、西安亦读[tsʻ]，与穿母开合异读者不同。

而无知、彻、澄、娘，其证乃显[①]，由现在看起来，岂只北宋已肇其端，实从唐末即见其迹，不过娘母的读音（'j）在《阿弥陀经》跟《金刚经》的藏音里还没同泥母（'d）完全混淆罢了。

（3）摩擦音清浊的混并

摩擦音的浊声禅、邪、匣三母，在前面所引的藏音里除去时代较早的《阿弥陀经》跟译音本《大乘中宗见解》，还有三个禅母字“善źan、是źi、受źi'u”保持浊音，其余的已经完全混入清声审、心、晓了。可见浊摩擦音的变清要比浊破裂音早得多。在现代西北方音里，邪、匣两母的演变除去在i-介音前头受了腭化作用，其余是跟藏文对音一致的；惟独禅母的平声开口字大多数变成破裂音或破裂摩擦音，同床母三等字相近而不跟审母混合，要算是比较特别的地方。不过这种变化虽然是藏文所没有的，却不能就认为是后起的现象，因为在唐以前的汉梵对音里，以“阇、社”对ja，以重音“阇”及“社、膳、禅”对jha，是很普遍的现象[②]，因此我们可以说禅母的读音从很早就有了方音的歧异了。

总括上文所说，我把审、禅、心、邪、晓、匣六母在唐五代跟现代西北方音中的演变列成下表：

① 参阅历史语言研究所《集刊》第三本第二分260页（即《敦煌写本守温韵学残卷跋》）。

② 参阅《梵文腭音五母之藏汉对音研究》附录“四十九根本字诸经译文异同表”，历史语言研究所《集刊》第三本第二分276页后。

切韵声类 条件 读音类别 方音	审				禅				心 邪				晓 匣					
	二等		三等		平		仄		一等		四等		一等		二等		三、四等	
	开	合	开①	合	开②	合③	开④	合	开	合⑤	开⑥	合⑦	开	合	开⑧	合	开	合⑨
兰州	s	f	ʂ	f	ʈʻ	f,ʈʻ	ʂ	f	s		ɕ		x		x,ɕ	x	ɕ	
平凉	s	ʂ	ʂ	ʂ	ʈʻ	ʂ,ʈʻ	ʂ	ʂ	s		ɕ		x		x,ɕ	x	ɕ	
西安	s	f	ʂ	f	ʈʻ,ʂ⑩	f,pfʻ	ʂ	f	s		ɕ		x		x,ɕ	x	ɕ	
三水	s		ʂ	s	ʈʻ,ʂ⑪	s,tsʻ	ʂ	s	s				x		x,ɕ	x	ɕ	
文水	s		ʂ	s	tʂʻ	s,tsʻ	ʂ	s	s		ɕ		x		x,ɕ	x	ɕ	
兴县	s		ʂ	s	tʂʻ	s,tsʻ	ʂ	s	s		ɕ		x		x,ɕ	x	ɕ	
开蒙要训	*ç								*s		*ç		*h					
大乘中宗见解	ç								s				h					
千字文	ç								s				h					
金刚经	ç								s				h					
阿弥陀经	ç						ʐ(善)		s				h					

①②④　审、禅之止摄开口三等字在此六种方音中均读[s]。

③　禅母合口平声"垂、纯、醇"等兰州、平凉读[ʈʻ]，三水、文水、兴县读[tsʻ]，西安读[pfʻ]。

⑤　心母合口一等"酸、锁、算、损"等除三水外均变[ɕ]。

⑥　心、邪之止摄开口四等字在此六种方言中仍读[s]不变[ɕ]。

⑦　心、邪四等合口"虽、绥、宣、岁、宿"等在兰州、平凉、西安、三水仍读[s]不变[ɕ]。

⑧　晓母开口二等以读[x]为原则，但"孝、闲"等变[ɕ]；匣母开口二等以读[ɕ]为原则，但"衡、骇"等变[x]。

⑨　晓、匣两母在止摄及蟹摄之三、四等合口前仍读[x]，不变[ɕ]。

⑩⑪　禅母开口平声，"蝉、禅、宸、臣、偿、裳"等西安及三水读[ʂ]。

(4) 明、泥、疑三母的读音

在前面所引的四种藏音里，凡明母字之不附-n 或-ṅ 收声者皆对以'b，泥母字之不附-m 或-ṅ 收声者皆对以'd，而疑母字则不论收声是什么一律都变成'g，这类声母的变读要算是唐五代西北方音的一种特征。我在上文已经证明这个'b、'd、'g 前面的'号是含有鼻音成素的，因此我觉得这三母的读音应该同现代文水、兴县、平凉的[mb]、[nd]、[ŋg]相近。在我们从前所有的方言材料里，除去上面所举的三个山西方言以外，其他陕西、甘肃的方言还没有同样的佐证，最近白涤洲先生赴陕西调查，发现陕北的安塞、延川、清涧、吴堡、绥德、米脂等处也有类似的读法①，这便是从唐五代沙州附近的方音一脉相传下来的。假使我们有一天把现代西北方音全部调查清楚，我想由敦煌往东沿着长城以内，一定可以给这种声音的演变找出一条线索来。至于偏南的兰州、平凉、西安、三水等处方音，从这三母的读音看，便不能算是这种中古方音的直系后代了。

现在我把明、泥、疑三母在唐五代跟现代西北方音中的异同表列于下：

① 承白涤洲先生以调查纪录见示，特此声谢！

切韵声类 / 条件 / 读音 / 方音类别	明	泥		疑					
		一、二等①	三、四等	一等		二等		三、四等	
				开	合	开② ③	合④	开	合
兰州	m	l,n	ɲ	n	○	n,ɲ,○	○	ɲ,○	○
平凉	m	l,n	ɲ	ŋ,n	○	ŋ,ɲ,○	○	ɲ,○	○
西安	m	n	ɲ	ŋ	○	ŋ,ɲ,○	○	ɲ,○	○
三水	m	l	ɲ	ŋ	○	ŋ,ɲ,○	○	ɲ,○	○
文水	mb	nd	ɲȡ	ŋg	○	ŋg,ɲȡ,○	○	ɲȡ,○	
兴县	mb	nd	ɲȡ	ŋg	○	ŋg,ɲȡ,○	○	ɲȡ,○	
开蒙要训	*'b	*l		*'g					
大乘中宗见解	'b,m	'd,n		'g					
千字文	'b,m	'd,n		'g					
金刚经	'b,m	'd,n		'g					
阿弥陀经	'b,m	'd,n		'g					

(5) 齿头音与牙音的腭化

精、清、从、心、邪的四等跟见、溪、群、晓、匣的三、四等，在我所引的六种现代西北方音里，都受 i 介音的腭化作用而变成舌面前音[tɕ]、[tɕ‘]、[ɕ]。这种现象在《开蒙要训》的注音里已然有以从注澄、以照注从、以彻注清、以清注穿、以审注心、以邪注禅及以晓注心诸例(参阅 120—122 页)，可见从那时候起它们已然露

① 泥母一、二等兰州、平凉除遇摄外皆读[l]。

② 疑母开口二等“额、硬”等兰州读[n]，平凉、西安、三水读[ŋ]，文水、兴县读[ŋg]。

③④ 疑母开口二等“衙、颜、眼、咬”及三等“仪、言、银、牛”等兰州、平凉、西安、三水读[ɲ]，文水、兴县读[ɲȡ]。

了腭化的痕迹了。至于藏译汉音对于这两类声母虽然任意地附以 y-音，然而不单彼此不相杂厕，而且同 c、cʻ、ç 也截然不混。其中只在《大乘中宗见解》里有一个穿母的“称”字写作 kʻyin（参阅 44、52 页），这一定因为 kʻy 的读音同 cʻ[tɕʻ]相近然后才会相混。从这个仅有的暗示，我们便可以推想在《大乘中宗见解》的时代，见组声母的三、四等也开始有腭化的趋势了。所以“齿头音”的四等跟“牙音”的三、四等，在唐代西北方音至多不过受了[j]化(yodicized)，一定还没有到腭化(palatalized)的程度，但是从五代起已然开始有类似近代西北方音的演变了。现在我把它们的古今异同列成下表：

切韵声类 / 条件 / 读音 / 方音类别	精①	从②		清③	心邪④	见⑤	群⑥		溪⑦	晓匣⑧
	四等	四等		四等	四等	三、四等	三等		三、四等	三、四等
		仄	平				仄	平		
兰州	tɕ		tɕʻ		ɕ	tɕ		tɕʻ		ɕ
平凉	tɕ		tɕʻ		ɕ	tɕ		tɕʻ		ɕ
西安	tɕ		tɕʻ		ɕ	tɕ		tɕʻ		ɕ
三水	ts		tsʻ		s	tɕ		tɕʻ		ɕ
文水	tɕ		tɕʻ		ɕ	tɕ		tɕʻ		ɕ
兴县	tɕ		tɕʻ		ɕ	tɕ		tɕʻ		ɕ
开蒙要训	*tɕ			*tɕʻ	*ɕ	*k			*kʻ	*h(ɕ?)
大乘中宗见解	ts,dz	tsʻ,dz		tsʻ	s	k,g	kʻ,g		kʻ(cʻ?)	h
千字文	ts,dz	dz		tsʻ	s	k,g	g		kʻ	h
金刚经	ts	dz		tsʻ	s	k	g		kʻ	h
阿弥陀经	ts	dz		tsʻ	s	k	g		kʻ	h

①②③④　精、清、从、心、邪之四等在止摄及合口不变[y]音各韵前仍读[ts、tsʻ、s]。

⑤⑥⑦⑧　见、溪、群、晓、匣之三、四等在止、蟹、宕、通各摄之合口前仍读[k、kʻ、x]。

乙 韵母的比较

关于唐五代西北方音跟现代西北方音的韵母异同,我想提出五项最重要的问题来讨论:

(1) 鼻收声的消失

我在上文说:“(《千字文》的)-ṅ 收声在《切韵》的开唇元音[ɑ]、[a]、[ɐ]、[æ]、[e]的后面几乎完全消失,而在略圆唇元音[ɔ]、[o]或中性元音[ə]的后面却还照样地保存着,除去少数的例外,是很有规则的。”(参阅 88 页)在《开蒙要训》的注音里,我们也发现以庚注齐、以庚注祭、以清注齐、青齐互注诸例(参阅 137 – 138 页),跟《千字文》的演变完全相合。不过在其他三种藏音里,除去《阿弥陀经》的“行、名、经”,《金刚经》的“名”,《大乘中宗见解》的“明、名、命”等字以外,别的-ṅ 收声从写法上看还都没有消失。至于-n、-m 两收声,虽然在《阿弥陀经》、《金刚经》跟《千字文》里也看不出消变的朕兆,然而从《大乘中宗见解》的“言 'ge、免 mye、天 'de”(参阅 76 页)跟《开蒙要训》的“禁:敬”(参阅 151 页)之类看来,恐怕从五代起鼻收声的消失已然开始扩大范围了。有了这个过渡,然后我们才可以知道鼻收声在现代西北方音的消失是积渐而然的。其古今演变的异同,如下列三表:①

① 表中所列之方音以各韵之正则读法为准,其受声母影响而改变音值者别于下文第五节论之,此不阑入。

收声 / 切韵韵部 / 读音 / 方音类别	-m								
	覃	谈	咸	衔	凡	盐	严	添	侵
兰州	æ		æ, iæ̃		æ	iæ̃			iə̃
平凉	æ̃		æ̃, iæ̃		æ̃	iæ̃			iə̃
西安	æ̃		æ̃, iẽ		æ̃	iæ̃			iæ̃
三水	æ		æ, iæ		æ	iæ			iæ̃
文水	æ̃, ã		ã, iã		uã	iə̃			iə̃
兴县	əŋ, ã		ã, iã		uã	iŋ			iə̃
开蒙要训	* am					* yam			* im
大乘中宗见解	am					yam			im
千字文	am					yam, em			im
金刚经	am					yam, em			im
阿弥陀经	am					em			im

收声 / 切韵韵部 / 读音 / 方音类别	-n																	
	寒	山开	删开	仙开	先开	元开	桓	山合	删合	仙合	先合	元合	痕	真	欣	魂	谆	文
兰州	æ	æ, iæ̃		iæ̃			uæ	uæ		yæ			ɔ̃	iɔ̃		uɔ̃	yɔ̃	
平凉	æ̃	æ̃, iæ̃		iæ̃			uæ̃	uæ̃		yæ̃			ɔ̃	iɔ̃		uɔ̃	yũ	
西安	æ̃	æ̃, iæ̃		iæ̃			uæ̃	uæ̃		yæ̃			æ̃	iæ̃		uæ̃	yæ̃	
三水	æ	æ, iæ		iæ			uæ	uæ		yæ			æ̃	iæ̃		uæ̃	yæ̃	
文水	æ̃, ã	ã, iã		iẽ			uæ̃	uã		yẽ			ɔ̃	iɔ̃		ũ	yũ	
兴县	əŋ, ã	ã, iã		iŋ			uəŋ	uã		ỹ			ɔ̃	iɔ̃		uɔ̃	yɔ̃	
开蒙要训	* an	* an		* yan			* wan	* wan		* wan				* in		* un	* un	
大乘中宗见解	an	yen, en		yan, yen, en			wan	wan		wan, wen				in		on, un	un	
千字文	an	an		yan			wan			wan				in		on, un	un	
金刚经	an	yen, en		yan, yen, en			wan							in		on	un	
阿弥陀经	an	en		yan, yen, en			wan			wan				in			un	

收声 / 切韵韵部 / 读音 / 方音类别	-ŋ																			
	唐		阳		庚	耕	庚	清	青	庚	耕	庚	清①	青②	登	蒸	东	冬	东③	鍾	江④
	开	合	开	合	开二	开	开三	开	开	合二	合	合三	合	合	开	开	一等		三等		
兰州	ɔ̃	uɔ̃	iɔ̃	uɔ̃	ə̃		iə̃			uə̃		iə̃,yə̃			ə̃	iə̃	uə̃		uə̃,yə̃		ɔ̃,iɔ̃,uɔ̃
平凉	ã	uã	iã	uã	ə̃		iə̃			uə̃		iə̃,yũ			ə̃	iə̃	uə̃		uə̃,yũ		ã,iã,uã
西安	ã	uã	iã	uã	əŋ		iŋ			uoŋ		iŋ,yuŋ			əŋ	iŋ	uoŋ		uoŋ,yuŋ		ã,iã
三水	ã	uã	iã	uã	əŋ		iŋ			uoŋ		iŋ,yuŋ			əŋ	iŋ	uŋ		uŋ,yuŋ		ã,iã,uã
文水	ã	uã	iã	uã	ə̃		iə̃			ũ		iə̃,yũ			ə̃	iə̃	ũ		ũ,yũ		ã,iã,uã
兴县	ə	uə	iə	uə	ə̃		iə̃			uə̃		iə̃,yə̃			ə̃	iə̃	uə̃		uə̃,yə̃		ə,iə,uə
开蒙要训	*o		*yo,*o		*e		*e		*ye	*we		*we			*eṅ		*oṅ		*uṅ		aṅ
大乘中宗见解	oṅ	woṅ	yoṅ	oṅ	eṅ		eṅ,ye		yeṅ						iṅ		oṅ		uṅ		waṅ
千字文	o		yo	o	e		e		ye,e	we		we			eṅ		oṅ		uṅ		aṅ
金刚经	aṅ	waṅ	aṅ	waṅ	eṅ		eṅ,ye		yeṅ						iṅ		oṅ		uṅ		aṅ
阿弥陀经		waṅ	aṅ	waṅ	eṅ		eṅ,e		yeṅ yi						iṅ		oṅ		uṅ		waṅ

①② 庚韵合口三等唯喉音读撮口呼，清、青之合口除三水读“倾”作[tɕ‘yuŋ]外，余均变齐齿呼。

③ 东韵三等及锺韵除喉音读撮口呼外，余仍读合口，唯唇音字兰州、平凉变[ə̃]，西安、三水变[əŋ]。

④ 江韵唇音读开口呼，牙音读齐齿呼，舌上音及正齿音读合口呼，唯兰州、平凉、西安、三水之匣母及西安之舌上音、正齿音均读开口。

(2) 入声收声的消失

入声的-p、-t、-k 三种收声,藏音写作-b、-r(或 d)、-g,除去《金刚经》的“释 çi”,《大乘中宗见解》的“没 ma、亦 yi”三字外,其余都保存很好的。在《开蒙要训》里,我们却发现“栖:薛”(参阅 160 页)、“屐:巨”(参阅 163 页)两对注音,这里的“薛”字得要读* se 而不得读* syar,然后才能同“栖”相对;“屐”字得要读* ki 而不读* kig,然后才能同“巨”相对,那么-r、-g 两个收声从五代起也露出消失的痕迹了。到了现代西北方音,不单-b、-r、-g 变得连一点影儿都没有,而且因为收声的消失,把原来不同摄的入声也合并成一摄了。这种演变是古今西北方音相差很远的一点,它们并合的情形如下表所示:

收声 / 切韵韵部 / 读音 / 方音类别	-p								
	合	盍	乏	洽	狎	葉	业	帖	缉
兰州	a,o		a	a,ia		ie			i
平凉	a,o		a	a,ia		iə			i
西安	a,o		a	a,ia		iæ			i
三水	a,o		a	a,ia		iæ			i
文水	a		ua	a,ia		iæ			iə
兴县	ə		a	a,ia		iə			iə
开蒙要训	*ab					*yab			*ib
大乘中宗见解	ab					eb			ib
千字文	ab					yab,eb			ib
金刚经	ab					eb			ib
阿弥陀经	ab					ab(?)			ib

收声 / 切韵韵部 / 读音 / 方音类别	-t																	
	曷	鎋	黠	月	薛	屑	末	鎋	黠	月	薛	屑	栉	质	迄	没	術	物
		开	开	开	开	开		合	合	合	合	合						
兰州	a	a		ie			o	ua		yo			ei	i		u	y	
平凉	a	a		iə			o	ua		yə			æi	i		u	y	
西安	a	a		iæ			o	ua		yə			ei	i		u	y	
三水	a	a		iæ			o	ua		yo			ei	i		u	y	
文水	a	a		iæ			ua	ua		yæ			a	iə		uo	yə	
兴县	a	a		iə			uə	ua		yə			ə	iə		uə	yə	
开蒙要训	*ar			*yar			*war			*war				*ir		*ur		
大乘中宗见解	ar			yar, er			war			war				ir		ur		
千字文	ar			yar, er						war				ir		ur		
金刚经	ar			yer			ar(唇)			war				ir		ur		
阿弥陀经	ar						ad(唇)			ad(唇)				ir		ur		

收声	-k																		
读音 \ 切韵韵部	昔	锡	职	屋	沃	德	屋	烛	铎	觉	药	觉	铎	药	德	陌	麦	陌	麦
方音类别	开	开	开	一		合	三		开	见晓	开	知照	合	合	开	开	开	合	合
兰州	i			u		uei	y		o	yo		o	o	u	ei			uei	
平凉	i			u		uæi	y		o	yo		o	uo	u	æi			uæi	
西安	i			u		uei	y		o	yo		o	uo	o	ei			uei	
三水	i			u		uei	y		o	yo		ə	uo	o	ei			uei	
文水	iə			uə		uə	yə		a	yə, iæ		ua	ua		ə	a		ua	
兴县	iə			uə		uə	yə		ə	iə		uə	uə	uə	ə			uə	
开蒙要训	*ig			*og		og	*ug		*ag	*yag		*wag			*eg			*weg	
大乘中宗见解	yig, ig			og		og	ug		ag	ag					eg, ig				
千字文	yig, ig			og		ug	ug		ag	yag					eg			weg	
金刚经	ig			og		og	ug		ag	yag					ig				
阿弥陀经	yig, ig					og, ug	ug		ag	yag					ig				

(3) 一等[ɑ]与二等[a]的区别

一等[ɑ]跟二等[a]的分别，在四种藏音里《千字文》可以分辨咍、泰与皆、佳，豪与肴的不同；《阿弥陀经》《金刚经》跟《大乘中宗见解》可以分辨寒与山的不同；至于歌、麻的差异，只从《大乘中宗见解》里的“可k‘o、我’go”两个变音可以看出一点痕迹来，此外各韵在写法上就都混而不分了。但是[ɑ]，[a]两音在藏文的写法上虽然不分，而实际的语音却未必不分；这不单从藏音里偶然流露出来的那几个遗迹可以使我们相信它是可能的，并且在现代西此方音里也可以供给我们许多的佐证。我现在先把这两音在唐五代西北方音跟现代西北方音中的演变列成下面的两个表：

元音等列	一等[ɑ]														
切韵韵部	歌	戈	咍	灰	泰		覃	谈	寒	桓	豪	合	盍	曷	末
切韵音	ɑ	uɑ	ại	uại	ɑi	uɑi	ạm	ɑm	ɑn	uɑn	ɑu	ạp	ɑp	ɑt	uɑt
兰州	o	o	æ	uei	æ	uei	æ			uæ	o	o，a			o
平凉	o	uo，o	æ	uæi	æ	uæi	æ̃			uæ̃	au	o，a			uo，o
西安	o	uo，o	æ	uei	æ	ui	æ			uæ̃	au	o，a			uo，o
三水	ə，o	uo，o	æ	uei	æ	ui	æ̃			uæ	au	o，a			uo，o
文水	ɯ	uɯ，ɯ	æi	uei	æi	uei	æ̃			uæ̃	au	a			ua
兴县	ə	uo，o	æ	uæ	æ	uæ	ã，əŋ			uəŋ	au	ə，a			uə
开蒙要训	*a	*wa	*ai	*wai	*ai	*wai	*am		*an	*wan	*au	*ab		*ar	*war
大乘中宗见解	a，o	wa	e	we	e	we	am		an	wan	e'u			ar	war
千字文	a	wa	a'i	wa'i		wa'i	am		an	wan	a'u e'u	ab		ar	
金刚经	a	wa	e'i	we'i	e'i	we'i	am		an	wan	e'u	ab		ar	war
阿弥陀经	a		e	we	e	we	am		an	wan	e'u	ab		ar	wad

元音等列	二等[a]																			
切韵韵部	麻		皆		佳		夬	咸	衔	山开	删开	山合	删合	肴	洽	狎	辖开	黠开	辖合	黠合
切韵音	a	wa	ại	wại	ai	wai	wai	ạm	am	ạn	an	wạn	wan	au	ạp	ap	ạt	at	wạt	wat
兰州	a, ia	ua	æ, ie	uæ	æ, ie, ia	ua	ua, uæ	æ, iæ̃				uæ		o, io	a, ia				ua	
平凉	a, ia	ua	æ, iə	uæ	æ, iə, ia	ua	ua, uæ	æ̃, iæ̃				uæ̃		au, iau	a, ia				ua	
西安	a, ia	ua	æ, iæ	uæ	æ, iæ, ia	ua	ua, uæ	æ̃, iæ̃				uæ̃		au, iau	a, ia				ua	
三水	a, ia	ua	æ, iæ	uæ	æ, iæ, ia	ua	ua, uæ	æ, iæ				uæ		au, iau	a, ia				ua	
文水	a, ia	ua	ai, iæi	uæi	ai, iæi, ia	ua	ua, uæi	ã, iã				uã		au, iau	a, ia				ua	
兴县	a, ia	ua	ai, iæ	uai	ai, iæ, ia	ua	ua, uai	ã, iã				uã		au, iau	a, ia				ua	
开蒙要训	*a	*wa	*ei	*wei	*a	*wa		*am		*an		*wan		*au	*ab		*ar		*war	
大乘中宗见解	a	wa	e		a	we		am		en		wan		e'u			ar			
千字文	a		e'i	we'i	a	wa		am		an				a'o, e'u	ab		ar			
金刚经	a	wa	e'i		a					en							ar			
阿弥陀经		wa	e							en										

如果把上面两个表对照一看,我们立刻就可以觉得一等[ɑ]跟二等[a]在现代西北方音中并不是朝着一个方向演变的,只有删、山两韵的合口要算是唯一的例外。这两个音既然在《切韵》里本来有分别,并且在现代方音里也有不同的演变,那么,即使在藏文的写法上完全看不出痕迹,我们也得承认它们在唐五代西北方音中应该有侈弇的不同,否则在演变的历程上就滞碍难通了。

(4) 模、鱼、虞的演变

在前面那四种藏音里,模韵除唇音字外还没有变u,鱼韵也游移于i、u之间,并没同虞韵完全混淆。不过鱼韵在《阿弥陀经》、《金刚经》里i多于u,在《千字文》里i、u不相上下,在《大乘中宗见解》里却u多于i,由这两音的消长上看,恐怕从五代起鱼、虞渐有混而不分的趋势了。在现代西北方音里,模韵已全变[u],鱼、虞两韵也已合而为[y],不过因为受声母的影响各方音间却微有参差。其演变的情形如下页表。

由这个表看起来,可知模韵的本读现代西北方音除去在齿头音跟泥、来两母的后面还保存着,其余完全同唐五代西北方音两样了。至于藏音中译注鱼、虞的u,由现代西北方音逆溯起来,那无疑是来替代[y]音的。

(5) 声母对于韵母的影响

关于声母对于韵母的影响,我们在藏译汉音里已然发现了三种有趣的现象:(a)合口韵母在p组后皆变开口;(b)o、eu、iu三韵在p组声母后皆变u韵;(c)齐齿的韵母在c组声母后往往省却y介音(参阅

100－101页)。这三种现象,在现代西北方音里有的还照样保存着,有的稍微发生一点儿变化,另外却还增加了些个从前所没有的演变。

切韵韵部 / 声母部位 / 读音 / 方音类别	模				鱼		虞		
	喉牙唇	舌头	泥来	齿头	舌上正齿半齿	喉牙齿类半舌	舌上正齿半齿	唇	喉牙齿类半舌
兰州	u			ɥ	u	y	u		y
平凉	u		ou	ɥ	ɥ	y	ɥ	u	y
西安	u	ou			u	y	u		y
三水	u		ou	ɥ	ɥ	y	ɥ	u	y
文水	u		əʉ		u	y	u		y
兴县	u		o		u	yi	u		yi
开蒙要训	*o, *u(唇)				*u, *i		*u		
大乘中宗见解	o,u(唇)				u,i		u		
千字文	o,uo,u(唇)				u,i		u		
金刚经	o,u				i,u		u		
阿弥陀经	o,u				i,u		u		

若从韵母所受的影响来类别,我们可以把声母分成四组:

(a) 牙音跟喉音

这一组声母可以使二等的[a]元音变成[ia]。例如:

汉字	藏音	切韵音	兰州	平凉	西安	三水	文水	兴县
嘉	ka’	ka	tɕia	tɕia	tɕia	tɕia	tɕia	tɕia
下	ha’	ɣa	ɕia	ɕia	ɕia	ɕia	ɕia	ɕia
雅	’ga	ŋa	ia	ia	ia	ia	ia	ia
階	ke’i	kại	tɕie	tɕiə	tɕiæ	tɕiæ	tɕiæi	tɕiæi

汉字	藏音	切韵音	兰州	平凉	西安	三水	文水	兴县
解	ka'	kai	tɕie	tɕiə	tɕiæ	tɕiæ	tɕiæi	tɕiæi
交	ke'u	kau	tɕio	tɕiau	tɕiau	tɕiau	tɕiau	tɕiau
閑	han	ɣ̣an	ɕiæ̃	ɕiæ̃	ɕiæ̃	ɕiæ	ɕiæ̃	ɕiæ̃
雁	'gan	ŋan	iæ̃	iæ̃	iæ̃	iæ	ɲȡiã	iã
甲	kab	kap	tɕia	tɕia	tɕia	tɕia	tɕia	tɕia

上面的九个例,在《千字文》里除去肴韵的“交”字跟皆韵的“阶”字露出演变的痕迹以外,其余的还都没发生变化;不过在《阿弥陀经》、《金刚经》跟《大乘中宗见解》里却另有山韵的“间 ken、kyen”跟产韵的“眼 'gen、'gyen”,已经显然变成细音了(参阅 75 页)。这种演变尚不只西北方音为然,在多数“官话”系的方言里都有类似的现象。它所以专在二等韵里出现,正可作一等是后[ɑ]、二等是前[a]的好证据。因为元音偏前,声母偏后,于是产生出一个[i]音渡(glide)来,因为有了这个[i]音渡,于是声母才跟在三等韵前一样地受了腭化。所以这一组的声母跟韵母可以说是互为因果的。

(b) 舌上音与正齿音

这一组声母对于韵母有两种影响:

第一,可以使细音的齐撮韵母变为洪音的开合韵母。例如:

汉字	藏音	切韵音	兰州	平凉	西安	三水	文水	兴县
舍	çya	ɕĭa	ʂæi	ʂə	ʂə	ʂə	ʂɯ	ʂə
抽	c'e'u	ȶ'ĭə̆u	ʈ'əɯ	ʈ'ou	ʈ'ou	ʈ'ou	tʂ'əʉ	tʂ'o
守	çi'u	ɕĭə̆u	ʂəɯ	ʂou	ʂou	ʂou	ʂəʉ	ʂo

汉字	藏音	切韵音	兰州	平凉	西安	三水	文水	兴县
招	ca'u	ȶɕĭæu	ʈɔ	ʈau	ʈau	ʈau	ʈʂau	ʈʂu
趙	ja'u	ȡʻĭæu	ʈɔ	ʈau	ʈau	ʈau	ʈʂau	ʈʂu
箴	cim	tɕĭəm	ʈə̃	ʈə̃	ʈæ̃	ʈæ̃	ʈʂə̃	ʈʂə̃
神	çin	dʑʻĭĕn	ʂə̃	ʂə̃	ʂæ̃	ʂæ̃	ʂə̃	ʂə̃
帳	coṅ	ȶĭaŋ	ʈɔ̃	ʈã	ʈã	ʈã	ʈʂu	ʈʂə
唱	cʻo'o	tɕʻĭaŋ	ʈʻɔ̃	ʈʻã	ʈʻã	ʈʻã	ʈʂʻã	ʈʂʻə
蒸	ciṅ	tɕĭəŋ	ʈə̃	ʈə̃	ʈəŋ	ʈəŋ	ʈʂə̃	ʈʂə̃
設	çar	ɕĭæt	ʂæi	ʂə	ʂə	ʂə	sa	ʂə
轉	jwen	ȶĭwæn	ʈuæ	ʈuæ̃	psæ̃	tsuæ	tsuæ̃	tsuəŋ
充	cʻun	tɕʻioŋ	ʈʻuə̃	ʈʻuə̃	pfʻəŋ	tsʻoŋ	tsʻũ	tsʻuə̃
鍾	cuṅ	tɕĭwoŋ	ʈuə̃	ʈuə̃	pfəŋ	tsoŋ	tsũ	tsuə̃
寵	cʻuṅ	ȶʻĭwoŋ	ʈʻuə̃	ʈʻuə̃	pfʻəŋ	tsʻoŋ	tsʻuõ	tsʻuə̃
燭	cwag	tɕĭwok	ʈu	tsʮ	pfu	tsʮ	tsuə	tsuə

上面这 16 个例可以代表麻(开三)、尤、宵、侵、真(开)、阳(开)、蒸、薛(开)、仙(合)、东(三)、鍾、烛 12 韵。这几韵里属于其他声母的字，现代西北方音仍旧读作细音而不读作洪音，同这一组的读法是不一致的。例如：

汉字	藏音	切韵音	兰州	平凉	西安	三水	文水	兴县
且	tsʻya	tsʻĭa	tɕʻie	tɕʻiə	tɕʻiæ	tsʻiæ	tɕʻie	tɕʻiə
求	gi'u	gʻjĭə̆u	tɕʻiɯ	tɕʻiu	tɕʻiu	tɕʻiu	tɕʻieʉ	tɕʻio

汉字	藏音	切韵音	兰州	平凉	西安	三水	文水	兴县
飘	p‘ya’u	p‘jĭæu	p‘iɔ	p‘iau	p‘iau	p‘iau	p‘eɯ	p‘iu
心	sim	sĭəm	ɕiə̃	ɕiə̃	ɕiæ̃	siæ̃	ɕiə̃	ɕiə̃
銀	’gin	g‘jĭĕn	iə̃	iə̃	iæ̃	iæ̃	ɲɖ̤iə̃	iə̃
墻	dz‘yo	dz‘ĭaŋ	tɕ‘iɔ̃	tɕ‘iã	tɕ‘iã	ts‘iã	tɕ‘yũ	tɕ‘iə̃
凌	leṅ	ljĭəŋ	leə̃	leə̃	leŋ	leŋ	leə̃	leə̃
滅	’byar	mjĭæt	miə	miə	miæ	miæ	mbiæ	mbio
宣	swan	sĭwæn	ɕyæ	ɕyæ̃	ɕyæ̃	ɕyæ	syẽ	ɕy
用	yoṅ	ĭwoŋ	yə̃	yũ	yuŋ	yuŋ	yũ	yə̃
曲	k‘wag	k‘jĭwok	tɕ‘y	tɕ‘y	tɕ‘y	tɕ‘y	tɕ‘yə	tɕ‘yə

拿这些字同上面那一组逐韵对比,我们便可以看出同属一韵而洪细异读的现象来,前者所以由细变洪,无疑是受舌尖后音(Supradentals)的硬化所致。这种演变在唐五代的时候还没有发生,因为藏译汉音中虽然齐齿韵母在 c 组声母的后头也往往省却 y 介音,然而若一参照现代藏语的读音以及穿母的“称”字可以误注为 k‘yiṅ(参阅 44 页),我们只能承认这是受舌面前音[tɕ]、[tɕ‘]、[dʑ]、[ɕ]、[ʑ]的同化,而不是受[tʂ]、[tʂ‘]、[dʐ]、[ʂ]、[ʐ]的硬化。惟其如此,所以主要元音 i 可以不至变移,介音 y-也可以有时省,有时不省。至于合口的三、四等,藏音也译作 u-或 w-,那是因为藏文根本没有撮口音的缘故,这不单在本组声母的后面为然,就是在别组声母的后面也是一样的。所以这一组声母在现代西北方音里大部分变成舌尖后音,因而使齐齿、撮口两韵都受了硬化,要算是比较后起的现象。

第二,可以使单纯的[i]韵或[y]韵变成[ʅ]或[ʮ]。例如:

汉字	藏音	切韵音	兰州	平凉	西安	三水	文水	兴县
持	ji	ȡʻi	tʂʻʅ	tʂʻʅ	tʂʻʅ	tʂʻʅ	tʂʻʅ	tʂʻʅ
馳	ji' i	ȡʻiě	tʂʻʅ	tʂʻʅ	tʂʻʅ	tʂʻʅ	tʂʻʅ	tʂʻʅ
治	li(?)	ȡʻi	tʂʅ	tʂʅ	tʂʅ	tʂʅ	tʂʅ	tʂʅ
實	çig	ʑĭək	ʂʅ	ʂʅ	ʂʅ	ʂʅ	ʂə	ʂə
適	çig	ɕĭæk	ʂʅ	ʂʅ	ʂʅ	ʂʅ	ʂə	ʂə
諸	cu	tɕĭo	ʈu	tʂʯ	pfu	tsʮ	tsu	tsu
楚	cʻu	tʂʻĭo	ʈʻu	tʂʻʯ	pfʻu	tsʻʮ	tsʻu	tsʻu
疏	çi	ʂĭo	fu	ʂʯ	fu	sʮ	su	ʂu
黍	çi	ɕĭo	fu	ʂʯ	fu	sʮ	su	su
庶	çi	ɕĭo	fu	ʂʯ	fu	sʮ	su	su
叔	çug	ɕĭok	fu	ʂʯ	fu	sʮ	suə	suə
孰	çug	ʑĭok	fu	ʂʯ	fu	sʮ	suə	suə

这种演变也由于舌尖后音的硬化所致。止摄开口的"正齿音"在这六种西北方音里全变成舌尖前音,所以它的韵母就读[ɿ]而不读[ʅ];止摄合口的"舌上音"跟"正齿音"兰州、西安变[f],三水、文水、兴县变[s],所以它的韵母就读[u]或[ʮ]而不读[ʯ];可见[i]、[y]之变[ʅ]、[ʯ]完全是受舌尖后音的影响。上文所列的藏音第四摄里,只有"事、所"两字间或写作-e,其余的"舌上音"跟"正齿音"仍同别组声母一样读-i(参阅66、67页),如果"事、所"两字里的-e不过是写法上偶然的歧异,那么,我们就可以给c组声母不读舌尖后音的说法又找到一个旁证了。

日母的变化也同这一组声母相近,例如烛韵的字在别组声母后面现代西北方音本来是读撮口的，而“辱”字在平凉就变成[ʐʯ]，这跟“烛”之变[tʂʯ]是一样的情形。其他由细音变洪音的，也可以照上述第一种演变来类推。然而日母的止摄开口字却单独有一种特异的演变，例如：

汉字	藏音	切韵音	兰州	平凉	西安	三水	文水	兴县
兒	źi	ȵʑiĕ	ær	œr	ər	ər	ər	ər
耳	źi	ȵʑiː	ær	œr	ər	ər	ər	ər
二	źi	ȵʑiː	ær	œr	ər	ər	ər	ər

这种演变在现代大多数“官话”系的方言里是很普遍的。在唐代西北方音里除去《阿弥陀经》把“而”字译作źi、źu 两读，《金刚经》把“而、尔”两字译作źe，此外跟其他止摄字完全没有分别。

（c）舌头音跟齿头音

这一组可以把来、泥两母包括在内，它在现代西北方音里并没使韵母的读音发生多大影响，然而要变起来总是成套地变。例如模韵字在西安方言里别组都读[u]，而这一组全变成[ou]；戈韵字在平凉、西安、三水、兴县四种方言里“喉音”跟“牙音”读[uo]，而这一组全变[o]。惟独“齿头音”的止摄开口字却另外有一种特异的演变，是不跟“舌头音”一致的。例如：

汉字	藏音	切韵音	兰州	平凉	西安	三水	文水	兴县
子	tsi	tsiː	tsʅ	tsʅ	tsʅ	tsʅ	tsʅ	tsʅ
紫	tsi	tsiĕ	tsʅ	tsʅ	tsʅ	tsʅ	tsʅ	tsʅ
次	ts‘i	ts‘i	ts‘ʅ	ts‘ʅ	ts‘ʅ	ts‘ʅ	ts‘ʅ	ts‘ʅ
自	dzi	dz‘i	tsʅ	tsʅ	tsʅ	tsʅ	tsʅ	tsʅ

汉字	藏音	切韵音	兰州	平凉	西安	三水	文水	兴县
肆	si	si	sɿ	sɿ	sɿ	sɿ	sɿ	sɿ
嗣	si	ziː	sɿ	sɿ	sɿ	sɿ	sɿ	sɿ
祀	si	ziː	sɿ	sɿ	sɿ	sɿ	sɿ	sɿ

这种演变在现代大多数“官话”系的方言里也是很普遍的，不过在唐代西北方音里除去《阿弥陀经》跟《金刚经》把“子”字译作 tse 以外，其余却同别组一样读 i，还没露出演变的痕迹来呢。

(d) 重唇音跟轻唇音

这一组的声母可以使合口韵母变成开口，在西北方音里从唐代到现在都是一贯的。例如：

汉字	藏音	切韵音	兰州	平凉	西安	三水	文水	兴县
磨	'ba	muɑ	mo	mo	mo	mo	mɯ	mə
頗	p'a	p'uɑ	p'o	p'o	p'o	p'o	p'ɯ	p'ə
肥	bi	b'jwĕi	fei	fæi	fi	fei	xuei	fuæ
微	'byi	mjwĕi	uei	væi	vei	uei	uei	væ
杯	pa'i	pwạ̣i	pei	pæi	pei	pei	pæi	pæ
陪	ba'i	b'uạ̣i	p'ei	p'æi	p'ei	p'ei	p'æi	p'æ
背	ba'i	puạ̣i	pei	pæi	pei	pei	pæi	pæ
皤	ban	b'uɑn	p'æ	p'æ̃	p'æ̃	p'æ	p'æ̃	p'əŋ
煩	ban	b'jĭwɐn	fæ	fæ̃	fæ̃	fæ	xuã	fuã
飯	ban	b'jĭwɐn	fæ	fæ̃	fæ̃	fæ	xuã	fuã
晚	'ban	mjĭwɐn	uæ	uæ̃	væ̃	uæ	uã	vã

上面这几个例里,“肥、烦、饭”三字的声母在文水变成[x],所以才保留住合口的本读,若像兴县那样声母读[f]而u介音不受异化作用的,要算是很少见的例外。至于“微、萬”两字所以在兰州、三水、文水仍然读作合口,那是受声母变读的影响,它们韵首的[u]音应该经过[mj]>[ɱ]>[v]>[u]的演变,却不是合口介音的遗留,它的性质跟平凉、西安、兴县的[v]是一样的。

此外,像侯、尤两韵在这一组声母的后头变成[u],现代西北方音也完全跟唐代的藏译汉音相同。不过模韵却不单在唇音后变u,就是在“喉”、“牙”、“舌头”等音后也都发生同样的变化(参阅199页),这同唐代西北方音已然相差很远了。

我在第二章里曾经说,藏译汉音虽然不能“绝对照原样写下来”,然而总比反切要精确得多。但是这种注音的缺点:第一,对于藏语本来没有的音,不能不勉强用近似的音来替代;第二,因为记音者个人的差异,往往同样的音会有两样的写法。明白这两点,然后才不至于把藏文写法上的异同完全当做实际语音的异同。关于这两点,凡是从藏音的参互错综处可以窥见消息的,我在第二章里已然分组分摄地讨论过了;由这番比较现代西北方音的结果,我又发现些个从藏音中看不出来的痕迹。因此我们对于第二章里根据藏音所归纳的唐五代西北方音系统,有几点应当特别注意:

(a) 藏文写法同而实际语音未必同者:

1. 轻唇音非、敷、奉的p‘应读为[pf‘],与滂母的p‘[p‘]不同;

2. 一等韵歌、戈、咍、灰、泰、豪、覃、谈、寒、桓、合、(盍)[1]、曷、

① 凡韵目外加括弧者藏音中皆无例字。

末中的 a 应读为[ɑ],与二等韵麻、皆、佳、(夬)、肴、咸、衔、山、删、(洽)、狎、(鎋)、黠中的 a[a]不同;

3. 唐、阳的 o 应读为[oɣ̃],与模韵的 o[o]不同;

4. 庚、清、青的 e 应读为[eɣ̃],与齐韵的 e[e]及登、蒸韵中的 e[ə]均不同;

5. 侯韵中的 e 应读为[ə],与宵、萧韵中的 e[iæ]不同;

6. 鱼、虞的 u 应读为[y],与由模、侯、尤唇音变来的 u[u],及脂、支、微合口的 u[ui]均不同;

7. 三、四等合口韵中的 w-或 u-应读为[y],与一、二等合口韵中的 w-或 u[u]不同。

上面所举的[a]、[oɣ̃]、[eɣ̃]、[ə]、[y]几个音都是藏语中所没有的,因为用相近的音来勉强替代,所以在写法上就跟[ɑ]、[o]、[e]、[u]等音没有分别了。

(b) 实际语音同而藏文写法微异者:

1. 唐、阳《千字文》作 o,《大乘中宗见解》作 oṅ,实际均应读[oɣ̃];

2. 庚、清、青《千字文》作 e、ye,其他三种藏音作 eṅ、ye 或 e、yeṅ,实际均应读[eɣ̃]或[ieɣ̃];

3. 三等宵、盐、严、仙、元、清、葉、业、帖、薛、月及四等萧、添、先、青、帖、屑中的 ya-或作 ye-、e-,实际均应读[iæ]或[ie];

4. 豪《千字文》作 a'u 或 e'u,其他三种藏音作 e'u,实际均应读[ɑu];

5. 咍、泰、灰《千字文》作 a'i、wa'i,皆、佳、祭作 e'i,齐作 e'i 或 e,《金刚经》均作 e'i,《阿弥陀经》及《大乘中宗见解》均作 e,实际一等应读[ɑi],二等应读[ai],三、四等应读[iæi]或[e]。

上面这五条,(1)、(2)是由译音者所用的替代方法不同,(3)

是受“i-umlaut”的影响，以致听感上发生牵混，至于(4)、(5)两条，则完全由于藏语的韵尾元音有一种特别作用的缘故。照现代藏语的读法，韵尾辅音-d、-l、-s或韵尾元音-i、-u都可以使它们前面的主要元音改变了本来的音彩。① 例如：

a > e 的：

bal(羊毛) > ṗe　　k‘a-i(口的) > k‘ē　　rta-bu(小鸟) > rta-u > rteu

o > ö 的：

bro-pa(逃避) > t́rö-pa　　ro-ĭ(尸骸的) > ro-ï > rö

u > ü 的：

lud(肥料) > lü　lus(身体) > lü̯̂　bu-i(儿子的) > ṗu-ï > ṗü

这种音变，想来从唐代就发生了。明白这个道理，我们对于 a’u 与 e’u、a’i 与 e’i、e’i 与 e 之似异而实同，自然可以不觉得奇怪了。

(c) 由藏文写法可以窥见音变先后者：

1. 全浊变次清：在《阿弥陀经》、《金刚经》跟《千字文》里全浊仍读本音，惟《大乘中宗见解》多数变入次清：

2. 牙音腭化的肇端《大乘中宗见解》里以 k‘yiṅ 对译穿母“称”字，已然露出溪母腭化的痕迹，这是其他三种藏音里所没有的现象；

3. 禅母浊音遗迹：禅母在四种藏音中已与审母无别，惟《阿弥陀经》中还有一个“善”字注作źan；

4. 歌、麻的分化：歌、麻本有侈弇之别，但在藏音的写法上均无分别，惟《大乘中宗见解》里有“可、我”两字变作 o，虽可逆溯[ɑ]、[a]的不同，实系较晚的演变；

① C. A. Bell *Grammar of Golloquial Tibetan*. pp. 7, 10.

5. 唐、阳收声的消失：唐、阳在《阿弥陀经》跟《金刚经》里作 aṅ，《千字文》作 o，《大乘中宗见解》作 on，可作［ŋ］音消变后影响元音的证据；

6. 鱼韵 i、u 两音的消长：鱼韵在藏音里有 i、u 两读，但《阿弥陀经》、《金刚经》i 多于 u，《千字文》i、u 相当，《大乘中宗见解》则 u 多于 i，这两音的消长很可看出演变的先后来；

7. 山摄入声的-d 变-r：山摄入声的收声《阿弥陀经》作-d 或-r，其他三种藏音均作-r，-d 先-r 后，理至显然。

上面七条都是有规律的音变，同前面所举的那些替代音跟参差的写法完全得另眼看待。因为凡是我们所认为较早的读音，都发现在《阿弥陀经》跟《金刚经》里，凡是较后的演变，都发现在《千字文》跟《大乘中宗见解》里，在这七条间绝对没有冲突牴牾的地方。因此我们对于这四种藏音的时代先后就可以约略考定了。

最后，我想根据以上所有的材料①，把这一系方言的实际语音同它从唐朝到现在的演变，分别拟测出来，作为全文的总结：

唐五代西北方音的声系及其演变

切韵	第八世纪	第九世纪	第十世纪	近代
帮 p	*p	p	p	p
滂 p‘	*p‘	p‘	p‘	p‘

① 《开蒙要训》注音中之全浊全清互注例当系代表另一方音，故拟测此系方音并未引为根据。

切韵	第八世纪	第九世纪	第十世纪	近代
並 b‘	*b‘	b‘(平)b(‘)(仄)	p‘(平)b(仄)	p‘(平)p(仄)
明 m	*m,mb	m,mb	m,mb	m,mb
非 pf 敷 pf‘	*pf‘	pf‘	pf‘	f,x
奉 b‘v	*b‘v	b‘v(平)bv(‘)(仄)	pf‘(平)bv(仄)	f,x
微 ɱ	*ɱbv	ɱbv	ɱbv	v
端 t	*t	t	t	t
透 t‘	*t‘	t‘	t‘	t
定 d‘	*d‘	d‘(平)d(‘)(仄)	t‘(平)d(仄)	t‘(平)t(仄)
泥 n	*n,nd	n,nd	n,nd	n,nd
来 l	*l	l	l	l
知 ʈ、ȶ 照 ʈʂ、tɕ	*tɕ	tɕ	tɕ	ʈ,ʈʂ,ts,pf
彻 ʈ‘、ȶ‘ 穿 ʈʂ‘、tɕ‘	*tɕ‘	tɕ‘	tɕ‘	ʈ‘,ʈʂ‘,ts‘,pf‘
澄 ɖ‘,ȡ	*dʑ‘	dʑ‘(平)dʑ(‘)(仄)	tɕ‘(平)dʑ(仄)	ʈ‘,ʈʂ‘,ts‘,pf‘(平) ʈ,ʈʂ,ts,pf(仄)
床 dʐ‘,dʑ‘	*dʑ‘,ʑ	tɕ‘,ɕ	tɕ‘,ɕ	ʈ‘,ʈʂ‘,ts‘,pf‘(二平) ʈ,ʈʂ,ts,pf(二仄) ʂ,s,f(三平仄)
审 ʂ,ɕ	*ɕ	ɕ	ɕ	ʂ,s,f
禅 ʑ	*ʑ	ɕ	ɕ	ʈ,tʂ‘,ts‘,pf‘(平) ʂ,s,f(仄)
娘 nj	*nd,*ɲȡ	ɲȡ	ɲȡ	ɲ,ɲȡ
日 nʑ	*ʑ	ʑ	ʑ	ʐ,z,v

切韵		第八世纪	第九世纪	第十世纪	近代
精	ts	*ts	ts	ts(一)tɕ(四)	ts(一),tɕ(四)
清	ts‘	*ts‘	ts‘	ts‘(一)tɕ(四)	ts‘(一),tɕ‘(四)
从	dz‘	*dz‘	dz‘(平)dz(‘)(仄)	ts‘(平一)ts(仄一) tɕ‘(平四)tɕ(仄四)	ts‘(平一)ts(仄一) tɕ‘(平四)tɕ(仄四)
心 邪	s z	*s	s	s(一),ɕ(四)	s(一),ɕ(四)
见	k	*k	k	k	k,tɕ
溪	k	*k‘	k‘	k‘(tɕ‘?)	k‘,tɕ‘
群	g‘j	*g‘	g‘(平)g(‘)(仄)	k‘(平)g(仄)	k‘,tɕ‘(平)k,tɕ(仄)
疑	ŋ	*ŋg	ŋg	ŋg	ŋ,ŋg
影	ʔ	*ʔ	ʔ	ʔ	ŋ,ŋg,n,〇
喻	j,〇	*j,w	j,w	j,w	ŋ,ŋg,n,〇
晓 匣	x ɣ	*x	x	x,ɕ	x,ɕ

唐五代西北方音的韵系及其演变

歌	ɑ	*ɑ	ɑ	o	o.ə.ɯ
戈	uɑ	*uɑ	uɑ	uo	uo.uɯ
麻	a,wa,ĭa	*a,wa,ia	a,wa,ia	a,wa,ia	a,ua,ia
模	o	*o	o	uǒ	u
鱼	ĭo	*ɨ,ø	*ɨ,ø	*i,y	y
虞	ĭu	*y	y	y	y
咍	ɑ̣i	*ɑi	ɑi	ɑi	æ,æi
灰	uɑ̣i	*uɑi	uɑi	uɑi	uæi.uei

切韵	第八世纪	第九世纪	第十世纪	近代
泰 ɑi, uɑi	* ɑi, uɑi	ɑi, uɑi	ɑi, uɑi	æ, uæi, uei
皆 ại, wại	* ai, wai	ai, iæi, wai	ai, iæi, wai	æ, iæ, uæ
佳 ai, wai	* ai, wai	ai, iæĭ, waĭ	ai, iæĭ, wa	æ, iæ. ia, ua
夬 wai	* wai	* waĭ	* wa	ua
祭 ĭæi, ĭwæi	* iæi, yæi	iæi, yæi	iæi, yæi	i
废 ĭwɐi	* yæi	yæi	yæi	uæi, uæ. ei, i
齐 iei, iwei	* iei, yei	iei, yei	e, ye	i：uei. ui. uæi. uæ
脂 i, wi 支 iĕ, wiĕ 微 ĕi, wĕi	* i, ui	i, ui	i, ui	i：uei. uæi. uæ. ui
之 ï	* i	i	i	i
豪 ɑu	* ɑu	ɑu	ɑu	o. au
肴 au	* au	au, iæu	au, iæu	o, io. au, iau
宵 ĭæu	* iæu	iæu	iæu	io. iau. iu
萧 ieu	* ieu	ieu	iæu	（同上）
侯 əu	* əu	əu	əu	o. əʉ. ou
尤 ĭəu	* iəu	iəu	iu	io. ieʉ. iɯ. iu
覃 ɑ̣m 谈 ɑm	* ɑm	ɑm	ɑm	æ̃. ã. əŋ
咸 ạm 衔 am	* am	iæm, am	iæm, am	æ̃. i. æ ã, i ã
凡 wɐm	am	am	am	æ̃, u ã
盐 ĭæm 严 ĭɐm	* iæm	iæm	iæ̃m	iæ̃. iə̃. iŋ
添 iem	* iem	iem	iæm	（同上）

切韵	第八世纪	第九世纪	第十世纪	近代
侵 ĭəm	*iəm	iəm	im(＞iɣ̃?)	iɔ̃
寒 ɑn	*ɑn	ɑn	ɑn	æ̃.ã.əŋ
桓 uɑn	*uɑn	uɑn	uɑn	uæ̃.uəŋ
山 ạn, wạn	*an, wan	an, iæn, wan	an, iæn, wan	æ̃, iæ̃, uæ̃. ã, iã, uã
删 an, wan				
仙 ĭæn, ĭwæn	*iæn, yæn	iæn, yæn	iæn, yæn(＞iæɣ̃?)	iæ̃, yæ.ie, ye.iŋ, ỹ
元 ĭɐn, ĭwɐn				
先 ien, iwen	*ien, yen	ien, yen	iæn, yæn(＞iæɣ̃?)	
痕 ən	*ən	ɨn	ɨn	ə̃.æ̃
真 ĭĕn	*iən	iən	in	iə̃.iæ̃
欣 ĭən				
魂 uən	on	on	on	uə̃.uæ̃
谆 ĭuĕn	yn	yn	yn	yə̃.yæ̃
文 ĭuən				
唐 ɑŋ, wɑŋ	*ɑŋ, wɑŋ	oɣ̃, woɣ̃	oɣ̃, woɣ̃	ɔ̃, uɔ̃. ã, uã. ə, uə
阳 ĭaŋ, ĭwaŋ	*iaŋ, waŋ	ioɣ̃, woɣ̃	ioɣ̃, woɣ̃	iɔ̃, uɔ̃. iã, uã. iə, uə
江 ɔŋ	*ɑŋ, wɑŋ	ɑŋ, wɑŋ	ɑŋ, wɑŋ	ɔ̃, iɔ̃, uɔ̃. ã, iã, uã ə, iə, uə
庚二 ɐŋ, wɐŋ	*æŋ, wæŋ	æɣ̃, wæɣ̃	eɣ̃, weɣ̃	ə̃, uə̃. əŋ, uoŋ
耕 ɛŋ, wɛŋ				
庚三 ĭɐŋ, ĭwɐŋ	iæŋ, yæŋ	iæɣ̃, yæɣ̃	ieɣ̃, yeɣ̃	iə̃, yə̃. iŋ, yuŋ
清 ĭæŋ, ĭwæŋ				
青 ieŋ, iweŋ	*ieŋ, yeŋ	ieɣ̃, yeɣ̃	ieɣ̃, yeɣ̃	iə̃, yə̃. iŋ, yuŋ
登 əŋ, wəŋ	*əŋ, wəŋ	əŋ, wəŋ	əŋ, wəŋ	ə̃, uə̃. əŋ, uoŋ
蒸 ĭəŋ	*iəŋ	iəŋ	iəŋ	iə̃. iŋ

切韵	第八世纪	第九世纪	第十世纪	近代
东一 oŋ 冬 uoŋ	*oŋ	oŋ	oŋ	uə̃.ũ.uoŋ,uŋ
东三 ioŋ 鍾 iuoŋ	*uŋ	uŋ	uŋ	uə̃,yə̃.ũ,yũ.uoŋ,yuŋ
合 ɑ̣p 盍 ɑp	*ɑb	ɑb	ɑb	o,a
洽 ȧp 狎 ap	*ab	ab	ab	a,ia
乏 wap	*wab	ab	ab	a,ua
葉 ĭæp 业 ĭɐp	*iæb	iæb	iæb	iæ.ie.iə
帖 iep	*ieb	ieb	iæb	（同上）
缉 ĭəp	*iəb	iəb	ib	i.iə
曷 ɑt	*ɑd	ɑɹ	ɑɹ	a
末 uɑt	*uɑd	wɑɹ	wɑɹ	o.ua.uə.
鎋 ȧt,wat 黠 at,wat	*ad,wad	aɹ,iæɹ,waɹ	aɹ,iæɹ,waɹ	a,ia,ua
薛 ĭæt,ĭwæt 月 ĭɐt,ĭwɐt	*iæd,yæd	iæɹ,yæɹ	iæɹ,yæɹ(ɹ > ○?)	yæ.yə.yo
屑 iet,iwet	*ied,yed	ieɹ,yeɹ(ɹ > ○?)	iæɹ,yæɹ	（同上）
没 uət	*od	oɹ	oɹ	u.uə
质 ĭet 迄 ĭət	*id	iɹ	iɹ	i.iə
術 ĭuĕt 物 ĭuət	*yd	yɹ	yɹ	y.yə

切韵	第八世纪	第九世纪	第十世纪	近代
铎 ɑk, wɑk	*ɑg, wɑg	ɑg, wɑg	ɑg, wɑg	o, uo. a, ua. ə, uə.
药 ĭak, ĭwak	*iag, yag	iag, yag	iag, yag	yo, o. yo, u. iə, uə
觉 ɔk	*ag, iag, wag	ag, iag, wag	ag, iag, wag	yo, o. iə, uə
陌二 ɐk, wɐk 麦 ɛk, wɛk	*æg, wæg	æg, wæg	eg, wæg	a, ua. ə, uə
陌三 ĭɐk, ĭwɐk	*iæg, yæg	ieg, yeg	ieg, yeg	ei, uei. æi, uæi
昔 ĭæk, ĭwæk	*iæg	iæg	ig	
锡 iek, ĭwek	*ieg	ieg	ig	(g > ○?) i, . iə
职 ĭək, ĭwək	*iəg	iəg	iəg	
德 ək, wək	*əg, og	əg, og	əg, og	ei, uei. æi, uæi. ə, uə
屋一 ok 沃 uok	*og	og	og	u, uə
屋三 ĭok	*ug	ug	ug	
烛 iwok	*yog	yog	yog	y, yə

《唐蕃会盟碑》中之汉藏对音

(一) 这种材料中所有的汉藏对音

在《唐蕃会盟碑》①的左侧有些译成汉音的吐蕃人名，它的右侧也有些译成藏音的唐朝官名跟人名，这种材料在考证唐代西北方音上也是很重要的。关于汉译藏音的一部分，从前劳佛②跟伯希和③曾经讨论过；至于藏译汉音的一部分，却还没有人提到。其实，劳佛既然可以拿前一部分来推论第九世纪的藏语音韵，我们为什么不可以拿后一部分来推论那时候的汉语音韵呢？固然，右侧的碑文比其他三面都剥蚀得厉害一点，所保存的对音也很有限，然而我们单拿它来拟测这个方音的整个系统虽嫌不够，若拿它跟前篇所用的几种材料互相比较，却是很有用的。因为这个碑文的时代既然可以确定是唐穆宗长庆二年(822)，那么根据它上面的对音条理，就可以推究前几种材料的时代先后了。

---

① 参阅罗振玉《雪堂金石文字跋尾》卷四《唐蕃会盟碑跋》及《西陲石刻录》23—25 页；S. W. Bushell's *The Early History of Tibet*, Appendix I. JRAS., vol. Vll. 1880. pp. 535 -538；寺本婉雅《唐蕃会盟碑文》,《大谷学报》第十卷第三号，101—139 页。

② Berthold Laufer: *Bird Divinition among the Tibetans*, T. P. Ser. 2, vol. XV. 1914. pp. 64 -94.

③ Paul Pelliot: *Quelques Transcriptions Chinoises de Noms Tibétains*, T. P. Ser. 2. vol. XVI. 1915. pp. 1 -26.

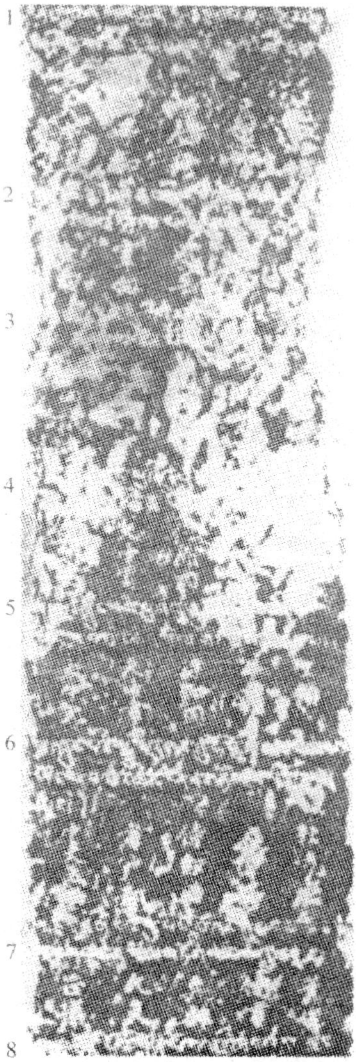

唐蕃会盟碑拓片右侧上

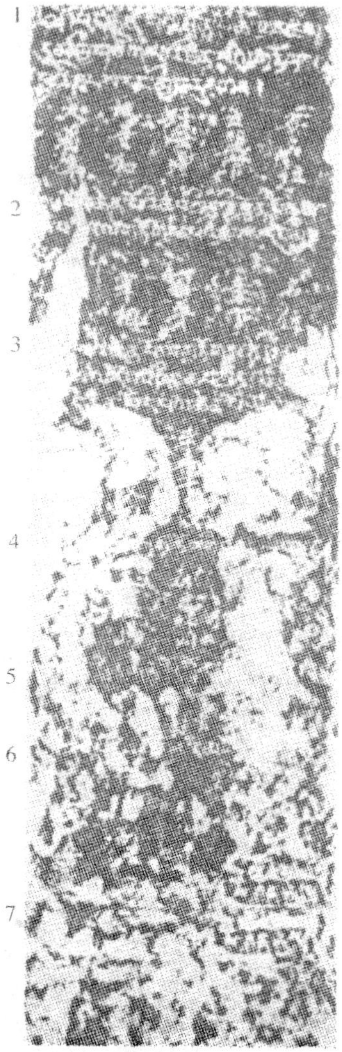

唐蕃会盟碑拓片左侧上

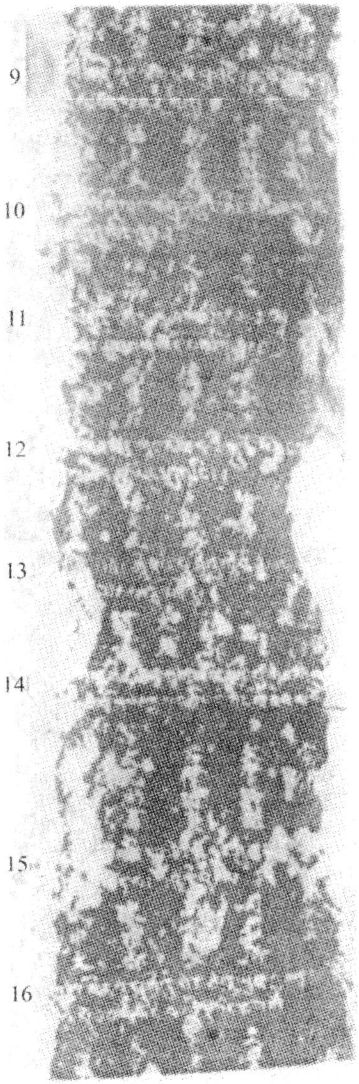

唐蕃会盟碑拓片右侧中

唐蕃会盟碑拓片左侧中

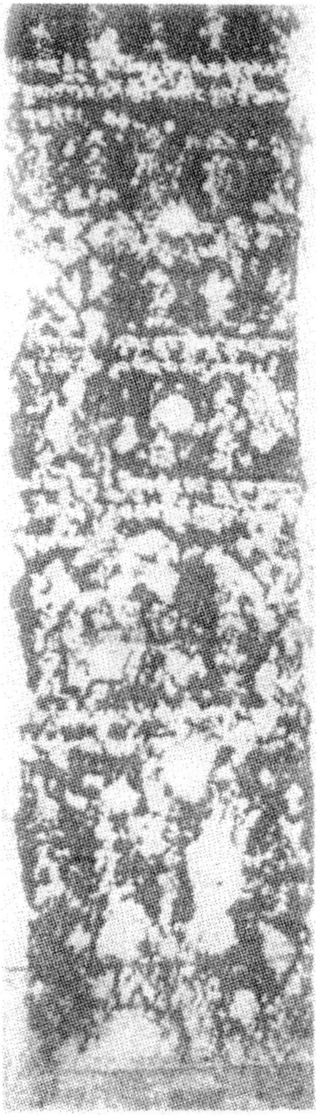

唐蕃会盟碑拓片右侧下

唐蕃会盟碑拓片左侧下

我现在根据北京大学研究院文史部所藏缪氏艺风堂的拓本①,参照从前各家的考证,先把碑文上所有的汉藏对音胪列出来,并且附注《切韵》的读音以资比较:

(a) 右侧唐朝官名跟人名的藏音

碑文右侧的(1)至(4)列跟(18)至(21)列几乎完全磨灭不可辨认,(5)至(17)列虽然也残缺了许多,但是除去(8)列以外,还有不少的对音可以供我们研究,可惜重字太多,对于音韵系统的推求和比较不大完备罢了。其对音如下②:

(5)t‘a’i　cuṅ　da’i̥　p‘u③……
　太　中　大　夫中書侍郎同平章事王播
　[t‘ɑi　ȶĭoŋ　d‘ɑi　pjĭu]

(6)cuṅ　dɑ’i　p‘u…ho　po……
　中　大　夫　户　部侍郎同平章事杜元穎
　[ȶioŋ　d‘ɑi　pjĭu　ɣo　b‘o]

(7) jeṅ　’gị　da’i　p‘u　peṅ　po　źaṅ　çu　……
　正　議　大　夫　兵　部　尚　書　蕭俛
　[tɕĭæŋ　ŋjiĕ　d‘ɑi　pjĭu　pjĭɐŋ　b‘o　ʑĭaŋ　ɕĭo]

(9)ki̥m　tse’　kwaṅ　log　da’i̥　p‘u　źaṅ　çu　dza　bog－ye…
　金　紫　光　禄　大　夫　尚　書　左　僕　射
　[kjĭəm　tsiĕ　kwɑŋ　log　d‘ɑi　pjĭu　ʑĭaŋ　ɕĭo　tsɑ　b‘ok　ĭa

① 承刘半农、马叔平两先生允许阅览原拓本,并以照片见赠,谨此声谢。

② 每列第一行为藏音,第二行为汉字,第三行为附注之《切韵》音。凡非译音之藏文皆不列入,凡无藏音相对之汉字皆不附注《切韵》音。下同。

③ “夫”字对音原碑多模糊难辨,故寺本婉雅皆译作 p,今以第十二列对音及《阿弥陀经》等对音系统改订为 p‘。

Han　Ka'u
韓　臯
ɣan　kau]

(10)……　'gi　laṅ　'gu　çi　cuṅ　çiṅ……　'gi'u　siṅ　źu
朝　議　郎　御　史　中　丞　　牛　僧　孺
[ŋjiĕ　laŋ　ŋĭo　ʂiː　ţĭoŋ　ʑĭəŋ　　ŋĭ əu　səŋ　nʑĭu]

(11)t'a'i cuṅ da'i̥ – p'u …… źaṅ çu …… bog ye ……… źaṅ çu…
太 中 大　夫　　尚 書　　僕 射 兼吏部 尚 書
[t'ɑi ţĭoŋ d'ɑi　pjĭu　　ʑiaŋ ɕĭo　　b'ok ĭa ——　ʑĭaŋ ɕĭo
li…
李绛
liː]

(12) ki̥m　ts'eṅ kwaṅ　log　da'i̥ p'u　ho　po　źaṅ çu…　yaṅ　yu　liṅ
金　青　光　禄　大　夫　户　部　尚　書　楊　於　陵
[kjĭəm ts'ieŋ kwɑŋ　log　d'ɑi pjĭu　ɣo　b'o　ʑĭaŋ　ɕĭo　ĭaŋ　·ĭo　lĭəŋ]

(13) t'oṅ　'gi̥　da'i̥　p'u……le'i　po　źaṅ　çu……　wu'i̥　źi̥'u
通　議　大　夫　禮　部　尚　書　韋　綬
[t'oŋ　ŋjiĕ　d'ɑi　pjĭu　liei　b'o　ʑĭaŋ　ɕĭo　jwei　ʑĭəu]

(14)　kim　ts'eṅ　kwaṅ　log　da'i̥　p'u　……　bog　ye　kyam
金　青　光　禄　大　夫　右　僕　射　兼
[kjiəm　ts'ieŋ　kwɑŋ　log　d'ɑi　pjĭu　——　b'ok　ĭa　kiem
t'a'i　çaṅ　k'eṅ……… tsoṅ　źu
太　常　卿　趙　宗　儒
t'ɑi　ʑĭaŋ　k'ĭeŋ　—　tsuoŋ　nʑĭu]

(15)…………da'i p'u le'i po żaṅ—çu…………… be'ị bu

太 中 大 夫 禮 部 尚 書兼司農卿 裴 武

[d'ɑi pjĭu lieib'o ʑĭaŋ ɕĭo —— b'jwei mjĭu]

(16) jeṅ 'gi da'ị p'u…… keṅ ce'u yun kyam

正 議 大 夫 京 兆 尹 兼

[tɕĭæŋ ŋjiĕ d'ɑi pjĭu kjĭeŋ ȡ'ĭæu jĭuĕn kiem

'gu (çị) da'i p'u… lị'u koṅ cag

御 史 大 夫 柳 公 綽

ŋjĭo ʂi: d'ɑi pjĭu lĭ əu koŋ tɕ'ĭak]

(17) 'gin ts'eṅ kwaṅ log da'i p'u koṅ po………

銀 青 光 禄 大 夫 工 部尚書兼

[ŋĭĕn ts'ieŋ kwɑŋ log d'ɑi pjĭu koŋ b'o——

kim 'go… da'i̥ tsaṅ kun…… kwag ts'u ṅ

金 吾衙 大 將 軍 郭 鏦

kjĭəm ŋo— d'ɑi tsĭaŋ kjĭuən kwɑk ts'ĭuoŋ]

以上这12列,一共有120个对音,若除去重字计算,实际只有55个不同的音,所以我们要想看一看这种方音的大概系统,势必还得参照汉译藏音来反复推求,才能略有眉目。

(b)左侧吐蕃人名的汉音

碑文左侧的(1)至(3)列都没有对音,(4)至(8)列的藏文除去少数字外几乎完全磨灭,至于(9)至(20)列中只有(12)列没有对音，其馀的 11 列我们都可以拿来作(a)项材料的参考。其对音如下①：

(9) żaṅ　　k‘ri btsan　　k‘od　　ne　　staṅ

尚　　綺立贊　　窟　　寧　　悉當

[ʑĭaŋ　　k‘jiĕ ljĭəp tsan　　k‘uət　　nieŋ　　sĭĕt　taŋ]

(10) żaṅ　　k‘ri　bżer　　lha② mthoṅ

尚　　綺　立熱　　貪　　通

[ʑĭaŋ　　k‘jiĕ ljĭəp nʑĭæt　　t‘ɑm　　t‘oŋ]

(11) *b*lon③　　*r*gya*l* b zaṅ　　'dus　　ku ṅ

論　　頰　藏　　努悉　恭

[ljĭuĕn　　kiep dz‘ɑŋ　　no sĭĕt　kjĭoŋ]

(13) naṅ　　*b*lon　　*m*c‘ims　　żaṅ　　*r*gya*l* bżer k‘od④　　ne　　*b*tsan

曩　　論　　琛　　尚　　頰　熱　窟　　寧　　贊

[nɑŋ　ljĭuĕn　ţ‘ĭəm　　ʑĭaŋ　　kiep nʑĭæt k‘uət　　nieŋ tsɑn]

(14) p‘yi　*b*lon　　*b*ka　la　*g*togs　　pa　cog　ro　*b*lon　*b*tsan　*b*żer　lho　goṅ

紕　　論　　伽　羅　篤　　波　屬　盧　論　　贊　　熱　　土　公

[p‘i　ljĭuĕn　g‘jĭa lɑ　tuok　　pɑ tɕĭwok lo ljĭuĕn tsɑn　　nʑĭæt　t‘o　koŋ]

(15) sna　　p‘yi-pa　　*m*c‘ims　żaṅ　　*br*tan　*b*żer　　snag　　tsab

悉南　紕　波　　琛　　尚　　旦　熱　　悉諾　　帀⑤

[sĭĕt nɑm　p‘i pɑ　　ţ‘ĭəm　　ʑĭaŋ　　tɑn　　nʑĭæt　　sĭĕt nɑk　　tsɑp]

---

① 每列第一行为藏文，第二行为汉字译音，第三行为附注之《切韵》音。下同。

② 此字劳氏误读为 lta，兹据缪氏拓本及寺本婉雅说改正。下文第 14 列“土”字原作 lto 今改 lho，第 19 列“他”原作 lta 今改 lha，例与此同。

③ 藏文中之斜字代表不发音之字母。

④ 此字劳佛误读为 k‘on，兹依缪氏拓本正之；Waddell 读与此同（JRAS. 1911. pp. 425—435）。

⑤ 此字劳佛读作“市”而对以 cig 音，今参照缪氏拓本及伯希和说改“市”为“帀”而对以 tsab 音。

(16) *m*ṅan pon k'abs 'o-c'og gi bla 'bal *b*lon kru bzaṅ
岸 奔 榼[①]蘇 户 屬 劫[②]羅 末 論 矩 立 藏
[ŋan puən k'ap so ɣo tɕĭwok kĭɐp la muat ljĭuĕn kĭu lĭəp dzaŋ
mye*s*[③] *r*ma
名 摩
mĭæŋ mua]

(17) …………blon c'en (b)ka *b*lon snag *b*żer ha(b)[④] ken
(給事中)勃□ 伽 論 悉諾 熱 合 乾[⑤]
[g'jĭa ljĭuĕn sĭĕt nak nʑĭæt ɣạp gj'ĭæn]

(18) *r*tsis pa c'ed po … *b*lon stag zịgs *r*gan k'od
資悉波 折 逋額 論 悉□ 昔 幹 窟
[tsi sĭĕt pa tɕĭæt po — ljĭuĕn sĭĕt- sĭæk kan k'uət]

(19) p'yi *b*lon 'bro żaṅ klu[⑥] *b*zaṅ lha po *b*tsan
紕 論 没盧 尚 □棲 勃藏 他 譜 贊
[p'i ljĭuĕn muət lo ʑĭaŋ-l ən b'uət dz'aŋ t'a po tsan]

(20) ……………… *b*lon *r*gyal[⑦] 'gyen[⑧] leg *b*tsan
□□□□□ 論 結 研 歷 贊
[ljĭuĕn kiet ŋien liek tsan]

---

① 此字劳佛误读为"猛"而对以 ban 音,今参照寺本婉雅说改"猛"为"榼",并据缪氏拓本对以 k' ab 音。

② 劳佛读"劫"为"勃"而谓 gi 无对音,今从伯希和说。

③ 此字劳佛读为 gyes 且未认出"名"字,今从罗振玉及 Waddell 说。

④ 从 Waddell 说。

⑤ 劳佛误读为"軋"而对以 ñen 音,今从伯希和说;以韵母为 en,故读入仙韵。

⑥ 此下六字劳佛阙疑,今据缪氏拓本校补。

⑦ 此字劳佛读为 rgyud,今从 Waddell 说。

⑧ 此字劳佛读为ṅan,今据缪氏拓本改读。

以上11列，共有104个对音，若剔除重字计算，实际只有52个不同的音，其中除去“尚、公、通”三字外，在(a)项材料里都没有发现过。所以这项材料对于推究当时的汉语音韵上，应该跟(a)项的价值相等。不过像“悉、矩”等字之类的对音只求一部分的近似，比起藏译汉音就稍欠精密了。

在左右侧的官名人名以外，碑阳跟碑阴的藏文里也夹杂些藏译汉音，这虽然是一些零零碎碎的名词，然而也有些可以补充前两项材料所未备的地方，因此我把它们附列在下面：

(c) 碑阳的藏译汉音

行数	藏音	汉字	切韵音
(3)	hwaṅ te	皇帝	[ɣwɑŋ tiei]
(14)	būn bū he'u tig	文武孝德	[mjĭuən mjĭu xĭæu tək]
(43)	sts'e źuṅ ts'eg	綏戎栅	[swi ȵʑioŋ tʂ'ɐk]
(45)	ts'eṅ çu hywan	清水縣	[ts'ĭæŋ ɕwi ɣiwen]

(d) 碑阴的藏译汉音

行数	藏音	汉字	切韵音
(1)	būn bū he'u tig	文武孝德	[mjĭuən mjĭu xĭæu tək
(54)	hwaṅ te	皇帝	ɣwɑŋ tiei]
(23)	t'a'e tsoṅ būn bū çin hwaṅ te	太宗文武神皇帝	[t'ɑi tsuoŋ mjĭuən mjĭu dʑĭěn ɣwɑŋ tiei]
(24)	ceṅ kwan	貞觀	[ţĭæŋ kuɑn]

行数	藏音	汉字	切韵音
(24)	mun çeṅ koṅ co	文成公主	[mjĭuən ʑĭæŋ koŋ
(26)	k'a'egwan çeṅ bū̄n çin bū hwaṅ te	開元聖文 神武皇帝	[k'ɑi ŋĭwen ɕĭæŋ mjĭuən dʑĭĕn mjĭu ɣwɑŋ tiei]
(27)	keṅ luṅ	景龍	[kĭɐŋ ljĭwoŋ]
(28)	(ki)m çeṅ koṅ co	金城公主	[kjĭəm ʑĭæŋ koŋ tɕĭu]
(40)	żeṅ çin bū̄n bū hwaṅ te	聖神文 武皇帝	[ɕĭæŋ dʑĭĕn mjĭuən mjĭu ɣwɑŋ tiei]
(59)			
(63)	caṅ keṅ	長慶	[ɖ'ĭaŋ k'j'ĭɐŋ]
(66)			

这两项材料，一共有63个对音，剔除重字虽然只有29个不同的音，可是除去“金、宗、公、武”四字外，其馀的在(a)、(b)两项里都没有发现过。我们要想把这种方音知道得比较充分一点，对于这些对音一样是不可忽略的。

我在下文再把上面所举的四项材料作一番归纳的研究。

(二) 这种藏汉对音的音韵条理

上面这四项材料综合起来，才不过有129个不同的音，单拿这一点材料要想看出它们所代表的方音系统，那是很困难的。所以，我们现在只能先看一看这129个音的声韵条理，再拿它跟《阿弥陀经》、《金刚经》、《千字文》、《大乘中宗见解》四种汉藏对音材料互相比较，然后才能从彼此音理的异同上推测出关系的疏密来。如果它们关系的疏密可以判明，那么前四种对音的时代先后自然就可以得到相当的决定了。

根据这129个音来归纳它们的声母条理，我们发现唇音帮读作 p：

(a)兵 peṅ 7

(b)波 pa 14、15、18　奔 pon 16　逋 po 18　譜 po 19

滂、非同读作 p‘：

(a)夫 p‘u 5、6、7、9、11、13、14、15、16、17

(b)紕 p‘yi 14、15、19

並、奉同读作 b：

(a)部 bo 6、7、12、13、15、17　僕 bog 9、11、14　斐 be’i̥ 15

(b)勃 b- 17、19

明或读’b，或读 m：

(b)名 mye*s* 16　摩 *r*ma 16　没’b- 19

微或读 b，或读 m：

(a)武 bu 15

(c)文 būn 14　武 bū 14

(d)文 būn 1、23、26、40；mun24　武 bū 1、23、26、40

舌头音端读作 t：

(b)當 taṅ 9　篤 *g*tog*s* 14　旦 *br*tan 15

(c)帝 te 3　德 tig 14

(d)帝 te 54　德 tig 1

透读作 t‘，但有时用它来对藏音的 th 跟 lh：

(a)通 t‘oṅ 13　太 t‘a’i 5、11、14

(b)通 thoṅ 10　貪 lha-m 10　土 lho 14　他 lha 19

(d)太 t‘a’i 23

定读作 d：

(a)大 da'i̯ $_{5、6、7、9、11、12、13、14、15、16、17}$

泥或读'd 或读 n：

(b)努'du $_{11}$　寧 ne $_{9、13}$　曩 naṅ $_{13}$　南 nam $_{15}$

諾 nag $_{15、17}$

半舌音来读作 l，但有时拿它来对藏音的 r：

(a)祿 log $_{9、12、14、17}$　郎 laṅ $_{10}$　李 li $_{11}$　陵 liṅ $_{12}$

禮 le'i $_{13、15}$　柳 li̯'u $_{16}$

(b)論 *b*lon $_{11、13、14、16、17、18、19、20}$　羅 la $_{14、16}$　樓 lu $_{19}$

歷 leg $_{20}$　盧-ro $_{14、19}$　立-ri̥-b $_{9、10、16}$

(d)龍 luṅ $_{27}$

舌上音跟正齿音混而不分，但清浊跟送气不送气的界限往往不甚严格，所以知、澄同读作 c：

(a)中 cuṅ $_{5、6、10、11}$　兆 ce'u $_{16}$

(d)貞 ceṅ $_{24}$　長 caṅ $_{59、63、66}$

照或读 c，或读 c‘，去声且转为 j：

(a)正 jeṅ $_{7、16}$

(b)屬 cog $_{14}$；c‘og $_{16}$　折 c‘ed $_{18}$

(d)主 co $_{24、28}$

徹、穿同读作 c‘，但穿母或转为 c：

(a)綽 cag $_{16}$

(b)琛 *m*c‘i*ms* $_{13、15}$

(c)柵 ts‘eg $_{43}$

禅、床的平声皆读作 ç：

(a)丞 çiṅ $_{10}$　常 çaṅ $_{14}$

(d)成 çeṅ $_{24}$　城 çeṅ $_{28}$　神 çin $_{23、26、40}$

已然变同审母：

(a)史 çi̥ $_{10、16}$　書 çu $_{7、9、11、12、13、15}$

(c)水 çu $_{45}$

(d)聖 çeṅ $_{26}$

但禅的仄声仍读作ź：

(a)尚źaṅ $_{7、9、11、12、13、15}$　綏źi'u $_{13}$

(b)尚źaṅ $_{9、10、13、15、19}$

虽然保持浊声的本读，其音却与半齿音日母无异：

(a)孺źu $_{10}$　儒źu $_{14}$

(b)熱 *b*źer $_{10、13、14、15、17}$

(c)戎 źuṅ $_{43}$

甚至于审母的去声也有一个牵连而变的例：

(d)聖źeṅ $_{40}$

这便是由类推所生来的错误了。

齿头音精读作 ts，清读作 ts'：

(a)紫 tse'$_{9}$　宗 tsoṅ $_{14}$　將 tsaṅ $_{17}$

青 ts'eṅ $_{12、14、17}$　鏦 ts'uṅ $_{17}$

(b)贊 *b*tsan $_{9、13、14、19、20}$　帀 tsab $_{15}$　資 *r*ts

(c)清 ts'eṅ $_{45}$

(d)宗 tsoṅ $_{23}$

心读作 s:

(a)僧 siṅ $_{10}$

(b)悉 s- $_{9、11、15、17、18}$ 蘇 s-'o $_{16}$

都跟《切韵》的声类相同,但精的上声有一字变 dz:

(a)左 dza $_{9}$

心母有两个不规则的例外:

(b)昔 zi̥gs $_{18}$

(c)綏 sts'e $_{43}$

从母仅有的一个"藏"字,又由破裂摩擦声 dz 转读作摩擦声 z:

(b)藏 *b*zaṅ $_{11、16、19}$

这都算是特异的变化。

牙音见读作 k,但有时拿它来对藏音 rg 或 g:

(a)金 ki̥m $_{9、12、14、17}$ 光 kwaṅ $_{9、12、14、17}$ 臯 ka'u $_{9}$

兼 kyam $_{14、16}$ 京 keṅ $_{16}$ 公 koṅ $_{16}$ 工 koṅ $_{17}$

軍 kun $_{17}$ 郭 kwag $_{17}$

(b)恭 kuṅ $_{11}$ 矩 k- $_{16}$ 頰 *r*gya*l*-b $_{11、13}$ 幹 *r*gan $_{18}$

結 *r*gyal $_{20}$ 公 goṅ $_{14}$ 劫gi̥ -b $_{16}$

(d)觀 kwan $_{24}$ 金 ki̥m $_{28}$ 公 koṅ $_{24、28}$ 景 keṅ $_{27}$

溪读作 k',但有一字转读作 k:

(a)卿 k'eṅ $_{14}$

(b)綺 k' - $_{9、10}$ 窟 k'od $_{9、13、18}$ 榼 k'ab $_{16}$

(d)開 ka'e $_{26}$ 慶 keṅ $_{59、63、66}$

群母在汉译藏音中凡三见,皆读作 k:

(b)乾 ken $_{17}$ 伽 *b*ka$_{14}$;ka $_{17}$

疑读作'g,但有时拿它来对藏音中的mṅ音：

(a)議'gi $_{7、10、13、16}$　御'gu $_{10、16}$　牛 gi̥'u $_{10}$　銀'gin $_{17}$
吾'go $_{17}$

(b)研'gyen $_{20}$　岸 *m*ṅan $_{16}$

(d)元'gwan $_{26}$

喉音影凡一见,与喻同读作 y,但喻母合口三等又读作 w:

(a)於 yu $_{12}$　射 ye $_{9、11、14}$　楊 yaṅ $_{12}$　尹 yun $_{16}$　韋 wu'i $_{13}$

晓、匣同读作 h,但匣母"户"字藏音又读作'o:

(a)户 ho $_{6、12}$　韓 han $_{9}$

(b)户'o $_{16}$　合 hab $_{17}$

(c)孝 he'u $_{14}$　皇 hwaṅ $_{3}$　縣 hywan $_{45}$

(d)孝 he'u $_{1、54}$　皇 hwaṅ $_{1、23、26、40、54}$

此外,敷、娘、邪三母跟照、床的二等字在这 129 个音里都找不到代表字。从大体上看,三项藏译汉音的写法并没有什么不规则的现象,而汉译藏音却有几点特别的地方：

(1)以全字对前缀音例：

勃 b-　没'b-　悉 s-　矩 k-　綺 k'-

这是因为汉字没有方法可以对译单纯辅音,所以才截取全字的前一半来勉强代替,不过专从声母的条理讲,它们也算是很规则的。

(2)以透母对 lh 例：

貪 lha-m　土 lho　他 lha

在汉译藏音里透母的对音可以分作三类：(a)t'(ཐ),(b)th(ཏྷ),(c)lh(ལྷ)。这三类中(a)类最为合理,(b)类的送气程度虽然比较强一点,却还同透母相去不远,只有(c)类要算是特别的对音。"貪、土"两字劳佛本来读作 lta-m、lto,他并且说:"所有藏语的真正送气声母汉语都确切地用相当的送气音来对译，不过我们看见有一个汉语送气音相当于藏语不送气音加不发声的前缀音；例如藏语(l)ta＝汉语‘貪’t'an(第10列)，又藏语(l)to＝汉语‘土’t‘u(第14列)。这里的藏语t究竟是送气音，还是变成送气的浊音d‘，我且不冒险去决定它；但是不送气音因为前缀音l的省读而促成一部分变化，由这些汉语对音就可以看出清楚的痕迹来。”①其实劳佛假若看见比较清楚一点的拓本，就不必费很大力气来解释这种莫须有的现象了！因为照缪氏艺风堂拓本上所保存的藏文，“貪、土、他”三字明明白白地应该读作lha-m、lho、lha，而不是lta-m、lto、lta。lh连读照现在拉萨音似乎跟边摩擦音[ɬ]相近，发音时先使舌头作读[ɬ]音的姿势，同时再读[h]音。这个音本来是很古怪的，当时译音的人因为汉语向无此音，所以才勉强用透母字来替代，我们现在当然不能根据它来反证透母读音的。

(3) 以见对rg例：

頰 *r*gya*l*-b　　　幹 *r*gan　　　結 *r*gyal

伯希和以为在这一类对音里，-g-的带音成素恐怕受前缀音r-的截留，已然变成不带音的k②，照现在所有的例字来看，他的假设也或许是对的，不过在汉译藏音里还有两个以见对g的例：

公 goṅ　　　劫 gi̥-b

这两个字的g音前面并没有前缀音r-，却也一样地以清对浊，这只能说是译音人的一时疏略，就不能用伯希和的假设来解释了。

(4) 以来对r例：

---

① 参阅 T. P. Ser. 2, vol. XV. p. 94.

② 参阅 T. P. Ser 2. vol. XVI. p. 5.

盧-ro　　立-rib

这是因为汉语没有颤音[r],所以才勉强用读作边音[l]的来母字来替代。

(5) 以照对 c‘ 例:

屬 c‘og　　折 c‘ eg

“屬、折”同属照母而拿它来对 c‘,这跟(a)项藏译汉音以穿母的“綽”字对 cag 适得其反。

(6) 以群对 k 例:

乾 ken_{17}　　伽 bka_{14};ka_{17}

拿“乾”字来对 ken,恐怕是一种音近相代的现象,至于“伽”字《广韵》虽然收入戈韵三等,读作“求迦切”,可是它的同音字“茄、枷”又可读作麻韵的“古牙切”,以此类推,那么这个字也许转入麻韵见纽了。

综括这六点来看,我觉得汉译藏音的精确程度似乎比藏译汉音要差一点,所以我们得要互相参证,才可以略见真相。至于拿这几项的声母条理同《阿弥陀经》等四种材料比较,我只觉得审禅有别及以 c 对澄、以 k 对群三点算是这种对音的特征,其余的同那四种材料并没有什么显著的差异(参阅第一表)。所以我们还得看一看它们的韵母条理究竟怎样。

根据这 129 个音来归纳它们的韵母条理,我们发现果、假摄歌、戈①同读作 a,但戈除唇声字外,只有一个可入麻韵的“迦”字:

(a)左 dza_{9}

(b)羅 $la_{14、16}$　波 $pa_{14、15、18}$　摩 rma_{16}　伽 bka_{14};ka_{17}

麻二等无例字,开口三等的“射”字变成 ye:

① 凡单举平声韵目者皆兼赅上去而言,下同。

(a)射 $ye_{9、11、14}$

遇摄模读作 o，惟汉译藏音中有一“努”字变 u：

(a)吾 'go$_{17}$ 户 ho$_{6、12}$ 部 po$_{6、7、12、13、15、17}$

(b)盧 ro$_{14}$ 蘇 s'o-$_{16}$ 逋 po$_{18}$ 土 lho$_{14}$ 户 o'$_{16}$ 努 'du-$_{11}$

虞、鱼同读作-u，惟麌韵“主”字变 o，“矩”字有声无韵：

(a)孺 źu$_{10}$ 儒 źu$_{14}$ 夫 p'u$_{5、6、7、9、11、12、13、14、15、16、17}$ 武 bu$_{15}$
書 çu$_{7、9、11、12、13、15}$ 於 yu$_{12}$ 御 'gu$_{10、16}$

(b)矩 k-$_{16}$

(c)武 bū$_{14}$

(d)武 bū$_{1、23、26、40、54}$ 主 co$_{24、28}$

止摄支、脂、之开口同读作 i，惟纸韵“紫”字变 e'，“绮”字有声无韵：

(a)議 'gi$_{7、10、13、16}$ 史 çi$_{10、16}$ 李 li$_{11}$ 紫 tse'$_{9}$

(b)資 rtsi-$_{18}$ 紕 p'yi$_{14、15}$ 綺 k'-$_{9、10}$

脂合口或读-u，或变-e：

(c)水 çu$_{45}$ 綏 sts'e$_{43}$

微合口读 u'i，而唇声字变 e'i：

(a)韋 wu'i$_{13}$ 斐 be'i$_{15}$

蟹摄咍、泰两韵或读 a'e，或读 a'i，写法微有不同：

(a)大 da'i$_{5、6、7、9、11、12、13、14、15、16、17}$ 太 t'a'i$_{5、11、14}$

(d)太 t'a'e$_{23}$ 開 k'a'e$_{26}$

齐或读 e'i，或读 e，乃因-i 而变读：

(a)禮 le'i$_{13、15}$

(c)帝 te$_{3}$

(d)帝 te$_{1、23、26、40、54}$

效摄豪读作 a'u，宵读作 e'u，一、三等不相混淆：

(a)皋 ka'u$_{9}$　兆 ce'u$_{16}$

(c)孝 he'u$_{14}$

(d)孝 he'u$_{1、54}$

流摄侯读作 u，尤读作 i'u，与宵韵亦复有别：

(a)牛'gi̥'u$_{10}$　緌źi̥'u$_{13}$　柳 li̥'u$_{16}$

(b)樓-lu$_{19}$

咸摄覃读作 am，合、盍同读作 ab：

(b)貪 lha-m$_{10}$　南 nam$_{15}$　帀 tsab$_{15}$　合 ha(b)$_{17}$　榼 k'ab$_{16}$

添读作 yam，帖读作 yab：

(a)兼 kyam$_{14、16}$

(b)頰 *r*gya*l*-b$_{11、13}$

深摄侵读作 im，缉读作 ib，有时亦对译藏音 ub：

(a)金 ki̥m$_{9、12、14、17}$

(b)琛 *m*c'ims$_{13、15}$　立 ri̥-b$_{9、10}$；-ru-b$_{16}$

(d)金 kim$_{28}$

至于左侧第16列第七字，伯希和读为业韵的"劫"字而对以 gi̥-b 音，原文模糊且无旁证，姑存之以备一说：

(b) * 劫 gi̥-b$_{16}$

山摄寒读作 an：

(a)韓 han$_{9}$

(b)贊 *b*tsan$_{9、13、14、20}$　旦 *br*tan$_{15}$　岸 *m*ṅan$_{16}$　幹 *r*gan$_{18}$

桓、元合口同读作 wan，末韵的唇声读作 al：

(b)末'bal$_{16}$

(d)觀 kwan$_{24}$　元'gwan$_{26}$

仙开口读作 en，薛开口或读 er 或读 ed：

(b)乾 ken$_{17}$　熱 *b* źer$_{10、13、14、15、17}$　折 c'ed$_{18}$

先开口读作 yen，合口读作 ywan，屑开口读作 yal：

(b)研 'gyen$_{20}$　結 *r*gyal$_{20}$

(c)縣 hywan$_{45}$

臻摄真读作 in，质韵的"悉"字在汉译藏音中凡 7 见，但皆有声无韵：

(a)銀 'gin$_{17}$

(b)悉 s-$_{9、11、15(两见)、17、18、(两见)}$

(d)神 çin$_{23、26、40}$

魂、谆同读作-on，惟"尹"字转为 un；没韵读作-od，但汉译藏音中的"没"字有声无韵：

(a)尹 yun$_{16}$

(b)奔 pon$_{16}$　論 *b*lon$_{11、13、14、14、16、17、18、19、20}$　窟 k'od$_{9、13、18}$　没 'b-$_{19}$

文读作 un：

(a)軍 kun$_{17}$

(c)文 būn$_{14}$

(d)文 būn$_{1、23、24、26、40、54}$

宕摄唐、阳开口读作 aṅ，合口读作 waṅ：铎、药开口读作 ag，合口读作-wag：

(a)郎 laṅ$_{10}$　楊 yaṅ$_{12}$　常 çaṅ$_{14}$　尚 źaṅ$_{7、9、11、12、13、15}$

將 tsaṅ$_{17}$　光 kwaṅ$_{9、12、14、17}$　綽 cag$_{16}$　郭 kwag$_{17}$

(b)當 taṅ$_{9}$　藏 *b*zaṅ$_{11、16}$　尚 źaṅ$_{9、10、13、15、19}$　曩 naṅ$_{13}$

諾 snag$_{15、17、18}$

(c)皇 hwaṅ$_{3}$

(d)長 caṅ$_{59、63、66}$　皇 hawṅ$_{1、23、26、40、54}$

梗摄庚、清、青开口同读作 eṅ，陌、锡同读作 eg，昔读作 ig，惟汉译藏音中以青韵的“寧”字对 ne，以清韵的“名”字对 myes，-ṅ 收声已然露出消失的痕迹：

(a)兵 peṅ$_{7}$　京 keṅ$_{16}$　卿 k‘eṅ$_{14}$　正 jeṅ$_{7、16}$

青 ts‘eṅ$_{12、14、17}$

(b)寧 ne$_{9、13}$　昔 zig̥s$_{18}$　歷 leg$_{20}$　名 myes$_{16}$

(c)清 ts‘eṅ$_{45}$　栅 ts‘eg$_{43}$

(d)景 keṅ$_{27}$　慶 keṅ$_{59、63、66}$　貞 ceṅ$_{24}$　成 çeṅ$_{24}$　城 çeṅ$_{28}$

聖 çeṅ$_{26、40}$

曾摄登、蒸同读作 iṅ，德韵读作-ig：

(a)僧 siṅ$_{10}$　陵 liṅ$_{12}$　丞 çiṅ$_{10}$

(c)德 tiġ$_{14}$

(d)德 tiġ$_{1、54}$

通摄东一等与冬同读作 oṅ，东三等与鍾同读作-uṅ，在现有的例字里，屋、沃、烛皆读作-og：

(a)公 koṅ$_{16}$　工 koṅ$_{17}$　通 t‘oṅ$_{13}$　宗 tsoṅ$_{14}$

禄 log$_{9、12、14、17}$　僕 bog$_{9、11、14}$　中 cuṅ$_{5、6、10、11}$　鏦 ts‘uṅ$_{17}$

(b)公 goṅ$_{14}$　通 thoṅ$_{10}$　恭 kuṅ$_{11}$　篤 *g*togs$_{14}$

屬 cog$_{14}$；c‘og$_{16}$

(c)戎źuṅ$_{43}$

(d)公 koṅ$_{24、48}$　宗 tsoṅ$_{23}$　龍 luṅ$_{27}$

此外，舒声灰、皆、佳、夬、祭、废、肴、萧、幽、谈、咸、衔、盐、严、凡、山、删、痕、臻、欣、江、耕，促声洽、狎、業、乏、曷、鎋、黠、月、栉、术、迄、物、觉等，在这 129 个音里都找不到代表字。就以上所列的几条来看，我觉得韵母的读音比较声母更有规则，就是汉译藏音也只有三点应该特别提出来讨论：

（1）有声无韵例：勃 b-　没 'b-　悉 s-　矩 k-　綺 k'-

此条互见声母项下“以全字对前缀音例”，这五个字对于推究声母的读音上多少还有点帮助，对于韵母简直是没有用处的。

（2）连诵例：

貪 lha-m　頰 *r*gya*l*-b　立-ri̥-b；-ru-b　刼 gi̥-b

劳佛曾经说：“在把两个音节连到一块儿的时候，如果第一成素的末尾是元音，那么第二成素的前缀音就可以跟第一成素连接成一个音节。”[①]这就是法语所谓“连诵”（liaison）。但是劳佛只应用这条音理解释了一个“貪”字，其余的“頰、立、刼”三字都是由伯希和触类引申的。[②] 这当然是很聪明的解释。至于以“立”译-ru-b 的现象，伯希和以为古代汉语不许唇元音跟唇收声同时在一个字里发现，所以这个-ru-b，在当时译音的人只能读作 lib。这种异化作用在音理上也是可以讲得通的。

（3）以阳韵对阴韵例：

寧 ne　　名 myes

梗摄的-ṅ 收声在（a）、（c）、（d）三项里都保持好好的，惟独汉译藏音有这样两个例。由这两个例，我们一方面可以看出来这种方音的明、泥两母既然除去本来附有鼻收声的字都变成 'b、'd，那么要想对译藏语的 m-、n-，势必得用本来附鼻收声的字才行；在另一方面还可以看出来附-ṅ 收声的清、青两韵字既然可以同藏语不附收声的字相对，那么这两韵的-ṅ 收声也许渐有消变的趋势了。

① 参阅 T. P. Ser. 2, vol. XV. p. 56.

② 参阅 T. P. Ser. 2, vol. XVl. pp. 3, 5, 10.

至于劳佛跟伯希和认为 ne 里的 e 是鼻化元音一层，单靠这两个汉字译音是不能决定的。

此外代表 i 音的藏文符号，虽然在汉译藏音跟藏译汉音里都分作正（ི）反（ྀ）两种，然而从音理上推求，却同《千字文》里的对音一样没有固定的条理，劳佛以为 i（ྀ）代表汉语的短音 i，而 i（ི）代表 i、ï、ö 之间的音[①]，照我看是不能成立的。

拿这几项的韵母条理同《阿弥陀经》等四种材料比较，我觉得有三种现象很值得注意：

（1）宕、梗两摄的-ṅ 收声并未完全遗失，而且主要元音亦未发生变化。

在《唐蕃会盟碑》的对音里，除去以“寧”对 ne、以“名”对 myes 两个例外，其余的宕、梗两摄的字既然不像《千字文》那样遗失了-ṅ 收声，同时也不像《大乘中宗见解》那样把宕摄的主要元音变读为 o。所以我虽然觉得梗摄的一部分应该也有鼻韵化的趋势，然而在写法的系统上，它们同《阿弥陀经》、《金刚经》是很相近的。

（2）山、臻两摄的入声有时对以-d 收声。

左侧的汉译藏音有以“折”对 c‘ed、以“窟”对 k‘od 两个例，这同《阿弥陀经》译“跋”为 bad、译“發”为’p‘ad 的例恰好一样，在其余几种对音里都是没有发现过的，我们应该承认它是这种对音的一个特征。

（3）蟹、效两摄的一等不与二、三等混淆。

蟹、效两摄的一等在《阿弥陀经》、《金刚经》跟《大乘中宗见解》里都跟二、三等不大分别，只有在《千字文》里不相混淆。《唐

① 参阅 T. P. Ser. 2, vol. XV. p. 85.

蕃会盟碑》的对音，蟹摄一等读作 a'i 或 a'e（"大 da'i、太 t' a'i、开 k' a'e"），效摄一等读 a'u（"皋 ka' u"），这是跟《千字文》的写法比较相近的。

综括上面所说，我觉得《唐蕃会盟碑》的对音系统，从声母一方面论，全清上、去声混入全浊的只有"正 jeṅ 、左 dza"两例，并不像《千字文》跟《大乘中宗见解》那样多，而禅母上、去声保持浊音一点，除去未窥全豹的译音本《大乘中宗见解》以外，要算是其他几种所没有的特征；至于以 e 对澄、以 k 对群的现象，却不能不算是较晚的演变。从韵母一方面论，宕、梗两摄的-ṅ 收声既然没有完全消失，而山、臻两摄的入声也有一部分保持-d 收声，这都同《阿弥陀经》、《金刚经》相近；不过读豪作 au，读咍、泰作 ae、ai 两点，却又同《千字文》的写法相近。折衷起来看，大概这种对音是从《阿弥陀经》、《金刚经》到《千字文》、《大乘中宗见解》之间的一个过渡。如果不管方音上的歧异，我们就可以假定《阿弥陀经》跟《金刚经》是长庆二年以前的东西，而《千字文》或者跟《唐蕃会盟碑》同时，或者比它稍后；至于《大乘中宗见解》的时代应该比这几种较晚，从各方面看来，已然没有什么疑义了。

第一表　五种汉藏对音声母比较表

切韵声类 藏文对音	帮 [p]	滂 [p‘]	並 [b‘]	明 [m]	非 [pf]	敷 [pf‘]	奉 [bv‘]	微 [ɱ]	端 [t]	透 [t‘]	定 [d‘]	泥 [n]	来 [l]	知 [ʈ] [ȶ]	照 [tʂ] [tɕ]	彻 [ʈ‘] [ȶ‘]	穿 [tʂ‘] [tɕ‘]	澄 [ɖ‘] [ȡ‘]
阿弥陀经	p		b ’b	’b m	p‘ p		b ’b	’b	t	t‘	d	’d ’n n	l	c		c‘		j
金刚经	p	p‘	b ’b	’b m	p‘		b ’b	’b	t	t‘	d	’d ’n n	l	c		c‘		j
唐蕃会盟碑	p	p‘	b	’b m	p‘		b	b m	t	t‘ (th) (lh)	d	’d n	l (r)	c	c j (正) (c‘)	c‘	c‘ c	c
千字文	p b (上去)	p‘	b	’b m	p‘	p‘	b p‘	’b	t d (上去)	t‘	d	’d n	l	c j (上去)		c‘		j
大乘中宗见解	p b (上去)	p	p‘ b	’b m	p‘	p‘	p‘ b	b ’b	t d (上去)	t‘	t‘ d	’d ’n n	l	c j (上去)		c‘		c‘ j

（续表）

切韵声类 / 藏文对音	床 [ȡʻ] [dʑʻ]	审 [ʂ] [ɕ]	禅 [ʑ]	娘 [nj]	日 [ȵʑ]	精 [ts]	清 [tsʻ]	从 [dzʻ]	心 [s]	邪 [z]	见 [k]	溪 [kʻ]	群 [gʻj]	疑 [ŋ]	影 [ʔ]	喻 [j] [○]	晓 [x]	匣 [ɣ]
阿弥陀经		ç		’j	ź	ts	tsʻ	dz	s	—	k	kʻ	g	’g	·	’w, y h	h	’h
金刚经		ç		’j ’d	ź	ts	tsʻ	dz	s		k	kʻ	g	’g	· y	’w, y h	h	
唐蕃会盟碑	ç		ç ź （上去）		ź	ts dz （左）	tsʻ	z （藏）	s		k （rg） （g）	kʻ	k （bk）	’g ṅ	y （於）	’w, y		’h （户）
千字文	cʻ （床）	ç			ź	ts dz （上去）	tsʻ	dz	s		k g （上去）	kʻ	g	’g	·	’w, y	h	
大宗乘见中解		ç			ź	ts dz （上去）	tsʻ	tsʻ dz	s		k g （上去）	kʻ	kʻ g’	’g	·	’u, y ’w	h	

第二表　五种汉藏对音韵母比较表(甲)

广韵韵部 / 藏文对音	歌 [ɑ]	戈 [uɑ]	麻 [a] [wa] [ĭa]	模 [o]	鱼 [ĭo]	虞 [ĭu]	哈 [ại]	灰 [uại]	泰 [ɑi] [uɑi]	皆 [ại] [wại]	佳 [aːi] [waːi]	祭 [ĭæi] [ĭwæi]	齐 [iei] [iwei]
阿弥陀经	a		— wa a (正齿)	o u (唇声)	i u	u	e	we	e we	e —		e —	e —
金刚经	a	wa	a wa ya	o u (唇声)	i u	u	e'i	we'i	e'i we'i	e'i —	a —	e'i —	e —
唐蕃会盟碑	a	a (唇声)	— — ye	o u (努)	u o (主)	u	a'e		a'i —				{e {e'i —
千字文	a	wa a (唇声)	a — ya	o uo (二字)	u i	u	ai	wai ai (唇声)	— wa'i	e'i we'i	a wa	e'i we'i	{e'i {ye we
大乘中宗见解	a o (二字)	wa a (唇声)	a wa ya	o u (唇声)	u i	u	e	we e (唇声)	e we	e —	a we	e —	{e {ye we

（续表）

广韵韵部 藏文对音	脂 [i] [wi]	之 [iː]	支 [iĕ] [wiĕ]	微 [ĕi] [wĕi]	豪 [ɑu]	肴 [au]	宵 [ĭæu]	萧 [ieu]	侯 [i ǝ̆u]	尤 [ĭ ǝ̆u]
阿弥陀经	i —	i	i —	yi —	e'u		i'u			i'u u （唇声）
金刚经	i —	i	i u	yi u	e'u		e'u		i'u u （唇声）	i'u u （唇声）
唐蕃会盟碑	i u	i	i —	e'i u'i	a'u		e'u		u （楼）	i'u
千字文	i wi	i	i {u'i u	e （飞） u'i	a'u e'u	a'o e'u	a'u ya'u ye'u	ya'u e'u	e'u a'o （二字） u （唇声）	e'u i'u u （唇声）
大乘中宗见解	i u	i	i u	{yi i u	e'u	e'u	e'u	e'u	i'u	i'u u （唇声）

第三表　五种汉藏对音韵母比较表(乙)

广韵韵部 藏文对音	覃 [ạm]	谈 [ɑm]	咸 [ạm]	衔 [am]	盐 [ĭæm]	严 [ĭɐm]	添 [iem]	凡 [ĭwɐm]	侵 [ĭəm]	寒 [ɑn]	桓 [uɑn]
阿弥陀经		am			em	em	em	am	im	an	wan
金刚经	am	am				em	am (念)		im	an	wan
唐蕃会盟碑	am	—					yam		im	an	wan
千字文	am	am		am	em		yam		im	an	wan an (唇声)
大乘中宗见解	am	am	am		yam		yam	am	im yim	an	wan an (唇声)

（续表）

广韵韵部 藏文对音	山 [ạn] [wạn]	删 [an] [wan]	仙 [ĭæn] [ĭwæn]	元 [ĭɐn] [ĭwɐn]	先 [ien] [iwen]	痕 [ən]	魂 [uən]	真 [ĭěn]	谆 [ĭuěn]	欣 [ĭən]	文 [ĭuən]
阿弥陀经	en —		— wan	en an（唇声）	{yan yen en} —			in			un
金刚经	{en yen} —		en —	en an（唇声）	{yan yen en} —	in	on	in			un
唐蕃会盟碑			en —	— wan	yen ywan		on	in	on un（尹）		un
千字文	an —	an —	an（正齿） wan	an wan	yan —		on un	in	un	in	un
大乘中宗见解	{en yen} yan（幻）	— wan	an（正齿） wan	en {an（唇声） wen}	{yan yen} —	in	on un	in	un		un

（续表）

广韵韵部 / 藏文对音	合[ɑ̣p]	盍[ɑp]	洽[ap̣]	狎[ap]	葉[ĭæp]	业[ĭɐp]	帖[iep]	乏[ĭwɐp]	缉[ĭəp]	曷[ɑt]	末[uɑt]
阿弥陀经	ab					ab		ab	ib	ar	ad（唇声）
金刚经	ab					eb		ab	ib	ar	ar（唇声）
唐蕃会盟碑	ab	ab				ib̥	yab		ib		al（唇声）
千字文	ab			ab	yab eb		yab	ab	ib	ar	
大乘中宗见解					ab（正齿）	eb		ab	ib	ar	war ar（唇声）

（续表）

广韵韵部 / 藏文对音	鎋 [ạt] [wạt]	黠 [at] [wat]	薛 [ĭæt] [ĭwæt]	月 [ĭɐt] [ĭwɐt]	屑 [iet] [iwet]	没 [uət]	质 [ĭĕt]	術 [ĭuĕt]	迄 [ĭət]	物 [ĭuət]
阿弥陀经				— ad（唇声）			ir	ur		ur
金刚经		ar —	yer war	— ar（唇声）			ir	ur		ur
唐蕃会盟碑			{er / ed} —		yal —	od				
千字文		ar —	yar war		{yar / er} —		ir			ur
大宗乘见中解		ar —	{yar / yer} war		er —	ur	ir			ur

第四表　五种汉藏对音韵母比较表(丙)

广韵韵部 藏文对音	唐 [ɑŋ] [wɑŋ]	阳 [ĭaŋ] [ĭwaŋ]	江 [ɔŋ]	庚 [ɐŋ][ĭɐŋ] [wɐŋ][ĭwaŋ]	耕 [ɛŋ] [wɛŋ]	清 [ĭæŋ] [ĭwæŋ]	青 [ieŋ] [iweŋ]	登 [əŋ] [wəŋ]	蒸 [ĭəŋ]	东 [oŋ] [ĭoŋ]	冬 [uoŋ]	鍾 [ĭwoŋ]
阿弥陀经	— waṅ	aṅ waṅ	waṅ	eṅ —		{eṅ, e,yi} —	{yeṅ, yiṅ, yi(经)} —	iṅ —	iṅ —	oṅ uṅ		
金刚经	aṅ waṅ	aṅ —	aṅ	eṅ —		{eṅ, ye,yi} —	eṅ —	iṅ —	iṅ —	oṅ uṅ		uṅ
唐蕃会盟碑	aṅ waṅ	aṅ(将) —		eṅ —		eṅ —	{eṅ, e(宁), ye(名)} —	iṅ —	iṅ —	oṅ uṅ	oṅ	uṅ
千字文	aṅ(二字) o	yo o(正齿)	aṅ	e,ye we		e we	{e, ye} —	eṅ —	eṅ —	oṅ uṅ	oṅ	uṅ
大乘中宗见解	oṅ woṅ	yoṅ oṅ(正齿)		eṅ,ye —		{eṅ, ye} —	eṅ —	iṅ —	iṅ —	oṅ uṅ	oṅ	uṅ oṅ

（续表）

广韵韵部 / 藏文对音	铎 [ɑk] [wɑk]	药 [ĭak] [ĭwak]	觉 [ɔk]	陌 [ɐk][ĭɐk] [wɐk][ĭwɐk]	麦 [ɛk] [wɛk]	昔 [ĭæk] [ĭwæk]	锡 [iek] [iwek]	德 [ək] [wək]	职 [ĭək] [ĭwək]	屋 [ok] [ĭok]	沃 [uok]	烛 [ĭwok]
阿弥陀经	ag —	ag（正齿） —	yag			yig —		ig {og / ug}	ig —	 — ug		yog
金刚经	ag —	ag（正齿） —	yag eg	ig —				ig og	ig —	og ug	og	
唐蕃会盟碑	ag wag	ag —				ig̥ —	eg	ig —		og —	og	og
千字文	ag —	yag ag（正齿）	yag	eg weg	eg	{yig / ig} —	ig	eg ug	ig —	og ug		wag ug（足）
大宗乘见中解	ag —	ag —	ag	eg ig — —		{yig / ig} —	ig	ig og	{ig / eg} —	og ug		wog og

附录一　汉藏对音《千字文》与《切韵》音及六种现代西北方音的比较

二

汉字	藏音	切韵音	兰州	平凉	西安	三水	文水	兴县
(1)和	hwa[①]	ɣua(匣,戈)	xo	xuo	xuo	xuo	xuɯ	xuo
(2)下	ha'	ɣa(匣,马)	ɕia	ɕia	ɕia	ɕia	ɕia	ɕia
(3)睦	'bug(?)	mĭok(明,屋三)	mu	mu	mu	mu	mbə	mbə
(4)夫	p'u(?)	pjĭu(非,虞)	fu	fu	fu	fu	xu	fu
(5)唱	c'o'o	tɕ'ĭaŋ(穿三,漾开)	ʈ'ɔ̃	ʈ'ã	ʈ'ã	ʈ'ã	tʂ'ã	tʂ'ə
(6)婦	bu	b'jĭə̆u(奉,有)	fu	fu	fu	fu	xu	fu
(7)隨	su'i	zwiĕ(邪,支合)	suei	suæi	sui	suei	ɕy	ɕy
(8)外	'gu…	ŋuɑi(疑,泰合)	uæ	uæ	uæ	uæ	uæi	uæ

---

① 此表标音除藏音为罗马字外,其馀均系国际音标。

三

汉字	藏音	切韵音	兰州	平凉	西安	三水	文水	兴县
(1)諸	cu	tɕĭo(照三,鱼)	ʈu	tʂʮ	pfu	tsʮ	tsu	tsu
(2)姑	kuo	ko(见,模)	ku	ku	ku	ku	ku	ku
(3)伯	peg	pɐk(帮,陌)	pei	pæi	pei	pei	piæ	piə
(4)叔	çug	ɕĭok(审,屋三)	fu	ʂʮ	fu	sʮ	suə	suə
(5)猶	yu	ĭəu(喻四,尤)	iɯ	iu	iu	iu	ieʉ	io
(6)子	tsi	tsi:(精,止)	tsɿ	tsɿ	tsɿ	tsɿ	tsɿ	tsɿ
(7)比	bi	pji(帮,旨开)	pi	pi	pi	pi	pi	pi
(8)兒	źi	ȵʑiĕ(日,支开)	ær	œr	ər	ər	ər	ər
(9)孔	kʻon	kʻoŋ(溪,董一)	kʻuə̃	kʻuə̃	kʻuoŋ	kʻuŋ	kʻũ	kʻuə̃

四

汉字	藏音	切韵音	兰州	平凉	西安	三水	文水	兴县
(1)交	kaʻu	kau(见,肴)	tɕio	tɕiau	tɕiau	tɕiau	tɕiau	tɕiau
(2)友	ʼiu	jĭəu(喻三,有)	iɯ	iu	iu	iu	ieʉ	io
(3)投	deʼu	dʻəu(定,侯)	tʻəɯ	tʻou	tʻou	tʻou	tʻəʉ	tʻo
(4)分	bun	bʻjĭuən(奉,问)	fə̃	fə̃	fæ̃	fæ̃	xũ	fuə̃
(5)切	tsʻer	tsʻiet(清,屑)	tɕʻie	tɕʻiə	tɕʻiæ	tsiæ	tɕʻiæ	tɕʻə
(6)磨	ʼba	muɑ(明,戈)	mo	mo	mo	mo	mbɯ	mbə
(7)箴	cim	tɕĭəm(照三,侵)	ʈə̃	ʈə̃	ʈæ̃	ʈæ̃	tʂə̃	tʂə̃

五

汉字	藏音	切韵音	兰州	平凉	西安	三水	文水	兴县
(1)次	ts'i	ts'i(清,至开)	ts'ɿ	ts'ɿ	ts'ɿ	ts'ɿ	st'ɿ	ts'ɿ
(2)弗	p'ur	pjĭuət(非,物)	fu	fu	fo	fo	xuə	fuə
(3)離	li	ljiĕ(来,支开)	li	li	li	li	li	li
(4)節	tser	tsiet(精,屑开)	tɕie	tɕiə	tɕiæ	tsiæ	tɕiæ	tɕiə
(5)義	'gi	ŋjiĕ(疑,寘开)	i	i	i	i	i	i
(6)廉	lem	ljĭæm(来,盐)	leæ̃	leæ̃	leæ̃	leæ	lə̃	liŋ
(7)退	t'wa'i	t'uɑ̣i(透,队)	t'uei	t'uæi	tuei	t'uei	t'uei	t'uæ
(8)顛	tyan	tien(端,先)	tiæ̃	tiæ̃	tiæ̃	tiæ	tiə̃	tiŋ

六

汉字	藏音	切韵音	兰州	平凉	西安	三水	文水	兴县
(1)情	dze	dz'ĭæŋ(从,清)	tɕ'iə̃	tɕ'iə̃	tɕ'iŋ	ts'iŋ	tɕ'iə̃	tɕ'iə̃
(2)逸	yir	ĭĕt(喻三,质)	i	i	i	i	iə	iə
(3)心	sim	sĭəm(心,侵)	ɕiə̃	ɕiə̃	ɕiæ̃	siæ̃	ɕiə̃	ɕiə̃
(4)動	doṅ	d'oŋ(定,董一)	tuə̃	tuə̃	tuŋ	tuoŋ	tuõ	tuə̃
(5)神	çin	dʑ'ĭĕn(床三,真)	ʂə̃	ʂə̃	ʂæ̃	ʂæ̃	ʂə̃	ʂə̃
(6)疲	be	b'jiĕ(並,支开)	psi	p'i	p'i	p'i	p'i	p'i
(7)守	çi'u	ɕĭĕu(审三,有)	ʂəɯ	ʂou	ʂou	ʂou	ʂəʉ	ʂo

七

汉字	藏音	切韵音	兰州	平凉	西安	三水	文水	兴县
(1)堅	kyan	kien(见,先)	tɕiæ̃	tɕiæ̃	tɕiæ̃	tɕiæ	tɕiə̃	tɕiŋ
(2)持	ji	ȡ'iː(澄,之)	tʂ'ʅ	tʂ'ʅ	tʂ'ʅ	tʂ'ʅ	tʂ'ʅ	tʂ'ʅ
(3)雅	'ga	ŋa(疑,马)	ia	ia	ia	ia	ia	ia
(4)操	ts'a'u	ts'ɑu(清,豪)	ts'o	ts'au	ts'au	ts'au̜	ts'au	ts'au
(5)好	ha'u	xɑu(晓,皓)	xo	xau	xau	xau	xau	xau
(6)爵	tsyag	tsĭak(精,药)	tɕyo	tɕyo	tɕyo	tsyo	tɕiæ	tɕiə
(7)自	dzi	dz'i(从,至开)	tsɿ	tsɿ	tsɿ	tsɿ	tsɿ	tsɿ

八

(1)東	toṅ	toŋ(端,东一)	tuə̃	tuə̃	tuoŋ	tuoŋ	tũ	tuə̃
(2)西	sye	siei(心,齐开)	ɕi	ɕi	ɕi	si	ɕi	ɕi
(3)二	źi	ȵʑi(日,至开)	ær	œr	ər	ər	ər	ər
(4)京	ke	kjĭɐŋ(见,庚开三)	tɕiə̃	tɕiə̃	tɕiŋ	tɕiŋ	tɕiə̃	tɕiə̃
(5)背	ba'i	puɑ̣i(帮,队)	pei	pæi	pei	pei	pæi	pæ
(6)邙	mo	mɑŋ(明,唐开)	mɔ̃	mã	mã	mã	mbu	mbə
(7)面	myan	mjĭæn(明,线开)	miæ̃	miæ̃	miæ̃	miæ	mbiə̃	mbiŋ

九

(1)欝	gur	ĭuət(影,物)	y	y	y	y	yə	yə
(2)樓	le'u	lə̆u(来,侯)	ləɯ	lu	lou	lou	ləʉ	lo

漢字	藏音	切韵音	兰州	平凉	西安	三水	文水	兴县
(3)觀	kwan	kuɑn(见,换)	kuæ	kuæ̃	kuæ̃	kuæ	kuæ̃	kuəŋ
(4)飛	p'e	pjwĕi(非,微合)	fei	fæi	fi	fei	xuei	fuæ
(5)驚	keṅ	kjɪɐŋ(见,庚开三)	tɕiə̃	tɕiə̃	tɕiŋ	tɕiŋ	tɕiə̃	tɕiə̃
(6)圖	duo	d'o(定,模)	t'u	t'u	t'ou	t'u	t'u	t'u
(7)[寫]	sya	sĭa(心,麻三)	ɕie	ɕiə	ɕiæ	siæ	ɕie	ɕiə
(8)[禽]	g(i)m	gj'ɪəm(群,侵)	tɕ'iə̃	tɕ'iə̃	tɕ'iæ̃	tɕ'iæ̃	tɕ'iə̃	tɕ'iə̃
(10)[畫]	(h)wa	ɣwai(匣,卦合)	xua	xua	xua	xua	xua	xua
(11)[綵]	ts'a'(i)	ts'ɑ̣i(清,海)	ts'æ	ts'æ	ts'æ	ts'æ	ts'æi	ts'æ
(12)[仙]	syan	sĭæn(心,仙)	ɕiæ̃	ɕiæ̃	ɕiæ̃	siæ	ɕiə̃	ɕiŋ

十

(1)舍	çya	ɕĭa(审三,祃开三)	ʂæi	ʂə	ʂə	ʂə	ʂɯ	ʂə
(2)傍	bo	b'ɑŋ(並,唐)	—	—	—	—	pu	—
(3)啓	k'ye	k'iei(溪,荠开)	tɕ'i	tɕ'i	tɕ'i	tɕ'i	tɕ'i	tɕ'i
(4)甲	kab	kap(见,狎)	tɕia	tɕia	tɕia	tɕia	tɕia	tɕia
(5)帳	coṅ	ʈĭaŋ(知,漾)	ʈɔ̃	ʈã	ʈã	ʈã	tʂu	tʂə
(6)對	twa'i	tuɑ̣i(端,队)	tuei	tuæi	tuei	tuei	tuei	tuæ
(7)楹	yeṅ	ĭæŋ(喻四,清)	iə̃	iə̃	iŋ	iŋ	iə̃	iə̃
(8)肆	si	si(心,至)	sɿ	sɿ	sɿ	sɿ	sɿ	sɿ
(9)筵	yan	ĭæn(喻四,仙)	iæ̃	iæ̃	iæ̃	iæ	iə̃	iŋ

汉字	藏音	切韵音	兰州	平凉	西安	三水	文水	兴县
(10)設	çar	ɕĭæt(审三，薛开)	ʂæi	ʂə	ʂə	ʂə	ʂa	ʂə
(11)席	syig(?)	zĭæk(邪，昔)	ɕi	ɕi	ɕi	si	ɕiə	ɕiə

十一

汉字	藏音	切韵音	兰州	平凉	西安	三水	文水	兴县
(1)吹	c'u	tɕ'wiĕ(穿三，支合)	ʈʻuei	ʈʻuæi	pfʻei	tsʻui	tsʻuei	tsʻyi
(2)笙	çe	ʂɐŋ(审二，庚开二)	ʂə̃	ʂə̃	ʂəŋ	səŋ	ʂə̃	ʂə̃
(3)昇	çeṅ	ɕĭəŋ(审三，蒸)	ʂə̃	ʂə̃	ʂəŋ	ʂəŋ	ʂə̃	ʂə̃
(4)階	ke'i	kại(见，皆)	tɕie	tɕiə	tɕiæ	tɕiæ	tɕiæi	tɕiæ
(5)納	'dab	nạp(泥，合)	na	na	na	la	nda	nda
(6)陛	be'i	b'iei(並，荠)	pi	pi	pi	pi	pi	pi
(7)弁	byan	b'jĭæn(並，线开)	piæ̃	piæ̃	piæ̃	piæ	piẽ	piŋ
(8)轉	jwen	ʈĭwæn(知，狝合)	ʈuæ	ʈuæ̃	pfæ̃	tsuæ	tsuæ̃	tsuəŋ
(9)疑	'gi	ŋji:(疑，之)	i	i	ɲi	ɲi	i	i
(10)星	sye	sieŋ(心，青)	ɕiə̃	ɕiə̃	ɕiŋ	siŋ	ɕiə̃	ɕiə̃
(11)右	yu	jĭə̆u(喻三，宥)	iɯ	iu	iu	iu	ieʉ	io

十二

汉字	藏音	切韵音	兰州	平凉	西安	三水	文水	兴县
(1)内	'de'i(?)	nuại(泥，队)	luei	luæi	lui	lui	ndæi	nduæ
(2)左	dza	tsɑ(精，哿)	tso	tso	tso	tso	—	tsə
(3)達	dar	d'ɑt(定，曷)	ta	ta	ta	ta	ta	ta

汉　字	藏　音	切　韵　音	兰州	平凉	西安	三水	文水	兴县
(4)承	çeṅ	dʑʻĭəŋ(床三,蒸)	ʈʻə̃	ʈʻə̃	ʈʻəŋ	ʈʻəŋ	tʂʻə̃	tʂʻə̃
(5)明	meṅ	mjĭɐŋ(明,庚三)	miə̃	miə̃	miŋ	miŋ	mbi	mbiə̃
(6)既	gi	kjĕi(见,未开)	tɕi	tɕi	tɕi	tɕi	tɕi	tɕi
(7)集	dzib	dzʻĭəp(从,缉)	tɕi	tɕi	tɕi	tsi	tɕiə	tɕiə
(8)墳	bun	bʻjĭwən(奉,文)	fə̃	fə̃	fæ̃	fæ̃	xũ	fuẽ
(9)典	tya(n)	tien(端,铣开)	tiæ̃	tiæ̃	tiæ̃	tiæ	tiə̃	tiŋ

十三

(1)群	gun	gʻjĭuən(群,文)	tɕʻyə̃	tɕʻyũ	tɕʻyæ̃	tɕʻyæ̃	tɕyũ	tɕʻyə
(2)英	·e	·ĭɐŋ(影,庚开三)	iə̃	iə̃	iŋ	iŋ	iə̃	iə̃
(3)杜	do	dʻo(定,姥)	tu	tu	tou	tu	tu	tu
(4)稿	ke'u	kɑu(见,皓)	ko	kau	kau	kau	kau	ku
(5)鍾	cuṅ	tɕĭwoŋ(照三,鍾)	ʈuə̃	ʈuə̃	pfəŋ	tsoŋ	tsũ	tsuə̃
(6)隸	le'i	liei(来,霁开)	li	li	li	li	li	li

十四

(1)羅	la'	lɑ(来,歌)	lo	lo	lo	la	lɯ	lə
(2)將	tsyo	tsĭaŋ(精,阳开)	tɕiɔ̃	tɕiã	tɕiã	tsiã	tɕiã	tɕiə
(3)相	syo	sĭaŋ(心,阳开)	ɕiɔ̃	ɕiã	ɕiã	siã	ɕiã	ɕiə
(4)路	lo	lo(来,暮)	lu	lou	lou	lou	ləʉ	lo

汉字	藏音	切韵音	兰州	平凉	西安	三水	文水	兴县
(5)俠	hyab	ɣiep(匣,帖)	ɕie	ɕiə	ɕiæ	ɕiæ	ɕiæ	ɕiə
(6)槐	hwe···	ɣwại(匣,皆合)	xuæ	xuæ	xuæ	xuæ	xuæi	xuai

十五

汉字	藏音	切韵音	兰州	平凉	西安	三水	文水	兴县
(1)給	keb	kjĭəp(见,缉)	tɕi	tɕi	tɕi	tɕi	ȶɕiə	ȶɕiə
(2)千	ts'yan	ts'ien(清,先开)	tɕ'iæ̃	tɕ'iæ̃	tɕ'iæ̃	ts'iæ	tɕ'iə̃	tɕ'iŋ
(3)兵	pe	pjĭɐŋ(帮,庚三)	piə̃	piə̃	piŋ	piŋ	piə̃	piə̃
(4)高	ka'u	kɑu(见,豪)	ko	kau	kau	kau	kau	ku
(5)冠	kwan	kuɑn(见,桓)	kuæ	kuæ̃	kuæ̃	kuæ	kuæ̃	kuəŋ
(6)陪	ba'i	b'uại(並,灰)	p'ei	p'æi	p'ei	p'ei	p'æi	p'æ
(7)輦	lyan	ljĭæn(来,狝)	leæ̃	leæ̃	leæ̃	leæ	liẽ	liŋ
(8)驅	k'u	k'jĭu(溪,虞)	tɕ'y	tɕ'y	tɕ'y	tɕ'y	tɕ'y	tɕ'yi
(9)轂	kog	kok(见,屋一)	ku	ku	ku	ku	kuə	kuə
(10)振	cin	tɕĭěn(照三,震)	ʈə̃	ʈə̃	ʈæ̃	ʈæ̃	tʂə̃	tʂə̃
(11)纓	e	·ĭæŋ(影,清开)	iə̃	iə̃	iŋ	iŋ	iə̃	iə̃

十六

汉字	藏音	切韵音	兰州	平凉	西安	三水	文水	兴县
(1)祿	log	lok(来,屋一)	lu	lu	lou	lou	luə	luə
(2)侈	c'i	tɕ'iě(穿三,纸开)	ts'ʅ	ts'ʅ	ts'ʅ	ts'ʅ	ts'ʅ	ts'ʅ
(3)富	p'u	pjĭəu(非,宥)	fu	fu	fu	fu	xu	fu

汉字	藏音	切韵音	兰州	平凉	西安	三水	文水	兴县
(4)車	ki	kjĭo(见,鱼)	tɕy	tɕy	tɕy	tɕy	tɕy	tɕyi
(5)駕	ga	ka(见,祃开二)	tɕia	tɕia	tɕia	tɕia	tɕia	tɕia
(6)肥	bi	bʻjwĕi(奉,微合)	fei	fæi	fi	fei	xuei	fuæ
(7)輕	kʻye	kʻjĭæŋ(溪,清开)	tɕʻiə̃	tɕʻiə̃	tɕʻiŋ	tɕʻiŋ	tɕʻiə	tɕʻiə
(8)策	cʻeg	tʂʻɐk(照二,麦开)	tsʻei	tsʻæi	tsʻei	tsʻei	tsʻa	tsʻə
(9)功	ku(ṅ)	koŋ(见,东一)	kuə̃	kuə̃	kuoŋ	kuŋ	kũ	kuə̃
(10)茂	'bu	mə̆u(明,候)	mu	mu	mu	mu	mbu	mbu
(11)實	çi(r)	dʑʻĭĕt(床,质)	ʂʅ	ʂʅ	ʂʅ	ʂʅ	ʂə	ʂə

十七

汉字	藏音	切韵音	兰州	平凉	西安	三水	文水	兴县
(1)碑	pi	pjiĕ(非,支开)	pi	pi	pi	pi	pæi	pæ
(2)刻	kʻeg	kʻək(溪,德开)	kʻei	kʻæi	kʻei	kʻei	kʻə	kʻə
(3)銘	me	mieŋ(明,青开)	miə̃	miə̃	miŋ	miŋ	mbiə̃	mbiə̃
(4)磻	ban	bʻuɑn(並,桓)	pʻæ	pʻæ̃	pʻæ̃	pʻæ	pʻæ̃	pʻəŋ
(5)溪	kʻyaʼi	kʻiei(溪,齐开)	tɕʻi	tɕʻi	tɕʻi	tɕʻi	tɕʻi	tɕʻi
(6)伊	·i	·i(影,脂开)	i	i	i	i	i	i
(7)尹	'win	jĭuĕn(喻三,准)	yə̃	yũ	yɛ̃	yɛ̃	yuõ	yə̃
(8)佐	dzaʼ	tsɑ(精,哿)	tso	tso	tso	tso	—	tsə
(9)時	çiʼi	ʑi(禅,之)	sʅ	sʅ	sʅ	sʅ	sʅ	sʅ
(10)阿	·a	·ɑ(影,歌)	*o①	*o	*o	*ə	*ɯ	*ə

① 凡加星号＊者不见于高本汉《方音字典》乃由类推而得之读音。

十八

汉字	藏音	切韵音	兰州	平凉	西安	三水	文水	兴县
(1)宅	jeg	ɖʻɐk(澄,陌二)	tsei	tsæi	tsei	tsʻei	tsa	tsə
(2)曲	kʻwag	kʻjĭwok(溪,烛)	tɕʻy	tɕʻy	tɕʻy	tɕʻy	tɕʻyə	tɕʻyə
(3)阜	pʻu	pjĭəu(非,宥)	fu	fu	fu	fu	xu	fu
(4)微	'byi	mjwĕi(微,微合)	uei	væi	vei	uei	uei	væ
(5)旦	dan	tɑn(端,翰)	tæ	tæ̃	tæ̃	tæ	tã	tã
(6)孰	çug	ʑĭok(禅,屋三)	fu	ʂʮ	fu	sʮ	suə	suə
(7)營	'we	ĭwæŋ(喻四,清合)	iə̃	iə̃	iŋ	iŋ	iə̃	iə̃
(8)桓	hwan	* ɣuɑn(匣,桓)	* xuæ	* xuæ̃	* xuæ̃	* xuæ	* xuæ̃	* xuəŋ
(9)公	ko(ṅ)	koŋ(见,东一)	kuə̃	kuə̃	kuoŋ	kuoŋ	kũ	kuə̃

十九

(1)弱	źag	ȵʑĭak(日,药)	uo	ʐo	va	ʐo	ʐa	ʐə
(2)扶	pʻu	bʻjĭu(奉,虞)	fu	fu	fu	fu	xu	fu
(3)傾	kʻwe	kʻjĭwæŋ(溪,清合)	tɕʻiə̃	tɕʻiə̃	tɕʻiŋ	tɕyuŋ	tɕʻiə̃	tɕʻiə̃
(4)綺	kʻi	* kʻjiĕ(溪,纸)	* tɕʻi	* tɕʻi	* tɕʻi	* tɕʻi	* tɕʻi	* tɕʻi
(5)迴	hwaʼi	* ɣuɑ̣i(匣,灰)	xuei	xuæi	xuei	xuei	xuei	xuæ
(6)漢	han	xɑn(晓,寒)	xæ	xæ̃	xæ̃	xæ	xæ̃	xəŋ
(7)惠	(hw)e	* ɣiwĕi(匣,霁合)	xuei	xuæi	xui	xui	xuei	xuæ

二十

汉字	藏音	切韵音	兰州	平凉	西安	三水	文水	兴县
(1)蜜	'bir	mjĭet(明,质)	mi	mi	mi	mi	mbiə	mbiə
(2)勿	'bur	mjĭuət(微,物)	o	uo	vo	uo	uə	və
(3)多	ta	tɑ(端,歌)	to	to	to	to	tɯ	tə
(4)士	çi	ɖʐʻiː(床二,止)	sʅ	sʅ	sʅ	sʅ	sʅ	sʅ
(5)寔	çig	*ʑĭək(禅,职)	*ʂʅ	*ʂʅ	*ʂʅ	*ʂʅ	*ʂə	*ʂə
(6)寧	ne	nieŋ(泥,青)	ɲiə̃	ɲiə̃	ɲiŋ	ɲiŋ	ɲȡiə̃	ɲȡiə̃
(7)〔晋〕	dzin	tsĭĕn(精,震)	tɕiə̃	tɕiə̆	tɕiæ̃	tsiæ̃	ȶɕiə̃	tɕiə̃
(8)〔楚〕	cʻi	tʂʻĭo(穿二,鱼)	ʈʻu	tʂʻɥ	pfʻu	tsʻɥ	tsʻu	tsʻu
(9)〔更〕	keṅ	kɐŋ(见,庚二)	kə̃	kə̃	kəŋ	kəŋ	kə̃	kə̃
(10)趙	*jaʼu	ȡʻĭæu(澄,小)	ʈɔ	ʈau	ʈau	ʈau	tʂau	tʂu

二十一

(1)横	hweʼe	ɣwɐŋ(匣,庚合二)	xuə̃	xuə̃	xuoŋ	xuoŋ	xũ	xuə̃
(2)假	ga	ka(见,马开二)	tɕia	tɕia	tɕia	tɕia	tɕia	tɕia
(3)途	do	dʻo(定,模)	tʻu	tʻu	tʻou	tʻu	tʻu	tʻu
(4)滅	'byar	mjĭæt(明,薛开)	miə	miə	miæ	miæ	mbiæ	mbiə
(5)虢	kweg	*kwɐk(见,陌合二)	*kuei	*kuæi	*kuei	*kuei	*kua	*kuə
(6)踐	dzyan	dzʻĭæn(从,线开)	tɕiæ̃	tɕiæ̃	tɕiæ̃	tɕiæ	tɕiẽ	tɕiŋ

汉字	藏音	切韵音	兰州	平凉	西安	三水	文水	兴县
(7)土	tʻuo	tʻo(透,姥)	tʻu	tʻu	tʻou	tʻu	tʻu	tʻu
(8)會	hwaʼi	*ɣuɑi(匣,泰合)	xuei	xuæi	xui	xui	xuei	xuæ
(9)盟	meṅ	mjĭɐŋ(明,庚开三)	miə̃	miə̃	miŋ	miŋ	mbi	mbiə̃
(10)何	ha	ɣɑ(匣,歌)	xo	xo	xo	xə	xɯ	xə
(11)遵	tsun	tsĭuĕn(精,谆)	tɕyə̃	tɕyũ	tɕyæ̃	—	tɕyũ	tɕyə̃

二十二

(1)法	pʻab	pjĭwɐp(非,乏)	fa	fa	fa	fa	xua	fua
(2)韓	han	*ɣɑn(匣,寒)	xæ	xæ̃	xæ̃	xæ	xæ̃	xəŋ
(3)弊	beʼi	bʻjĭæi(並,祭)	pi	pi	pi	pi	pi	pi
(4)煩	ban	bʻjĭwɐn(奉,元合)	fæ	fæ̃	fæ̃	fæ	xuã	fuã
(5)刑	hye	ɣieŋ(匣,青开)	ɕiə̃	ɕiə̃	ɕiŋ	ɕiŋ	ɕiə̃	ɕiə̃
(6)起	kʻi	kʻjiː(溪,止)	tɕʻi	tɕʻi	tɕʻi	tɕʻi	tɕʻi	tɕʻi
(7)翦	tsyan	tsĭæn(精,戈开)	tɕiæ̃	tɕiæ̃	tɕiæ̃	tsiæ	tɕiẽ	tɕiŋ
(8)頗	pʻa	pʻuɑ(滂,喻)	pʻo	pʻo	pʻo	pʻo	pʻɯ	pʻə
(9)牧	ʼbug	mĭok(明,屋三)	mu	mu	mu	mu	mbə	mbə
(10)用	yuṅ	ĭwoŋ(喻四,用)	yə̃	yũ	yuŋ	yuŋ	yũ	yə̃
(11)軍	ku(n)	kjĭuən(见,文)	tɕyə̃	tɕyũ	tɕyæ̃	tɕyæ̃	tɕyũ	tɕyə̃

二十三

汉　字	藏　音	切　韵　音	兰州	平凉	西安	三水	文水	兴县
(1)精	tsye	tsĭæŋ(精,清开)	tɕiə̃	tɕiə̃	tɕiŋ	tsiŋ	tɕiə̃	tɕiə̃
(2)宣	swan	sĭwæn(心,仙合)	ɕyæ	ɕyæ̃	ɕyæ̃	syæ	syẽ	ɕỹ
(3)威	·uʼi	·wĕi(影,微合)	uei	uæi	uei	ui	uei	uæ
(4)沙	ça	ʂa(审二,麻开二)	sa	sa	sa	sa	sa	sa
(5)漠	ʼbag	mɑk(明,铎开)	mu	mo	mo	mo	mba	mbə
(6)馳	jiʼi	ȡʻiĕ(澄,支开)	tʂʻʅ	tʂʻʅ	tʂʻʅ	tʂʻʅ	tʂʻʅ	tʂʻʅ
(7)譽	yi	ĭo(喻四,鱼)	y	y	y	y	y	yi
(8)丹	tan	tɑn(端,寒)	tæ	tæ̃	tæ̃	tæ	tã	tã
(9)青	tsʻe	tsʻieŋ(清,青)	tɕʻiə̃	tɕʻiə̃	tɕʻiŋ	tsʻiŋ	—	tɕʻiə̃
(10)九	guʼu	kjĭə̆u(见,尤)	tɕiɯ	tɕiu	tɕiu	tɕiu	tɕieʉ	tɕio

二十四

(1)百	peg	pɐk(帮,陌)	pei	pæi	pei	pei	piæ	piə
(2)郡	gwin	gʻjĭuən(群,问)	tɕyə̃	tɕyũ	tɕyæ̃	tɕyæ̃	tɕyũ	tɕyə̃
(3)秦	jen	dzʻĭĕn(从,真)	tɕʻiə̃	tɕʻiə̃	tɕʻiæ̃	tsʻiæ̃	tɕʻiə̃	tɕiə̃
(4)并	pye	pjĭæŋ(帮,劲)	piə̃	piə̃	piŋ	piŋ	piə̃	piə̃
(5)嶽	ʼgag	ŋɔk(疑,觉)	yo	yo	yo	yo	iæ	ie
(6)宗	tsoṅ	tsuoŋ(精,冬)	tsuə̃	tsuə̃	tsuoŋ	tsuoŋ	tsũ	tsuə̃
(7)恒	h(e)ṅ?	ɣəŋ(匣,登开)	xə̃	xə̃	xəŋ	xəŋ	xə̃	xə̃
(8)岱	daʼi	*ɗại(定,代)	*tæ	*tæ	*tæi	*tæ	*tai	*tæ

汉字	藏音	切韵音	兰州	平凉	西安	三水	文水	兴县
(9)禪	çan	ʑĭæn(禅,线开)	tʻæ	tʻæ̃	ʂæ̃	ʂæ	tʂʻæ	tʂʻəŋ

二十五

汉字	藏音	切韵音	兰州	平凉	西安	三水	文水	兴县
(1)鴈	'gan	ŋan(疑,谏开)	iæ̃	iæ̃	iæ̃	iæ	ɲȡiã	iã
(2)門	'bun	muən(明,魂)	mə̃	mə̃	mæ̃	mæ̃	mbə̃	mbə̃
(3)紫	tsi	tsiĕ(精,纸)	tsɿ	tsɿ	tsɿ	tsɿ	tsɿ	tsɿ
(4)塞	sa'i	sại(心,代)	sæ	sæ	sæi	sæ	sai	sæ
(5)雞	kye	kiei(见,齐开)	tɕi	tɕi	tɕi	tɕi	tɕi	tɕi
(6)田	dyan	dʻien(定,先开)	tʻiæ̃	tʻiæ̃	tʻiæ̃	tʻiæ	tʻiə̃	tʻiŋ

二十六

汉字	藏音	切韵音	兰州	平凉	西安	三水	文水	兴县
(1)鉅	gi	gʻjĭo(群,语)	tɕy	tɕy	tɕy	tɕy	tɕy	tɕyi
(2)野	ya	ĭa(喻四,马开三)	ie	iə	iæ	iæ	i	iə
(3)洞	doṅ	dʻoŋ(定,送一)	tuə̃	tuə̃	tuŋ	tuoŋ	tuõ	tuə̃
(4)庭	de	dʻieŋ(定,青开)	tʻiə̃	tʻiə̃	tʻiŋ	tʻiŋ	tʻiə̃	tʻiə̃
(5)曠	kʻo	kʻuɑŋ(溪,宕合)	kʻuɔ̃	kʻuã	kʻuã	kʻuã	kʻuã	kʻuə̃
(6)遠	'wan	jĭwen(喻三,阮合)	yæ	yæ̃	yæ̃	yæ	yə̃	ỹ
(7)〔綿〕	myen	mjĭæn(明,仙开)	miæ̃	miæ̃	miæ̃	miæ	mbiẽ	mbiŋ
(8)〔邈〕	'byag	*mɔk(明,觉)	*mo	*mo	*mo	*mo	*ma	*mə
(9)〔巖〕	'gam	ŋiam(疑,衔)	iæ̃	iæ̃	iæ̃	—	iẽ	iŋ

汉字	藏音	切韵音	兰州	平凉	西安	三水	文水	兴县
(10)〔岫〕	s(i)'u	* zĭəu(邪,宥)	* ɕiɯ	* ɕiu	* ɕiu	* siu	* ɕieʉ	* ɕio

二十七

(1)治	li(?)	ȡ'i(澄,志)	tʂʅ	tʂʅ	tʂʅ	tʂʅ	tʂʅ	tʂʅ
(2)本	pon	puən(帮,混)	pə̃	pə̃	pæ̃	pæ	pə̃	pə̃
(3)於	·u	·ĭo(影,鱼)	y	y	y	y	y	yi
(4)農	noṅ	nuoŋ(泥,冬)	luə̃	luə̃	nuoŋ	luŋ	ndə̃	nduə̃
(5)務	'bu	mjĭu(微,遇)	vu	u	vu	u	u	vu
(6)兹	tsi	tsi:(精,之)	tsɿ	tsɿ	tsɿ	tsɿ	tsɿ	tsɿ
(7)稼	ka	ka(见,祃开二)	tɕia	tɕia	tɕia	tɕia	tɕia	tɕia
(8)穡	çig	ʂĭək(审二,职)	səi	sæi	sei	sei	sa	sə
(9)俶	çug	tɕ'ĭok(穿三,屋三)	* ʈ'u	* tʂ'ʮ	* pf' u	* ts'ʮ	* ts'uə	* ts'uə
(10)載	dza'i	tsɑ̣i(精,海)	tsæ	tsæ	tsæ	tsæ	tsæi	tsæ
(11)南	nam	nɑ̣m(泥,覃)	næ	næ̃	næ̃	læ	ndã	ndã

二十八

(1)藝	'ge'i	ŋjĭæi(疑,祭开)	i	i	i	i	i	i
(2)黍	çi	ɕĭo(审三,语)	fu	ʂʮ	fu	sʮ	su	su
(3)稷	tsig	* tsĭək(精,职)	* tɕiə	* tɕi	* tɕi	* tsi	* tɕiə	* tɕiə
(4)税	çwe'i	ɕĭwæi(审三,祭合)	fei	ʂuæi	fei	sui	suei	ɕyi

汉　字	藏　音	切　韵　音	兰州	平凉	西安	三水	文水	兴县
(5)熟	çug	ʑĭok(禅,屋三)	fu	ʂʮ	fu	sʮ	suə	suə
(6)貢	koṅ	koŋ(见,送一)	kuə̃	kuə̃	kuoŋ	kuŋ	kũ	kuə̃
(7)新	sin	sĭĕn(心,真)	ɕiə̃	ɕiə̃	ɕiæ̃	siæ̃	ɕiə̃	ɕiə̃
(8)勸	kʻwan	kʻjĭwɐn(溪,愿合)	tɕʻyæ	tɕʻyæ̃	tɕʻyæ̃	tɕʻyæ	tɕʻyə̃	tɕʻỹ
(9)賞	ço	ɕĭaŋ(审三,养开)	ʂɔ̃	ʂã	ʂã	ʂã	ʂã	ʂə

二十九

(1)孟	meṅ	mɐŋ(明,梗开二)	mə̃	mə̃	məŋ	məŋ	mbə̃	mbə̃
(2)軻	kʻa	＊kʻɑ(溪,歌)	＊kʻo	＊kʻo	＊kʻo	＊kʻə	＊kʻɯ	＊kʻə
(3)敦	ton	tuən(端,魂)	tuə̃	tuə̃	tuæ̃	tuæ̃	tũ	tuə̃
(4)素	so	suo(心,暮)	sʮ	sʮ	sou	sʮ	səʉ	so
(5)事	çe	dʐʻi(床二,志)	sɿ	sɿ	sɿ	sɿ	sɿ	sɿ
(6)儀	ʼgi	ŋjiĕ(疑,支)	i	i	i	i	i	i
(7)秉	pye	pjĭɐŋ(帮,梗开三)	piə̃	piə̃	piŋ	piŋ	piə̃	piə̃
(8)直	jig	ȡʻĭək(澄,职)	tʂʅ	tʂʅ	tʂʅ	tʂʅ	tʂə	tʂə
(9)庶	çi	ɕĭo(审三,御)	fu	ʂʮ	fu	sʮ	su	su

三十

(1)勞	laʼu	lɑu(来,豪)	lo	lau	lau	lau	lau	lau
(2)謙	kʻyam	kʻiem(溪,添)	tɕʻiæ̃	tɕʻiæ̃	tɕʻiæ̃	tɕʻiæ	tɕʻiẽ	tɕʻiŋ

汉字	藏音	切韵音	兰州	平凉	西安	三水	文水	兴县
(3)謹	kin	kjĭən(见,隐)	tɕiə̃	tɕiə̃	tɕiæ̃	tɕiæ̃	tɕiẽ	tɕiə̃
(4)勑	c'ig	ȶ'ĭək(彻,职)	tʂ'ʅ	tʂ'ʅ	tʂ'ʅ	tʂ'ʅ	tʂ'ə	tʂ'ə
(5)聆	lye	* lieŋ(来,青)	* leə̃	* leə̃	* leŋ	* leŋ	* leə̃	* leə̃
(6)音	·im	·ĭəm(影,侵)	iə̃	iə̃	iæ̃	iæ̃	iə̃	iə̃
(7)察	c'ar	tʂ'at(床二,黠开)	ts'a	ts'a	ts'a	ts'a	ts'a	ts'a

三十一

汉字	藏音	切韵音	兰州	平凉	西安	三水	文水	兴县
(1)貽	yi	iː(喻四,之)	i	i	i	i	i	i
(2)厥	kwar	* kjĭwɐt(见,月合)	* tɕyo	* tɕyo	* tɕyə	* tɕyo	—	* tɕyə
(3)嘉	ka	ka(见,麻开二)	tɕia	tɕia	tɕia	tɕia	tɕia	tɕia
(4)猷	yu	ĭĕu(喻四,尤)	iɯ	iu	iu	iu	ieʉ	io
(5)勉	myan	mjĭæn(明,狝)	miæ̃	miæ̃	miæ̃	miæ	mbiẽ	mbiŋ
(6)其	gi	g'jiː(群,之)	tɕ'i	tɕ'i	tɕ'i	tɕ'i	tɕ'i	tɕ'i
(7)祗	ci	tɕi(照三,脂开)	tsʅ	tsʅ	tsʅ	tsʅ	tsʅ	tsʅ

三十二

汉字	藏音	切韵音	兰州	平凉	西安	三水	文水	兴县
(1)寵	c'uṅ	ȶ'ĭwoŋ(彻,肿)	ʈ 'uə̃	ʈ 'uə̃	pf 'əŋ	ts'oŋ	ts'uõ	ts'uə̃
(2)增	tseṅ	tsəŋ(精,登开)	tsə̃	tsə̃	tsəŋ	tsəŋ	tsə̃	tsə̃
(3)抗	k'o	k'ɑŋ(溪,宕开)	k'ɔ̃	k'ã	k'ã	k'ã	k'a	k'ə
(4)極	gig	g'jĭək(群,职)	tɕi	tɕi	tɕi	tɕi	tɕiə	tɕiə

汉字	藏音	切韵音	兰州	平凉	西安	三水	文水	兴县
(5)殆	da'i	d̕ɑ̣i(定,海)	tæ	tæ	tæ	tæ	tai	tæ
(6)〔辱〕	* źw(ag)	nʑĭwok(日,烛)	vu	ʐʮ	vu	zʮ	zuə	zuə
(9)〔林〕	l(i)m	ljĭəm(来,侵)	leə̃	leə̃	leæ̃	leæ̃	leə̃	leə̃
(10)〔皐〕	ka'u	* kɑu(见,豪)	* ko	* kau	* kau	* kau	* kau	* ku

三十三

汉字	藏音	切韵音	兰州	平凉	西安	三水	文水	兴县
(1)兩	lyo	ljĭaŋ(来,养开)	leɔ̃	leã	leã	leã	leã	leə̃
(2)疎	çi	ʂĭo(审二,鱼)	fu	ʂʮ	fu	sʮ	su	su
(3)見	kyan	kien(见,霰开)	tɕiæ̃	tɕiæ̃	tɕiæ̃	tɕiæ	tɕiẽ	tɕiŋ
(4)機	ki	kjĕi(见,微开)	tɕi	tɕi	tɕi	tɕi	tɕi	tɕi
(5)解	ka	kai(见,蟹)	tɕie	tɕiə	tɕiæ	tɕiæ	tɕiæi	tɕiæ
(6)組	dzo'o	tso(精,姥)	tsʮ	tsʮ	tsou	tsʮ	tsəʉ	tso
(7)誰	çwi	* ʑwi(禅,脂合)	* fei	* ʂuæi	* fei	* sui	* suei	* ɕyi
(8)逼	pig	pjĭək(帮,职)	pi	pi	pi	pi	piə	piə
(9)索	sag	sɑk(心,铎开)	so	so	so	so	sa	sə
(10)居	ki	kjĭo(见,鱼)	tɕy	tɕy	tɕy	tɕy	tɕy	tɕyi
(11)閑	han	ɣ̣an(匣,山开)	ɕiæ̃	ɕiæ̃	ɕiæ̃	ɕiæ	ɕiã	ɕiã

三十四

汉字	藏音	切韵音	兰州	平凉	西安	三水	文水	兴县
(1)默	'bug	mək(明,德)	mei	mæi	məi	mei	mbiə	mbiə

汉字	藏音	切韵音	兰州	平凉	西安	三水	文水	兴县
(2)寂	dzig	dzʻiek(从,锡)	tɕi	tɕi	tɕi	*tsi	tɕiə	tɕiə
(3)寥	le’u	lieu(来,萧)	leɔ	leau	leau	leau	leau	lyu
(4)求	gi’u	gʻjĭĕu(群,尤)	tɕʻiu	tɕʻiu	tɕʻiu	tɕʻiu	tɕʻieʉ	tɕʻio
(5)古	go	ko(见,姥)	ku	ku	ku	ku	ku	ku
(6)尋	syim	zĭəm(邪,侵)	ɕiə̃	—	ɕiæ̃	siæ̃	ɕiɔ	—
(7)論	lon	ljĭuĕn(来,稕)	lyə̃	lyũ	lyæ̃	lyæ̃	lyũ	luə̃
(8)慮	lu	ljĭo(来,御)	ly	ly	ly	ly	ly	lyi
(9)散	san	sɑn(心,旱)	sæ	sæ̃	sæ̃	sæ	sã	sã
(10)逍	sya’u	sĭæu(心,宵)	ɕiɔ	ɕiau	ɕiau	siau	ɕieɯ	ɕiu
(11)遥	ya’u	*ĭæu(喻四,宵)	*iɒ	*iau	*iau	iau	*ieɯ	*iu

三十五

(1)奏	dze’u	ts ə̆u(精,候)	tsəɯ	tsou	tsou	tsou	tsəʉ	tso
(2)累	lu	*ljwiĕ(来,纸合)	*luei	*luæi	*lui	*lui	*ly	*lyi
(3)遣	kʻyan	kʻjĭæn(溪,狝开)	tɕʻiæ̃	tɕʻiæ̃	tɕʻiæ̃	tsʻiæ	tɕʻiə̃	tɕʻiŋ
(4)慼	tsʻig	*tsʻiek(清,锡)	*tɕʻi	*tɕʻi	*tɕʻi	*tsʻi	*tɕʻiə	*tɕʻiə
(5)謝	sya	zĭa(邪,麻开三)	ɕie	ɕie	ɕiæ	siæ	ɕie	ɕiə
(6)歡	hwan	xuɑn(晓,桓)	xuæ	xuæ̃	xuæ̃	xuæ	xuæ̃	xuəŋ
(7)招	ca’u	tɕĭæu(照三,宵)	ʈɔ	ʈau	ʈau	ʈau	ʈʂau	ʈʂu
(8)渠	gu	gʻjĭo(群,鱼)	tɕʻy	tɕʻy	tɕʻy	tɕʻy	tɕʻy	tɕʻyi

汉　字	藏　音	切　韵　音	兰州	平凉	西安	三水	文水	兴县
(9)河	ha	ɣɑ(匣,歌)	xo	xo	xo	xə	xɯ	xə
(10)的	tig	tiek(端,锡)	ti	ti	ti	ti	tiə	tiə

三十六

(1)抽	c‘e‘u	ȶ‘ĭ ə̌u(彻,尤)	ʈ ‘əɯ	ʈ ‘ou	ʈ ‘ou	ʈ ‘ou	tʂ‘əʉ	tʂ‘o
(2)條	dya‘u	d‘ieu(定,萧)	t ‘iɔ	t ‘iəu	t ‘iau	t ‘iau	t ‘eɯ	t ‘iu
(3)枇	be	* b‘ji(並,脂开)	* p‘i	* p‘i	* p‘i	* p‘i	* p‘i	* p‘i
(4)杷	ba’	* b‘a(並,麻开二)	* p‘a	* p‘a	* p‘a	* p‘a	* p‘a	* p‘a
(5)晚	’ban	mjĭwɐn(微,阮)	uæ	uæ̃	væ̃	uæ	uã	vã
(6)翠	ts‘we	ts‘wi(清,至合)	ts‘uei	ts‘uæi	ts‘ui	ts‘ui	ts‘uei	ts‘yi
(7)梧	’gu	ŋo(疑,模)	u	u	u	u	u	u

三十七

(1)翳	·ye‘i	·iei(影,霁开)	i	i	i	i	i	i
(2)落	lag	lɑk(来,铎开)	lo	lo	lo	lo	la	luə
(3)葉	yab	ĭæp(喻四,叶)	ie	iə	iæ	iæ	iæ	iə
(4)飘	p‘yau	p‘jĭæu(滂,宵)	p‘iɔ	p‘iau	p‘iau	p‘iau	p‘eɯ	p‘iu
(5)飖	ye‘u	* ĭæu(喻四,宵)	* iɔ	* iau	* iau	* iau	* ieɯ	* iu
(6)遊	yu	ĭeu(喻四,尤)	iɯ	iu	iu	iu	ieʉ	io
(7)〔鵾〕	kun	* kuən(见,魂)	* kuə̃	* kuə̃	* kuæ̃	* kuæ̃	* kuõ	* kuə̃

汉字	藏音	切韵音	兰州	平凉	西安	三水	文水	兴县
(8)〔獨〕	dog	d'ok(定,屋一)	tu	tu	tou	tu	tuə	tuə
(9)〔運〕	'un	jĭuən(喻三,问)	yə̃	yə̃	yæ̃	yæ̃	yə̃	yũ
(10)〔凌〕	lin̊	ljĭəŋ(来,蒸开)	leə̃	leə̃	leŋ	leŋ	leə̃	leə̃
(11)〔摩〕	'ba	muɑ(明,戈)	mo	mo	mo	mo	mbɯ	mbə
(12)〔绛〕	gan̊	*kɔŋ(见,绛)	*tɕiɔ̃	*tɕiã	*tɕia	*tɕiã	*tɕia	*tɕiə

三十八

汉字	藏音	切韵音	兰州	平凉	西安	三水	文水	兴县
(1)躭	tam	*tɑ̣m(端,覃)	*tæ	*tæ̃	*tæ̃	*tæ	*tã	*tã
(2)讀	dog	d'ok(定,屋一)	tu	tu	tou	tu	tuə	tuə
(3)翫	'gwan	ŋuɑn(疑,换)	uæ	uæ̃	uæ̃	uæ	uæ̃	uəŋ
(4)市	çi	ʑiː(禅,止开)	sʅ	sʅ	sʅ	sʅ	sʅ	sʅ
(5)寓	'gu	ŋjĭu(疑,遇)	y	y	y	y	y	yi
(6)目	'bug	mjĭok(明,屋三)	mu	mu	mu	mu	mbə	mbə
(7)囊	no	nɑŋ(泥,唐开)	nɔ̃	nã	nã	lã	ndã	ndə
(8)厢	syo	sĭaŋ(心,阳开)	ɕiɔ̃	ɕiã	ɕiã	siã	ɕiã	ɕiə
(9)易	yig	*ĭæk(喻四,昔)	*i	*i	*i	*i	*iə	*iə
(10)輶	yi'o	ĭəu(喻四,尤)	*iɯ	*iu	*iu	*iu	*ieʉ	*io
(11)攸	yi'o	*ĭ əu(喻四,尤)	*iɯ	*iu	*iu	*iu	*ieʉ	*io
(12)畏	·u'i	wəi(影,未合)	uei	uæi	uei	uei	uei	uæ

三十九

汉字	藏音	切韵音	兰州	平凉	西安	三水	文水	兴县
(1)耳	ʑi	ȵʑiː(日,止开)	ær	œr	ər	ər	ər	ər
(2)垣	'wen	jǐwɐn(喻三,元合)	yæ	yæ̃	yæ̃	yæ	yə̃	ỹ
(3)墙	dzyo	dzʻǐaŋ(从,阳开)	tɕʻiɔ̃	tɕʻiã	tɕʻiã	tsʻiã	tɕʻyũ	tɕʻiə̃
(4)具	gu	gʻjǐu(群,遇)	tɕy	tɕy	tɕy	tɕy	tɕy	tɕyi
(5)膳	çan	ʑǐæn(禅,线开)	ʂæ	ʂæ̃	ʂæ̃	ʂæ	ʂæ̃	ʂəŋ
(6)喰	tsʻan	tsʻɑn(清,寒)	tsʻæ	tsʻæ̃	tsʻæ̃	tsʻæ	tsʻã	tsʻã
(7)飯	ban	bʻjǐwɐn(奉,阮合)	fæ	fæ̃	fæ̃	fæ	xuã	fuã
(8)適	çig	ɕǐæk(审三,昔)	ʂʅ	ʂʅ	ʂʅ	ʂʅ	ʂə	ʂə
(9)口	kʻaʼu	kʻə̆u(溪,厚)	kʻəɯ	kʻou	kʻou	kʻou	kʻəʉ	kʻo
(10)充	cʻuṅ	tɕʻǐoŋ(穿,东三)	ʈʻuə̃	ʈʻuə̃	pfʻəŋ	tsʻoŋ	tsʻũ	tʂʻuə̃
(11)腸	jo	ɖʻǐaŋ(澄,阳开)	ʈʻɔ̃	ʈʻã	ʈʻã	ʈã	tʂʻũ	tʂʻə̃
(12)飽	baʼo	pau(帮,效)	po	pau	pau	pau	pau	pau

四十

(1)烹	pʻe	pʻɐŋ(滂,庚开二)	pʻə̃	pʻə̃	pʻəŋ	pʻəŋ	pʻə̃	pʻə̃
(2)宰	dzaʼi	tsɑ̣i(精,海)	tsæ	tsæ	tsæ	tsæ	tsæi	tsæ
(3)飢	ki	kji(见,脂开)	tɕi	tɕi	tɕi	tɕi	tɕi	tɕi
(4)厭	·em	·ǐæm(影,艳)	iæ̃	iæ̃	iæ̃	iæ	iẽ	iŋ

汉字	藏音	切韵音	兰州	平凉	西安	三水	文水	兴县
(5)糟	tsa'o	tsɑu(精,豪)	tso	tsau	tsau	tsau	tsau	tsau
(6)糠	k'aṅ	k'ɑŋ(溪,唐开)	k'ɔ̃	k'ã	k'ã	k'ã	k'ã	k'ə̃
(7)親	ts'in	ts'ĭĕn(清,真)	tɕ'iə̃	tɕ'iə̃	tɕ'iæ̃	tɕ'iæ̃	tɕ'iə̃	tɕ'iə̃
(8)戚	ts'ig	ts'iek(清,锡)	tɕ'i	tɕ'i	tɕ'i	ts'i	tɕ'iə	tɕ'iə
(9)故	go	ko(见,暮)	ku	ku	ku	ku	ku	ku
(10)舊	gi'(u)	g'jĭəu(群,有)	tɕiɯ	tɕiu	tɕiu	tɕiu	tɕieʉ	tɕio
(12)〔少〕	ça'o	ɕĭæu(审三,小)	ʂɔ	ʂau	ʂau	ʂau	ʂɯ	ʂu
(13)〔異〕	yi	iː(喻四,志)	i	i	i	i	i	i

四十一

汉字	藏音	切韵音	兰州	平凉	西安	三水	文水	兴县
(1)粮	lyo	ljĭaŋ(来,阳开)	leɔ̃	leã	leã	leã	leã	leə̃
(2)妾	tsyab	ts'ĭæp(清,叶)	tɕ'iə	tɕ'iə	tɕ'iæ	ts'iæ	tɕ'iæ	tɕ'iə
(3)御	'gu	ŋjĭo(疑,御)	y	y	y	y	y	yi
(4)績	cig	tsĭek(精,锡)	tɕi	tɕi	tɕi	tsi	tɕiə	tɕiə
(5)紡	p'o'o	p'jĭwɐŋ(敷,阳合)	fɔ̃	fã	fã	fã	xuã	fuə̃
(6)侍	çi	ʑiː(禅,志)	sʅ	sʅ	sʅ	sʅ	sʅ	sʅ
(7)巾	kin	kjĭĕn(见,真)	tɕiə̃	tɕiə̃	tɕiæ̃	tɕiæ̃	tɕiə̃	tɕiə̃
(12)員	'wen	jĭwæn(喻三,仙合)	yæ	yæ̃	yæ̃	yæ	yə̃	ỹ
(13)〔絜〕	kyar	kiet(见,屑开)	tɕie	tɕiə	tɕiæ	tɕiæ	tɕiæ	tɕiə

四十二

汉　字	藏　音	切　韵　音	兰州	平凉	西安	三水	文水	兴县
(1)銀	'gin	gʻjĭěn(疑,真)	iə̃	iə̃	iæ̃	iæ̃	ȵȡiə̃	iə̃
(2)燭	cwag	tɕĭwok(照三,烛)	ʈu	ʈʂʮ	pfu	tsʮ	tsuə	tsuə
(3)煒	'we	jwĕi(喻三,尾合)	uei	uæi	uei	uei	uei	uæ
(4)煌	ho	ɣuɑŋ(匣,唐合)	xuɔ̃	xuã	xuã	xuã	xuã	xuə̃
(5)晝	je'u	ʈĭə̆u(知,宥)	ʈəu	ʈou	ʈou	ʈou	ʈʂəʉ	ʈʂo
(6)眠	myan	mien(明,先开)	miæ̃	miæ̃	miæ̃	miæ	mbiẽ	mbiŋ
(7)夕	syig	zĭæk(邪,昔)	ɕi	ɕi	ɕi	si	ɕiə	ɕiə
(8)寐	'bi	mji(明,至)	mei	mæi	muei	muei	mæi	mæ
(9)〔籃〕	lam	lɑm(来,谈)	læ	læ̃	læ̃	læ	lã	lã
(10)〔筍〕	sun	sĭuěn(心,准)	ɕyə̃	ɕyũ	ɕyæ̃	syæ̃	ɕyũ	ɕyə̃
(11)〔象〕	syo'o	zĭaŋ(邪,养)	ɕiɔ̃	ɕiã	ɕiã	siã	ɕiã	ɕiə
(12)〔床〕	c'o	dʑʻĭaŋ(床二,阳开)	ʈʻuɔ̃	ʈʻuã	pfʻã	tsʻuã	tsʻu	tsʻuə
(13)〔絃〕	hyan	ɣien(匣,先开)	ɕiæ̃	ɕiæ̃	ɕiæ̃	ɕiæ	ɕiẽ	ɕiŋ

四十三

(1)歌	ka'	kɑ(见,歌)	ko	ko	ko	kə	kɯ	kə
(2)酒	dzu'u	tsĭěu(精,有)	tɕiɯ	tɕiu	tɕiu	tsiu	tɕieʉ	tɕio
(3)讌	·yan	·ien(影,线开)	iæ̃	iæ̃	iæ̃	iæ	iẽ	iŋ

汉　字	藏　音	切　韵　音	兰州	平凉	西安	三水	文水	兴县
(4)接	tseb	tsĭæp(精,叶)	tɕie	tɕiə	tɕiæ	tsiæ	tɕiæ	tɕiə
(5)杯	pa'i	*puɑ̣i(帮,灰)	*pei	*pæi	*pei	*pei	*pæi	*pæ
(6)舉	ku'u	kjĭo(见,语)	tɕy	tɕy	tɕy	tɕy	tɕy	tɕyi
(7)觴	ço	*ɕĭaŋ(审三,阳开)	*ʂɔ̃	*ʂã	*ʂã	*ʂã	*ʂã	*ʂə
(8)矯	ga'u	kjĭæu(见,小)	tɕiɔ	tɕiau	tɕiau	tɕiau	tɕiau	tɕiu
(9)手	çe'u	ɕĭǝ̆u(审三,有)	ʂəɯ	ʂou	ʂou	ʂo	ʂəʉ	ʂo
(10)頓	ton	tuən(端,恩)	tuə̃	tuẽ	tuæ̃	tuæ	tũ	tuə̃
(11)足	tsug	tsĭwok(精,烛)	tsɥ	tsɥ	tsou	tɕy	tɕyə	tsuə
(12)悦	'war	ĭwæt(喻四,薛合)	yo	yə	yə	yo	yæ	yə
(13)豫	yu	ĭo(喻四,鱼)	y	y	y	y	y	yi

四十四

(1)且	ts'ya	ts'ĭa(清,麻开三)	tɕ'ie	tɕ'iə	tɕ'iæ	ts'iæ	tɕ'ie	tɕ'iə
(2)康	k'aṅ	k'ɑŋ(溪,唐开)	k'ɔ̃	k'ã	k'ã	k'ã	k'ã	k'ə̃
(3)嫡	tig	tiek(端,锡)	ti	ti	ti	ti	tiə	tiə
(4)後	ho'	ɣǝ̆u(匣,厚)	xəɯ	xou	xou	xou	xəʉ	xo
(5)嗣	si	ziː(邪,志)	sɿ	sɿ	sɿ	sɿ	sɿ	sɿ
(6)續	swag	zĭwok(邪,烛)	ɕy	ɕy	ɕy	sy	ɕyə	ɕyə
(7)祭	dze'i	tsĭæi(精,祭开)	tɕi	tɕi	tɕi	tsi	tɕi	tɕi
(8)祀	si	ziː(邪,志)	sɿ	sɿ	sɿ	sɿ	sɿ	sɿ

汉　字	藏　音	切　韵　音	兰州	平凉	西安	三水	文水	兴县
(9)蒸	ciṅ	tɕĭəŋ(照三,蒸开)	ʈə̃	ʈə̃	ʈəŋ	ʈəŋ	tʂə̃	tʂə̃
(10)嘗	ço	ʑĭaŋ(禅,阳开)	ʈʻɔ̃	ʈʻã	ʈʻã	ʈʻã	tʂʻu	tʂʻə
(11)稽	kʻye	kʻiei(溪,荠开)	tɕi	tɕi	tɕi	tɕi	tɕi	tɕi
(12)顙	so	sɑŋ(心,荡开)	sɔ̃	sã	sã	sã	sã	sə
(13)再	tʻsaʼi	tsɑ̣i(精,代)	tsæ	tsæ	tsæ	tsæ	tsæi	tsæ

附录二　汉藏对音《千字文》残卷索引*

卷首影印的唐写本《千字文》残卷，从第二行到第四十四行都附记藏文对音，关于它的声韵系统我在上文已然讨论过了，现在为读者检阅原写本的方便，再附列这个据字检音的索引。索引编制以全字笔画多寡为序，笔画相同者以写本行数先后为序，其在·前之数码表示行数，·后之数码表示字数，藏文对音仍用罗马字译写以便印刷，通藏读者可自覆检原文（因新旧字形不同，笔画数不尽相当）。

二画

二 źi̥ 8.3　　九 gu'u 23.10

三画

下 ha'2.2　　子 tsi̥ 3.6　　千 tsʻyan 15.2　　士 çi̥ 20.4

土 tʻuo 21.7　　口 kʻa'u 39.9　　巾 kin 41.7　　夕 syi̥g 42.7

四画

夫 pʻu 2.4　　比 bi̥ 3.7　　孔 kʻoṅ 3.9　　友 'iu 4.2

分 bun 4.4　　切 tsʻer 4.5　　心 sim 6.3　　内 'dei̥ 12.1

尹 'win 17.7　　公 koṅ 18.9　　勿 'bur 20.2　　丹 tan 23.8

少 ça'o 40.12　　手 çe'u 43.9

---

* 附录二、三索引繁体字原为旧字形，此次排版改为新字形，有可能存在字形与笔画不符的情况。——编者注。

五画

外 'gu… 2.8	仙 syan 9.12	甲 kab 10.4	弁 byan 11.7
右 yu 11.11	左 dza 12.2	功 kuṅ 16.9	旦 dan 18.5
用 yuṅ 22.10	田 dyan 25.6	本 pon 27.2	古 go 34.5
市 çi̥ 38.4	目 'bug 38.6	且 ts'ya 44.1	

六画

交 ka'u 4.1	次 tsi̥ 5.1	弗 p'ur 5.2	守 çi̥'u 6.7
好 ha'u 7.5	自 dzi̥ 7.7	西 sye 8.2	邙 mo 8.6
伊 ·yi 17.6	宅 jeg 18.1	曲 k'wag 18.2	多 ta 20.3
刑 hye 22.5	百 peg 24.1	耳 źi̥ 39.1	充 c'uṅ 39.10
再 ts'a'i 44.13			

七画

伯 peg 3.3	投 de'u 4.3	吹 c'u 11.1	杜 do 13.3
兵 pe 15.3	車 ki 16.4	佐 dza' 17.8	扶 p'u 19.2
更 keṅ 20.9	何 ha 21.10	沙 ça 23.4	門 'bun 25.2
抗 k'o 32.3	見 kyan 33.3	求 gi'u 34.4	攸 yi̥'o 38.11
床 c'o 42.12	足 tsug 43.11		

八画

和 hwa 2.1	姑 kuo3.2	叔 çug 3.4	兒 źi 3.8
東 toṅ 8.1	京 ke 8.4	舍 çya 10.1	昇 çeṅ 11.3
承 çeṅ 12.4	明 meṅ 12.5	典 tyan 12.9	侈 c'i 16.2
肥 bi̥ 16.6	刻 k'eg 17.2	阿 ·a 17.10	阜 p'u 18.3
法 p'ab 22.1	牧 'bug 22.9	青 ts'e 23.9	并 pye 24.4
宗 tsoṅ24.6	岱 da'i̥ 24.8	岫 si'u 26.10	治 li 27.1
於 ·u 27.3	孟 meṅ 29.1	事 çe 29.5	秉 pye 29.7
直 ji̥g 29.8	其 gi̥ 31.6	林 lim 32.9	兩 lyo 33.1

居 ki̥ 33.10　招 ca'u 35.7　河 ha 35.9　的 ti̥g 35.10
抽 cʻe'u 36.1　枇 be 36.3　杷 ba' 36.4　易 yi̥g 38.9
具 gu 39.4　妾 tsyab 41.2　侍 çi 41.6　杯 pa'i 43.5
祀 si̥ 44.8

九画

持 ji̥ 7.2　背 ba'i 8.5　面 myan 8.7　飛 pʻe 9.4
星 sye 11.10　英·e 13.2　相 syo 14.3　俠 hyab 14.5
冠 kwan 15.5　茂'bu 16.10　迴 hwa'i 19.5　軍 kun 22.11
宣 swan 23.2　威·u'i 23.3　恒 heṅ 24.7　洞 doṅ 26.3
南 nam 27.11　勑 cʻi̥g 30.4　音·i̥m 30.6　勉 myan 31.5
殆 da'i 32.5　奏 dze'u 35.1　畏·u'i 38.12　垣'wen 39.2
故 gu 40.9　後 ho' 44.4

十画

退 tʻwa'i 5.7　神 çin 6.5　疲 be 6.6　席 syi̥g 10.11
納'dab 11.5　陛 be'i̥ 11.6　高 ka'u 15.4　振 cin 15.10
時 çi'i̥ 17.9　桓 hwan 18.8　弱 źag 19.1　晋 dzin 20.7
起 kʻi̥ 22.6　郡 gwin 24.2　秦 jen 24.3　庭 de 26.4
務'bu 27.5　玆 tsi̥ 27.6　俶 çug 27.9　貢 koṅ 28.6
素 so 29.4　祇 ci 31.7　辱 źwag 32.6　索 sag 33.9
條 dya'u 36.2　凌 liṅ 37.10　宰 dza'i̥ 40.2　紡 pʻo'o 41.5
員'wen 41.12　眠 myan 42.6　酒 dzu'u 43.2　悦'war 43.12

十一画

唱 cʻo'o 2.5　婦 bu 2.6　情 dze 6.1　動 doṅ 6.4
堅 kyan 7.1　啓 kʻye 10.3　帳 coṅ 10.5　設 çar 10.10
笙 çe 11.2　既 gi 12.6　將 tsyo 14.2　陪 ba'i 15.6
孰 çug 18.6　假 ga 21.2　途 do 21.3　紫 tsi 25.3

野 ya 26.2	庶 çi 29.9	聆 lye 30.5	疎 çi 33.2
組 dzo'o 33.6	閑 han 33.11	寂 dzi̥g 34.2	逍 sya'u 34.10
累 lu 35.2	晩 'ban 36.5	梧 'gu 36.7	躭 tam 38.1
烹 p'e 40.1	飢 ki 40.3	戚 ts'i̥g 40.8	異 yi 40.13
御 'gu 41.3	晝 je'u 42.5	絃 hyan 42.13	接 tseb 43.4
康 k'aṅ 44.2	祭 dze'i 44.7		

十二画

猶 yu 3.5	逸 yir 6.2	雅 'ga 7.3	畫 hwa 9.10
傍 bo 10.2	階 ke'i̥ 11.4	達 dar 12.3	集 dzi̥b 12.7
給 keb 15.1	富 p'u 16.3	策 c'eg 16.8	惠 hwe 19.7
寔 çig 20.5	黍 çi 28.2	税 çwe'i 28.4	軻 k'a 29.2
敦 ton 29.3	勞 la'u 30.1	貽 yi̥ 31.1	厥 kwar 31.2
極 gi̥g 32.4	皐 ka'u 32.10	解 ka 33.5	尋 sy i̥m 34.6
散 san 34.9	渠 gu 35.8	絳 gaṅ 37.12	寓 'gu 38.5
廂 syo 38.8	喰 ts'an 39.6	絜 kyar 41.13	寐 'bi 42.8
筍 sun 42.10	象 syo'o 42.11		

十三画

睦 'bug 2.3	義 'gi̥ 5.5	廉 lem 5.6	禽 gim 9.8
楹 yeṅ 10.7	肆 si̥ 10.8	筵 yan 10.9	群 gun 13.1
路 lo 14.4	槐 hwe··· 14.6	禄 log 16.1	碑 pi 17.1
溪 k'ya'i 17.5	微 'byi 18.4	傾 k'we 19.3	楚 c'i 20.8
滅 'byar 21.4	會 hwa'i̥ 21.8	盟 meṅ 21.9	煩 ban 22.4
馳 ji̥'i̥ 23.6	塞 sa'i 25.4	鉅 gi̥ 26.1	農 noṅ 27.4
載 dza'i 27.10	新 sin 28.7	猷 yu 31.4	逼 pi̥g 33.8
落 lag 37.2	葉 yab 37.3	遊 yu 37.6	運 'un 37.9
飯 ban 39.7	腸 jo 39.11	粮 lyo 41.1	煒 'we 42.3

煌 ho 42.4	頓 ton 43.10	嗣 si̥ 44.5	

十四画

樓 le’u 9.2	圖 duo 9.6	綵 ts‘a’i 9.11	對 twa’i 10.6
疑 ’gi 11.9	輕 k‘ye 16.7	實 çir 16.11	銘 me 17.3
綺 k‘i̥ 19.4	漢 han 19.6	蜜 ’bir 20.1	寧 ne 20.6
趙 ja’u 20.11	頗 p‘a 22.8	精 tsye 23.1	漠 ’bag 23.5
遠 ’wan 26.6	綿 myen 26.7	察 c‘ar 30.7	嘉 ka 31.3
寥 le’u 34.3	遥 ya’u 34.11	遣 k‘yan 35.3	翠 ts‘we 36.6
飽 ba’u 39.12	厭 ’em 40.4	银 ’gi̥n 42.1	歌 ka 43.1
嫡 ti̥g 44.3	蒸 ciṅ 44.9	嘗 ço 44.10	

十五画

箴 cim 4.7	節 tser 5.4	寫 sya 9.7	墳 bun 12.8
稿 ke’u 13.4	輦 lyan 15.7	駕 ga 16.5	横 hwe’e 21.1
虢 kweg 21.5	踐 dzyan 21.6	弊 be’i 22.3	翦 tsyan 22.7
鴈 ’gan 25.1	稼 ka 27.7	稷 tsi̥g 28.3	熟 çug 28.5
賞 ço 28.9	儀 ’gi 29.6	增 tseṅ 32.2	誰 çwi 33.7
默 ’bug 34.1	論 lon 34.7	慮 lu 34.8	慼 ts‘i̥g 35.4
摩 ’ba 37.11	甑 ’gwan 38.3	適 çi̥g 39.8	稽 k‘ye 44.11

十六画

隨 su’i 2.7	諸 cu 3.1	磨 ’ba 4.6	操 ts‘a’u 7.4
轂 kog 15.9	營 ’we 18.7	遵 tsun 21.11	機 ki̥ 33.4
獨 dog 37.8	輶 yi̥’o38.10	墻 dzyo 39.3	膳 çan 39.5
親 ts‘i̥n 40.7	豫 yu 43.13		

十七画

爵 tsyag 7.6	鍾 cuṅ 13.5	隸 le’i 13.6	磻 ban 17.4
韓 han 22.2	嶽 ’gag 24.5	禪 çan 24.9	謙 k‘yam 30.2

謝 sya 35.5　糟 tsa'o 40.5　糠 k‘aṅ 40.6　績 cig 41.4
燭 cwag 42.2　舉 ku'u 43.6　矯 ga'u 43.8

十八画

轉 jwen 11.8　雞 kye 25.5　曠 k‘o 26.5　邈 'byag 26.8
穡 çig 27.8　謹 ki̥n 30.3　翳 ·ye'i 37.1　舊 gi̥'u 40.10
觴 ço 43.7

十九画

離 li 5.3　顛 tyan 5.8　羅 la' 14.1　藝 'ge'i̥ 28.1
飄 ye'u 37.5　鵾 kun 37.7　額 so 44.12

二十画以上

勸 k‘wan 28.8　寵 c‘uṅ 32.1　飄 p‘yau 37.4　籃 lam 42.9
譽 yi 23.7　續 swag 44.6　驅 k‘u 15.8　歡 hwan 35.6
讀 dog 38.2　囊 no 38.7　驚 keṅ 9.5　纓 ·e 15.11
巖 'gam 26.9　讌 ·yan 43.3　觀 kwan 9.3　鬱 gur 9.1

附录三　《大乘中宗见解》藏音索引

陶慕士在 JRAS 里所发表的藏文译音《金刚经》跟《阿弥陀经》，柯乐逊每种都给作了两个藏汉互检的索引，只有《大乘中宗见解》尚付阙如，所以我委托唐虞君特地补充了这个工作。不过据音检字的一部分有前面许多声母表跟韵母表已经可以替代，我们在这里只要有一个据字检音的索引就够了。至于这个索引的体例，也有几点跟柯乐逊所作的不同：

（1）柯乐逊所作由汉字检藏音的索引是按威妥玛拼音的字母顺序排列的，这里是按全字笔画排列的；

（2）柯乐逊所注的藏音罗马字完全遵照陶慕士所用的系统，这里已经照本编所用的系统加以改订；

（3）柯乐逊所作的《金刚经》索引只指出本文的行数而没有指明字数，《阿弥陀经》又只标明他预先排定的字数号码而没有指出行数，这里把每字每音的第几行第几字都逐一地注明（例如：一·ir21.4;22.3;……即表示"一"字的"·ir"音在本文第二十一行第四字及第二十二行第三字……等处均曾发现）；

（4）柯乐逊对于每字每音的出处并不完全列举，这里却将所有发现过的地方一一标明。此外，陶慕士所定的汉藏对音《大乘中宗见解》本文,除去他自己已经校正的以外,还有几处显然错误的地方。我就音例及文义推求,曾经略加校勘。现在把我自己认为可信的列在下面,至于明知未安而无以是正的,则仍列原文而附赘疑问符号:

行数及字数	原误	应作	疑作
1.12;5.17	宔 źug	肉 źug	
6.2;6.13;7.1;7.13	敢 gwam	感 gwam	
9.12	相	想	
21.2	三寶 sam pe'u (juṅ)	三寶種 sam pe'u(juṅ)	
21.19	三種 sam pe'u (juṅ)	三寶種 sam pe'u (juṅ)	
22.18	以 p'ab	法 p'ab	
23.4	軌	軏	
24.18	側	惻	
32.17	文[c']o[ṅ]		丈 c'oṅ
36.14	住 sin		性 siṅ(?)
37.14	削 t'ei	剃 t'ei	
43.8	喙 hwan	喚 hwan	
45.7;45.14;46.1	知 k'o		可 k'o
49.16	無'der·p'an	涅槃'der p'an	
59.20-21	菩薩 çan p'u sar	善菩薩 çan p'u sar	
65.8	聲 punbu		?

行数及字数	原误	应作	疑作
67.11	冥 li		離 li
71.12	(緑)	緣	
80.8	他 p'u kya [n]	不見他 p'u kyan t'a	
82.10;83.11	擅 t'an	檀 t'an	
82.18	怖·i'u		憂·i'u
83.12	能 do		?
85.12	蜜'byir dar	蜜多'byir dar	
85.15	體 k'oṅ		空?
88.4	(忍)—	忍 źin	
88.5	耨 źin	辱 źig(?)	
88.6	施 źig		施 çi
91.17	緣 k'ig	極 k'ig	
95.15	雖 çar ·		殺 çar
102.14	增 ts'iṅ	曾 ts'iṅ	
105.3	繼 k'oṅ		空(?)
105.11	耶 sya		?
105.20	嗳 hwa	唤 hwan	
106.16;109.12	嗳 hwan	唤 hwan	
116.16	對 de'u		對 du'e
123.14	捐 syon	損 syon	

唐君所作的索引，对于这些错误的字仍旧按原文笔画排列，而于括弧内附注校改之字，并将改正之字互见于应属之笔画下以资参证。

一画 一 'ir 21.4;22.3;29.4;29.17;30.12;32.4;34.16;34.17;35.8;35.9;40.1;40.8;40.16;59.1;71.18;74.3;82.4;83.2;86.4;86.11;88.9;89.13;95.17;96.12;105.8;105.15;121.18;125.3;125.9;127.11;128.7

二画 乃 'ne'i 84.11 了 le'u 3.21;25.11;94.3;113.2;113.20;115.11;116.6;118.8;118.16;127.6 二 źi 3.8;15.17;17.22;18.3;46.11;59.5;64.12;71.24;72.9;72.18;74.6;83.3;86.5;86.13;123.20;126.11 人 źin 59.2;65.4;66.18;67.14 人 źib 2.19;7.9;15.18;16.1;16.3;16.5;16.7;16.9;16.11;16.13;16.15;16.17;16.19;17.1;17.3;17.11;17.19;18.8;18.19;19.2;69.4;70.23;71.2 八 par 12.10;12.21;15.11;116.15 十 çib 12.9;12.20;15.10;33.15;55.14;56.6;56.17;56.21;58.21;59.3;59.7;59.12;59.17;59.22;64.11;71.23;72.8;72.17;97.2;113.10 çim 15.16;18.2

三画 上 çaṅ 33.18;34.5 三 sam 19.8;19.13;20.5;20.8;20.15;21.1;21.6;21.10;21.14;21.18;22.5;29.7;30.5;31.7;32.13;36.16;39.18;39.20;56.10;56.14;57.2;57.13;59.9;74.9;83.4;85.13;86.6;86.16;89.11;90.8;90.16;113.9;120.11 凡 bam 112.16;113.17;115.8;116.3;118.5 久 gi'u 101.19;102.3;109.10 也 ya 3.17;4.3;68.13;87.14 土 do 82.11 士 çi 23.18 大 de 1.3;1.9;1.18;2.8;2.16;3.3;3.9;3.12;3.19;4.7;4.11;4.16;4.20;5.1;6.6;6.17;7.5;7.17;33.13;44.11;45.2;119.3;120.2;128.1 小 çi'u 33.19;44.15;47.2 已 yi 33.17;34.4

四画 不 'bu 24.17;29.13;35.15;35.19;36.3;38.13;40.7;40.9;40.15;40.21;41.3;41.8;43.2;43.16;57.4;57.6;57.8;57.15;57.17;57.19;58.13;71.20;75.19;76.2;76.6;77.2;77.6;77.11;78.3;78.8;79.3;79.8;80.3;80.11;91.10;94.2;99.2;99.22;102.13;102.20;103.8;103.21;104.10;109.2;110.3;111.5;112.2;113.1;113.13;113.19;115.10;116.5;118.7;118.15;124.19;126.3 与 yi 31.13;65.7;103.7;104.9 云 'un 24.6;25.15;25.19;27.4;27.8;30.17;32.7;35.6;36.10;40.5;41.17;41.21;83.17;84.7;104.12;108.13;110.7;110.17 中 cuṅ 25.9;26.14;26.15;42.19;50.19;51.9;82.21;84.2;84.10;84.21;95.2;101.16;105.1;119.5;120.4;123.9;124.8;126.15;128.3 之 tsi (ci?) 2.10 ci 11.11;12.3;18.23;24.20;26.8;28.16;39.10;50.18;62.17;63.6;66.17;75.17;85.17;

88.7;91.16;92.16;93.10;94.4;95.12;97.13;113.15;116.1;127.4　五 'go 7.22;8.8;52.15;54.4;54.9;55.8;55.12;58.19;59.19;74.15;81.20;114.17　内 'dwe 1.7;4.9;4.23;5.4;5.10;5.14;6.7;6.18;7.6;17.9;17.20;120.13;124.12　六 lug 12.13;12.15;12.17;13.5;13.16;14.1;14.11;14.17;17.6;17.10;17.14;17.18;17.23;32.16;55.18;69.3;70.22;71.1;73.8;73.19;74.18;75.1;82.14;83.15;85.9;113.11　分 p'un 3.16;10.16;66.9;103.4;104.6;105.6;105.13　切 ts'e 88.10;89.14;105.9;105.16　化 hwa 32.18;121.8　及 k'ib 121.10;122.20;123.16　天 'de 54.12;55.10;55.20;56.2;59.6;60.19　夫 p'u 112.17;113.18;115.9;116.4;118.6　少 çe'u 66.5　幻 hyan 121.7　引 ·in 81.7　yin 81.10;124.16　心 sim 4.2;60.12;61.10;62.1;63.4;87.5;104.20;105.5　支 ci 72.10;72.19　文 c'oṅ 32.17　无 'bu 28.3;28.7;28.12;41.6;41.15;42.3;42.21;45.8;45.16;46.3;46.10;53.18;60.10;61.8;61.18;67.16;68.15;71.14;72.12;82.17;85.19;87.18;88.13;95.3;98.6;107.8;107.16;108.8;109.6;111.1;112.12;114.8;117.1;118.3;118.10;119.2;122.12;122.14;123.5;125.6;125.20　比 'byi 52.18　水 çu 2.7;6.16　火 hwa 2.15;7.4

五画　丘 'k'ye'u 52.19　且 ts'ya 18.12;53.9;84.16;95.8　世 çe 67.18;95.10;96.7;97.7;121.2;124.5;125.1;126.6;127.8　他 t'a' 77.8;78.5;79.5　令 leṅ 38.12;98.14　以 yi 1.15;2.13;2.21;8.19;9.16;10.7;10.18;24.1;26.10;33.1;33.9;34.6;37.3;38.1;46.9;65.14;66.14;91.18;99.21;100.10;101.2;123.17;125.19;127.2　'i 22.14;23.5;25.5;30.2;121.1　yi'u 37.11　只 ciṅ 97.5　出 c'ur 2.17;67.15;126.5　c'ud 7.8　可 k'a 41.4;41.9;43.3　四 si 1.2;1.8;4.6;4.10;4.15;4.19;4.24;44.3;44.8;44.13;44.17;45.4;47.4;51.7;52.6;56.12;58.3;59.14;60.9;60.17;61.7;61.17;67.5;74.12;110.9　外 'gwe 1.1;4.14;4.18;5.6;5.12;6.4;6.15;7.3;7.15;17.17;120.14;124.13　gwe 17.21　布 pu 74.4;75.7;75.15　平 p'eṅ 63.1　本 bun 42.16;119.12　bin 116.2　生 çeṅ 18.15;45.9;47.7;48.15;48.20;49.4;49.10;55.17;60.13;69.10;70.4;70.5;82.16;86.9;86.21;87.13;88.12;89.16;91.6;91.13;91.20;92.3;98.16;98.21;99.10;99.20;100.9;101.1;101.10　王(生)105.18;122.2;122.13;124.11　用 yoṅ 24.16;98.7　由 yi'u 87.21;91.22　·i'u 91.8

六画　交 ke'u 106.14;107.2　亦 yi 41.7;49.13　yig 56.19　yi'u 103.18;

109.1 休 hi'u 105.12 先 sen 50.20;52.1 syan 51.10 共 k'uṅ 42.12 劣 lywar 84.4 合 hwab 27.10;45.18;49.14;51.20;115.5 hab（sic）89.12 同 t'oṅ 36.4;40.18;66.4;103.12 名 mye 2.6;8.14;11.15;11.19;20.4;21.17;24.8;28.15;29.9;29.16;30.7;32.3;32.9;34.12;35.1;36.6;36.12;38.17;39.3;39.13;40.12;40.20;43.18;45.11;46.6;46.16;56.1;56.16;56.20;61.1;61.16;62.16;63.5;64.1;64.15;68.19;69.1;71.4;73.12;75.10;76.13;77.18;78.14;79.14;80.17;83.5;87.10;90.2;90.15;92.15;93.9;94.5;94.11;110.5;126.14;127.14 myi（sic）18.22 向 hoṅ 125.4

因 ·in 4.8;4.17;5.3;48.22;49.6;49.17;50.2;50.14;51.1;51.13;52.2;53.15;63.15;64.13;65.9;68.10;71.25;72.5;72.11;91.4;122.4 si 101.3 在 ts'e 72.16 地 di 1.17;6.5 多 ta 96.4;96.20;99.17;100.6;100.17 如 źu 55.4;73.4;82.1;82.5;85.2;91.5;92.2;95.9;97.6;99.4;99.13;103.19;108.3;121.6;124.15 妄 boṅ 58.9;115.12;116.7 'oṅ（sic）113.3;114.1 有 yi'u 5.15;6.8;7.7;20.10;20.14;22.11;23.2;26.16;41.2;41.13;41.20;42.20;44.2;49.15;54.3;58.17;65.10;66.6;68.6;69.9;70.7;70.8;80.14;83.1;87.3;88.14;107.6;107.14;108.6;109.4;112.13;113.5;115.7;115.14;117.3;117.5;117.14;118.1;118.12;118.18;121.16;124.17 ·i'u 23.13 此 ts'i 4.5;31.18;39.17;51.6;52.5;58.15;69.13;71.22;82.20;84.9;90.19;92.1;94.15;95.5;98.8;101.12;102.8;102.12;102.18;103.13;106.6;121.21 死 si 47.8;48.16;48.21;49.5;49.11;69.12;70.2;99.1;99.11;101.11 汙（污?）·o 93.6 汝 źu 103.10;107.11 竹 ts[i]g 37.9 老 le'u 69.11 而 'gyar 51.17;115.6;123.4;125.11 耳 źi 13.9;14.21;16.2 自 ts'i 42.5;42.10;43.17;78.10;80.5;110.4;122.8 舌 çar 13.11;15.3;16.6;58.8 色 çeg 8.2;8.15;8.20;14.4;16.12;17.12;60.15;69.2;71.5 血 hyar 2.1 行 heṅ 8.5;10.3;10.9;68.17;71.11;71.12;72.14;78.12;83.8;119.11 衣（原讹作依，见八画下）

七画 似 si 39.9 住 c'u 21.12;38.8;38.18;83.9;112.15 （性?）siṅ（sic）36.14 何 ha 1.5;3.4;5.8;7.19;8.11;8.22;9.10;10.1;10.11;10.22;11.4;11.13;12.6;13.2;13.19;14.14;15.14;18.5;19.10;20.18;22.1;24.7;25.20;27.9;29.1;30.1;32.8;34.11;35.7;36.11;38.6;39.2;40.6;41.18;42.1;44.5;44.20;46.20;48.18;49.19;51.4;54.6;56.4;56.24;57.10;57.21;60.3;61.5;62.3;63.10;64.5;65.11;66.13;

69.16;72.2;73.2;73.16;75.5;76.17;77.22;78.18;79.18;81.5;82.8;83.18;84.8;86.2;86.18;87.16;88.18;91.3;92.8;93.2;93.15;94.8;99.5;104.13;108.14;110.8;110.18;111.14;114.6;116.12;117.9;117.15　佛 p'ur 19.16;22.16;30.18;33.3;35.13;37.5;52.9;55.3;67.3;67.17;73.13;115.2　作 tsag 10.6;43.9;104.1　dzag 85.1　ts'ag 105.21;106.17;109.3;109.13　免 ·en 99.9　mye 101.9　初 c'u 34.2;52.10;53.1;84.17　别 p'ar 4.1;21.8;32.11;34.13;35.3;36.7;40.13;103.5;105.14;119.10　par 10.17　pyar 104.7;105.7　否 p'u 102.10　吾 he 97.17　妙 'bye'u 22.12;23.3;23.7;24.10;24.13;25.2;25.16;26.1;26.17;27.5　形 hyeṅ 8.17　heṅ 36.1　忘 boṅ 5.20;6.11;6.21;7.11　成 çeṅ 52.11　我 'ga 102.16;103.17;106.15;107.3;108.11;108.18;110.14;114.9;114.11;115.15　戒 ke 48.7;50.10;55.13;74.8;77.5;77.10;77.15;88.2　kye 76.20　每 'be 19.3　没 ma 106.1;109.15　見 kyen 75.20;76.3;76.7;77.3;77.7;77.12;78.4;78.9;79.4;79.9;80.4;80.12;104.11;107.12;120.6;127.16;128.5　kyan 102.7;102.15;103.6;103.9;104.8;108.4;108.12;108.16;109.8;119.7;126.18　言 'gen 28.10;51.18;58.10;120.1;122.18;123.8;125.17;126.17　'ge 33.7;48.14;49.9　谷(俗) swog 121.3;127.9　赤 c'ig 106.12　身 çin 13.12;15.5;16.8;22.9;22.19;23.11;25.7;26.12;28.2;32.19;43.15;56.9;57.1;95.18;96.5;96.13;97.1;97.18;113.8;115.17

八画　事 çi 85.14　来 le 55.5;73.5　依 ·i 19.7　(衣) ·i 37.17　两 lyoṅ 58.7;65.16;66.11　具 k'u 43.1;88.16　其 k'i 29.11;30.9;58.18;67.9;83.15;85.8;89.18　到(倒) de'u 110.10　卷 kwon 128.8　取 ts'u 69.8;70.10;70.11　ts'i 106.5　受 çi'u 8.3;9.2;9.8;18.18;69.6;70.16;70.17　'ẑu'u (sic) 75.21　味 byi 14.7　'byi 16.18　命 me 97.19;98.1　和 hwa 27.16;45.17;115.4　定 deṅ 48.8;50.11;74.17;79.2;89.7　(肉)(ẑu)g 1.12;5.17　宗 ts'oṅ 119.6　tsoṅ 120.5;123.10;126.16;128.4　帛 p'eg 37.101　彼 byi 62.13　念 nyam 71.19;104.3;112.8;112.9　性 seṅ 25.12;120.20;122.9　syeṅ 42.6;42.11;42.17　怖(憂) ·i'u 82.18　所 çu 33.5;76.8;77.13;79.10;80.13;99.15;123.6;125.21　拔 p'ar 62.10　於 ·i 53.16;93.18　·u 82.13;104.18;116.18;117.4;117.11;117.17;118.9;118.17;124.4;125.7　明 mye 68.16;71.15;72.13　果 gwa 34.3;47.9;

48.17;49.12;49.18;50.3;50.9;51.3;51.11;52.4;53.12;72.6;72.20;122.5 毒 t‘og 90.9;90.17;94.13;94.20;95.1;95.6;95.13;96.1;96.9;96.17;97.9;97.11;98.4;98.12 油(唯) yi 87.2 治 c‘i 100.5;100.16;101.8 法 p‘ab 14.9;17.2;19.18;22.8;23.8;23.10;25.6;26.11;28.1;31.1;31.2;33.11;35.17;35.18;37.12;38.11;39.5;39.8;39.11;39.15;43.14;46.12;52.8;53.3;67.7;68.12;77.16;82.19;86.14;89.1;90.3;104.15;105.2;105.10;105.17;110.2;115.3;119.14;120.16;122.3;125.2;125.14 波 pa 73.9;73.20;75.2;75.11;76.14;76.21;77.19;78.15;79.15;81.1;83.19;85.10 泥 ’de 36.19 炎 yyam 121.12 争 jeṅ 23.17;27.12;28.8;28.14 物 bur 43.12;76.11;87.9;102.9;102.19;103.14;106.2;106.7;107.1;109.16 狀 ts‘oṅ 36.2 çoṅ 53.19 盲 meṅ 82.2 知 ci 30.4 k‘o (可)45.7;45.14;46.1 空 k‘oṅ 3.6;3.11;31.14;122.7 k‘o 85.16 表 bye’u 84.18 長 c‘oṅ 98.17 門 mon 84.20;101.15;124.7 青 ts‘eṅ 106.10 非 p‘yi 68.3;102.2

九画 信 sin 33.16;87.4 則 tsig 26.7;28.6;51.19 削(剃) t‘e’i 37.14 前 ts‘yan 81.8;81.15;81.16;81.19;84.3 即 tsig 30.19;31.3;98.5 咸 ham 123.15 後 hi’u 51.2;51.12;52.3;53.13;81.11;81.12;82.3;84.5;98.3 思 si 9.14;88.3;103.2;104.4;123.1 怠 de 78.7 持 c‘i 21.13;26.19;36.15;38.9;38.19;74.7;76.19;77.4;77.14;88.1;99.7;101.14 tig 63.3 捐(損) syoṅ 123.14 故 ko 23.19;25.13;25.14;28.5;28.9;29.15;32.2;36.5;38.16;39.12;40.14;40.19;42.8;51.5;68.5;90.1;91.12;91.19;94.9;124.3;124.18;126.2;126.13;127.13 go 27.2;27.3 施 çi 74.5;75.8;75.16;76.4;76.9;87.7;87.20;89.2;90.4;121.14 źig (辱?) 88.5 是 çi 2.5;7.21;8.7;8.13;10.13;11.18;12.8;12.19;13.4;13.14;13.21;14.10;14.16;15.9;19.12;20.3;20.20;21.16;30.11;30.20;31.4;31.6;35.16;35.20;44.7;45.1;45.10;45.19;46.5;46.15;49.3;49.21;54.8;55.7;55.21;56.15;56.26;69.14;73.18;74.21;85.3;88.20;90.14;92.7;101.18;103.20;104.2;106.9;107.10;108.2;108.10;108.15;112.7;113.7;114.16;115.16;116.14;125.5;126.1;126.8 染 źam 37.16;92.11 津 tsin 2.3;6.9 流[la] 97.14 甚 çyim 42.13 çim 43.10 źim 109.14 çin (sic) 106.18 çib 105.22 界 ke 12.11;12.22;15.12;60.16;92.14;93.8;120.12 畏 ·u 87.19;88.15 皆 ke 31.9 he 122.6 相 syoṅ 6.1;6.12;6.22;7.12;8.4;9.12;31.12;116.10

syaṅ 28.4;32.12;34.14;34.18;35.4;35.10　者 ja 1.6;3.5;3.13;3.20;5.9;7.20;8.12;9.1;9.11;10.2;10.12;11.3;11.8;11.14;12.7;13.3;13.20;14.15;15.15;18.6;19.11;20.19;22.2;24.14;25.4;26.5;27.15;29.2;38.7;44.6;44.21;47.1;48.19;49.20;54.7;56.5;56.25;57.11;58.1;60.4;61.6;62.4;63.11;64.6;69.17;72.3;73.3;73.17;75.6;76.1;76.5;76.18;77.23;78.19;79.19;81.6;82.9;86.3;86.19;87.17;88.19;92.6;93.1;93.14;111.15;114.7;116.13;117.10;117.16;120.8;123.11;127.1　耶 ya 103.15;104.16　sya(?) 105.11　苦 k‘o 45.12;47.11;62.11;98.19;111.9;114.12;115.19　k‘on 98.19　要 ye’u 53.4　計 kye 111.3;111.7;111.10;111.18;112.4;113.4;114.2;114.10;115.13;116.8;117.2;117.6;117.13;118.2;118.11;119.1　風 p‘uṅ 3.2　puṅ 7.16　香 hoṅ 14.6;16.16　俗(原讹作谷,见七画下)

十画　乘 çiṅ 33.14;34.1;44.12;44.16;45.3;47.3;54.5;54.10;54.13;54.15;54.18;55.1;55.6;55.9;55.11;56.3;60.6;61.3;62.7;63.14;64.9;64.18;65.17;66.12;73.6;73.14;119.4;120.3;128.2　修 si’u 60.8;78.11;83.7　俱 k‘u 52.16;85.5　倒 de’u 110.19　值 c‘i 67.2　倫 lin 52.17　冥(離)li 67.11　害 he 95.16;96.3;96.11;97.16　差 ts‘a 65.12;66.7;68.7　師 çi 119.15　恐 k‘uṅ 53.5　息 sig 2.18;2.20　syig 7.10　悟 ’go 53.7;63.17;64.10;65.6;66.3;67.8;68.2;85.7　時 çi 52.13;75.18;85.18;88.8　根 kin 12.14;13.6;13.17;17.7　殊 çu 29.10;30.8;34.19;35.11　海 ke 98.20　益 i’u 123.19　破 p‘a 77.9　神 çin 24.15　納 ’dab 9.6;31.17　紙 tsi 37.7　素 so 37.1;37.8　能 niṅ 62.6;62.9;84.12;85.6;87.6;95.14;96.2;96.10;96.18;98.13　do (sic) 83.12　記 gyi 49.8　財 ts‘e 76.10;87.8;88.6　起 k‘i 105.4;120.18　軌(軏)gu 23.4;26.4;26.6;27.6　gu’i 26.2　gu’u 26.18　逆 ’gig 69.18　骨 kur 11.11　kor 5.16

十一画　假 ga 121.13　側(惻)c‘eg 24.18　唯 yu 97.15　問 bun 1.4;4.4;5.7;7.18;8.10;11.1;12.5;13.1;13.18;14.13;15.13;18.4;20.7;20.17;21.20;24.5;25.18;27.7;28.19;29.19;32.6;34.10;35.5;36.9;38.5;39.1;39.16;40.4;41.1;41.16;42.9;43.5;43.19;44.19;46.19;49.7;50.15;54.1;56.23;60.2;61.4;62.2;63.9;64.4;65.1;73.1;73.15;81.4;82.7;83.16;86.1;86.17;87.15;88.17;90.5;90.18;92.4;102.6;102.17;105.19;107.13;108.5;109.9;110.6;110.16;111.13;114.5;116.11;117.8　ts‘u 106.4

堅 kyen 1.13　kyan 5.18　寂 ts‘ig 48.1;50.5　常 çoṅ 68.4;110.12;111.2;111.4;111.17;112.14;113.6　çyoṅ 112.1　得 tig 4.13;4.22;6.3;6.14;7.2;7.14;30.3;41.5;41.10;43.4;46.13;55.16;60.14;62.14;63.19;75.9;76.12;77.17;78.13;79.13;80.16;89.17;91.11;94.10;99.8;123.7;125.22　情 ts‘eṅ 107.7;107.9;107.15;108.1;108.7;108.9;109.5;109.7　惟 yu 103.3;104.5　捨 ça 61.15;63.8　教 ke’u 33.8　既 gi 48.13　梵 bam 54.14;60.5;61.2　欲 yog 55.19　殺 bur 57.5　淨 ts‘eṅ 81.14;100.1;110.15;111.6;111.8;112.3;112.5;113.14;114.4　現 hyan 72.15　理 li 42.18;48.3;50.7;51.16;53.17;79.12　畢 pyir 43.6　眼 ’gen 13.8;15.20;18.10;127.5　’gyen 14.19　’gwan 17.4　衆 juṅ 31.5;35.21;115.18　cuṅ 70.3;88.11;89.15;98.15;99.19;100.8;100.19　竟 keṅ 43.7　第 de 121.17　deṅ 125.8　diṅ 127.10　細 se 81.13　終 c‘uṅ 98.2　脱 t‘ar 89.20　蛇 ça 97.10　設 çar 121.15　貪 t‘am 57.16;90.11;90.20;91.9;92.5;92.18;94.16;95.19;96.14;98.9;99.18　通 t‘uṅ 3.15　t‘oṅ 18.14　造 ts‘e’u 10.5　間 ken 95.11;96.8;97.8;126.7　殺(原讹作雖,见十七画下)

十二画　傍(謗)boṅ 126.4　勝 çin 84.6;84.14;85.20　善 çaṅ 55.15　çan 56.7;56.18;58.22;59.4;59.8;59.13;59.18;59.20;60.1;97.3　喙(唤)hwan 43.8　喜 hi 61.14;62.19　幾 gi 20.11　悲 pyi 61.13;62.8;100.12　惑 hog 80.15　惠 hwe 48.9;50.12　hywe 74.20;80.2;80.7;89.9;127.3　惡 ·ag 56.22;58.5　惱 ’de 47.14　敢(感) gwam 6.2;6.13;7.1;7.13　智 ci 74.19;80.1;80.6;80.18　cig 89.9　温 ·on 2.11;6.19　涅 ’der 122.10　無 ’bu 23.15;31.10;50.1;104.19;111.16;117.7;117.12　爲 ’u 1.16;2.14;3.1;9.7;9.17;10.8;10.19;11.16;13.15;17.8;17.16;18.1;18.7;19.1;22.15;23.6;24.2;24.9;25.1;27.18;28.17;29.3;31.11;33.2;33.10;34.7;35.2;36.13;37.4;38.2;39.22;40.2;47.10;47.16;48.4;48.10;50.8;50.13;52.14;62.18;63.7;65.15;66.10;87.11;92.17;93.11;94.6;94.12;94.19;100.3;100.14;101.6;101.17;102.1;111.11;114.3;114.13;127.15　猶 yi’u 121.5　異 yi 29.14;40.3;40.10;40.22;65.13;66.8;68.8　盜 de’u 57.7　着 jag 92.12　硬 ’ge’u 1.14;5.19　等 diṅ 17.5;17.13;31.16;52.20;63.2　答 tab 1.10;3.10;5.2;5.13;8.1;9.4;11.6;12.12;13.7;14.3;15.19;18.9;19.15;20.13;21.3;22.7;24.12;26.3;

27.13;29.6;30.13;32.15;34.15;35.12;36.18;39.6;40.11;41.11;42.4;42.15;43.13;44.10;45.6;47.6;49.1;50.4;51.14;54.11;56.8;60.7;61.11;65.18;68.14;70.1;73.7;74.2;75.14;81.18;83.10;84.15;86.7;87.1;89.3;90.10;91.7;92.10;93.4;93.17;94.14;95.7;96.6;97.4;99.12;102.11;103.16;104.17;106.3;106.8;107.5;108.17;110.1;110.11;110.20;112.6;114.15;116.17;118.4 絶 ts'war 38.15;99.3 菩 p'u 59.22 虛 hu 3.14;31.14 視 çi 53.11;53.14;84.19; 超 c'e'u 122.16;125.15 進 dzin 53.10;74.14;78.2 ts'in 89.5 量 lyoṅ 60.11;61.9;61.19;123.2 陽 yoṅ 121.11 集 ts'ib 45.15;45.20;47.17;49.2 順 çun 69.15 須 su 67.1 黄 hwoṅ 106.11 喚(原有四处讹作嗳,见十六画下) 惻(原讹作側,见十一画下)

十三画 亂 lwan 79.6 嗔 c'in 57.18;92.19;98.10;100.7 想(相) syaṅ 9.15;9.18;21.9 意·i 13.13;15.7;16.10;56.13;57.12;79.7 愚 'gu 80.9 愛·i'i 18.20 ·e 69.7;70.13;70.14 感 gwan 4.12;4.21;5.5;5.11 暖 'dwan 2.12;6.20 業 'geb 47.15;57.3;57.14;58.4;58.16 滅 'byer 46.2;46.4;46.7;48.2;48.5;50.6;122.15 煩 p'an 47.13 資 tsi 82.15;86.8;86.20;87.12 經 gyeṅ 30.16 kyeṅ 50.17;99.14 義 'gi 11.5;11.12;12.4;26.9;27.1;27.19;31.19;92.9;93.3;93.16;119.9;121.19;125.10;127.12 解 he 53.8;119.8;120.7;126.19;127.17;128.6 hwe 103.1 ga 78.6;89.19 過 kwa 72.7;95.4;122.17 道 de'u 18.17;19.5;46.14;46.17;48.11;52.12;63.18;67.10;82.6 達 dar 127.7 違 wu ('u?)23.16;28.13 'u 27.11 損(原讹作捐,见九画下) 極(原讹作緣,见十五画下)

十四画 像 syaṅ 37.2;38.10 syoṅ 39.4;39.7;39.14 僧 siṅ 20.1;24.3;27.14;28.18;34.8;38.3 塵 c'in 12.16;14.2;14.12;17.15;18.11 境 keṅ 92.13;93.7;101.20;102.4;109.11;123.3 heṅ 125.18 夢 moṅ 121.9 婬(淫) yim 57.9 對 dwe 18.13;99.6;100.4;100.15;101.7;101.13 de'u(du'e)116.16 慈 ts'i 61.12;62.5;100.11 種 juṅ 20.12;20.16;21.19;39.19;58.20;113.12 稱 k'yiṅ 24.19 精 tseṅ 74.13 tsoṅ 78.1;63.13;89.4 維 yu 30.14;66.1 綺 k'i 58.11 聚 su 11.10 聞 bun 19.4;53.2;54.17;59.11;63.13;64.3;66.16;90.6;118.14 蓋 ke 12.2 蜜 'byir 73.11;75.4;75.13;76.16;77.1;77.21;78.17;79.17;81.3 byir

74.1 'byi 84.1 語'gu 58.12;122.19;125.16 說 çwar 33.6;44.1;54.2;67.4;85.4;90.7;99.16;101.21;102.5 遠 wen 58.14 lwan(?) 123.12;126.9 領 leṅ 9.5 鼻 pʻyi 13.10;16.4 pyi 15.1

十五画 增 tsʻiṅ 93.5;123.18 (曾)102.14 慶 kʻeṅ 62.12 憎 tsiṅ 18.12 摩 'ba 30.15 樂 lag 62.15;110.13;111.12;114.14;116.9 潤(źun) 2.4;6.10 盤(般) pʻan 122.11 瞋 cʻin 90.12;91.1;91.14;91.15;93.12;94.17;96.15 緣 yuan 54.19;59.15 ywan 64.7;64.14;64.16;65.2;67.12;68.11;70.6;70.9;70.12;70.15;70.18;70.21;71.3;71.7;71.10 (綠)71.13 (綠)71.17;72.1;72.4;94.1;101.4;120.17;120.19;122.1;124.10 (極)kʻig 91.17 蔭·im 11.17 輪 lun 98.18 髮 pʻar 37.15

十六画 噯(喚)hwa 105.20 hwan 106.16;107.4;109.12 擅(檀) tʻan 82.10;83.11 據 gi 11.9 獨 tʻog 68.1 耨 źin 88.4 蘊 'un 7.23 ·un 8.9;8.16;8.21;9.3;9.9;9.13;9.19;10.4;10.10;10.15;10.21;11.2;11.7;114.18 諸 cu 50.16;55.2;104.14;115.1;120.15;124.14;125.13 諦 de 44.4;44.9;44.14;44.18;45.5;45.13;45.21;46.8;46.18;47.5;47.12;47.18;48.6;48.12;51.8;52.7;67.6;121.4;121.20;124.2;124.6 謂 'u 120.9 遷 tsʻyan 112.10

十七画 禪 źan 60.18 çan 74.16;79.1;89.6 聲 çei 14.5;16.14;54.16;59.10;63.12;63.16;64.2;66.15;118.13 舉 gu 51.15 薩 59.22 謗 boṅ 124.20 還 hwan 103.11 雖(殺) çar 95.15 檀(原訛作擅,見十六畫下)

十八畫 斷 dwan 38.14 歸 ku 19.6 覆 pʻu 12.1 謨 ma 43.11

十九画 壞 he 96.19 寶 pe'u 19.9;19.14;19.17;19.19;20.2;20.6;20.9;21.2;21.7;21.11;21.15;22.6;22.17;23.9;24.4;29.8;30.6;31.8;32.14;33.4;33.12;34.9;35.14;36.17;37.6;37.13;38.4;39.21 癡 cʻi 57.20;90.13;91.2;91.21;93.13;94.7;94.18;95.21;96.16;98.11;100.18 tsʻa 80.10;90.13;91.2;91.21;93.13;94.7;94.18 (瞋)cʻin 95.20 礙 'ge 8.18 羅 la 73.10;73.21;75.3;75.12;76.15;76.22;77.20;78.16;79.16;81.2;83.20;85.11 藥·ag 97.12 證 jiṅ 65.5;66.2;68.9 ciṅ 79.11 識 çig 3.7;3.18;8.6;10.14;10.20;12.18;14.18;14.20;14.22;15.2;15.4;15.6;15.8;18.16;71.8;71.9 çeg (sic) 68.18 邊 pʻyan 32.1 pyan 124.1;126.12 離

li 23.14;27.10;41.12;41.14;41.19;42.2;42.7;42.14;123.13;126.10　難 'nan 53.6

二十画以上　鑨(空)k'oṅ 105.3　覺 kag 22.13;24.11;25.3;25.10;25.17;54.20;59.16;64.8;64.17;65.3;67.13;71.21　觸 c'og 14.8;16.20;69.5;70.19;70.20　攝 çab 82.12;83.13;84.13;86.10;86.12;86.15　çaṅ(?) 89.10　龕 k'am 36.20　變 kyen(?) 112.11;113.16　髓 su 2.2　體 t'e 2.9;21.5;22.4;22.10;23.1;23.12;26.13;29.5;29.12;29.18;30.10;32.5;40.17　t'e'i 25.8;28.11　k'oṅ(?) 85.15　觀 kwan 69.19;120.10;125.12　gwan 100.2;100.13;101.5;124.9　麤 ts'o 81.9;81.17

附　　志

著者在序文所说“期待中的材料”，指本书所提到伯希和劫了去的《汉藏对译语汇》（No. 2762 背面）跟另外一种《汉藏对音佛经》（No. 2046）。本书提到陶慕士文中引用的《大乘中宗见解》的译音本，著者说“无缘窥其全豹”；这个译音本在西门华德所称“长卷”中（见下引文）。本书于 1933 年出版以后，陶慕士在 1948 年发表了两种《藏汉词句》（英国博物院藏写本 Or. S. 2736，Or. S. 1000，见 F. W. Thomas and L. Giles：*A Tibeto-Chinese Word-and-Phrase Book*，BSOAS，Vol. XII，Parts 3 and 4，1948）。此外，据西门华德在 *A Note on Chinese Texts in Tibetan Transcription*，BSOAS，Vol. XXI，Part 2，1958 一文中叙述，巴黎国家图书馆还藏有以下各件：

（Ⅰ）佛教的：

《般若波罗密多心经》（No. 448）

《妙法莲华经》

(1)《普门品》第二十五：《观音经》（No. 1239）

(2) 同上（No. 1262）

伪撰《八阳经》（No. 1261）

《奉请十方佛》（Nos. 1，3）

《南天竺国菩提达摩禅师观门》（No. 1228）

《道安法师念佛赞》（No. 1253）

（Ⅱ）非佛教的：

乘法表（No. 1256）

三皇五帝姓（No. 1238）

七言诗（No. 1230）

其中《奉请十方佛》一种，西门华德有专文论述［Walter Simon *A Chinese Prayer in Tibetan Script*, Sino-Indian Studies（《中印研究》），Vol. V, Parts 3 and 4（*Liebenthal Festschrift*），1957. Visva-Bharati, Santiniketan, West Bengal, India］。

另外，以下这几篇论文可以供本书读者参考：

F. W. Thomas *A Buddhist Chinese Text in Brāhmī Script*, ZDMG, 1937.

H. W. Bailey *Vajra-prajñ ā-pāramitā*, ZDMG, 1938.

F. W. Thomas *Notes in Consideration of Professor Bailey's Critical Observation*, ZDMG, 1938.

H. W. Bailey *Postscriptum*, ZDMG, 1938.

B. Csongor（陈国）*A Contribution to the History of the Ch'ing Yin*（轻音）［on the basis of a T'ang-time Chinese text written in Brāhmī script］, Acta Orientalia, Academiae Scientiarum Hungaricae, Tomus IX, Fasciculus l. Budapest, 1959.

水谷真成：Brāhmī 文字转写罗什译《金刚经》之汉字音，《日本名古屋大学文学部十周年纪念论集》，1959。

本书著者于 1958 年 12 月 13 日在北京逝世，以上这些材料都只好留待后人研究，“再作补编”了。

1959 年 9 月 17 日，周达甫谨志

罗常培先生学术年表*

1899 年(清光绪二十五年)

8 月 9 日(农历七月初四)出生于北京西直门内曹公观后西井胡同一个满族家庭,满姓为萨克达氏,隶属正黄旗。父亲名恩禄。

名常培,字莘田,又署心恬,号恬庵,笔名贾尹耕,斋名未济斋。

1904 年(清光绪三十年)

开始识字。

1907 年(清光绪三十三年)

就学于希怡泉、崇乐峰主持的怡乐书斋。怡乐书斋后遵督学局令改为西城第四学区私立第二小学堂。除诵读启蒙读本外,兼习局定之小学课程:算术、修身、史地、格致、体操等。

1908 年(清光绪三十四年)

希怡泉、崇乐峰改就公立小学教职。重就读于北魏胡同远戚伍世舜及后公用库荣静之的私塾,读四书,进度颇速。

1909 年(清宣统元年)

继续读私塾,收获颇丰。

1910 年(清宣统二年)

---

* 本年表根据杨力主编《罗常培年表》删节而成。

年初仍读私塾，后投考京师公立第二两等小学堂，和老舍（舒庆春）同学。

1912 年

督学局改组为京师学务局，京师公立第二两等小学堂改为女校。先生投考祖家街市立第二小学校。昆明夏筱琅（瑞庚）任校长。不久就原校址改立“京师公立第三中学校”，校长仍为夏筱琅。小学学生则并入报子胡同第四小学。是年先生毕业于第四小学，毕业考试结果，在两班 44 名学生中名列第一。

1913 年

考入北京市立第三中学。

是年母亲因病去世，先生在家补习国文、英文、算术，兼学蒙语。

1915 年

中学三年修业，于学校规定课程之外，读《通鉴》、《史论》、《历代名臣言行录》之类，在日记中常有论史的言论。秋天北京学务局举办中学四年级学生会考，先生考取甲等第三名。

在读中学的同时，又投考龙溪蔡璋的速记传习所夜班学速记。

1916 年

父亲得急症去世，先生不满 17 岁。

中学毕业后，家庭经济困难，到众议院秘书厅速记科任二等技士（速记员）。本年秋天，报考北京大学文科中国文学门，考中第四名。入学后，对钱玄同的“文字学音篇”、刘师培的“中古文学”和“中古文学史”较感兴趣，每次上课均用速记作笔记，回家后再翻译成文言收藏起来，后来编成《左盦文论》。

1917 年

蔡元培到北京大学任校长。先生受到启发，一直拿蔡元培“博大而坚贞的精神”做自己追求的理想人格，赞成蔡先生的“兼容并包”的态度，崇拜他的“临大节而不可夺”的气节，服膺他那“富贵不能淫，贫贱不能移，威武大能屈”的精神。

1918 年

和黄婉如女士结婚。

1919 年

北京大学中文系毕业。为接受西方的学术思想和治学方法，决定在北京大学中国文学系毕业后，转入北大哲学系继续学习两年。

1921 年

此年夏，山东教育厅约请杜威、黄炎培、梁漱溟等到济南去讲学。受梁先生之约，为他的演讲做记录（速记）。后来由陈政整理出版了《东西文化及其哲学》。北京大学毕业，应聘到天津南开中学任国文教员。

1922 年

应邀到京师第一中学任国文教师兼总务长，不久又代理校长。

1923 年

应聘到西安国立西北大学任教授兼国学专修科主任，讲授“中国文字学”和“中国音韵学”等课程。

1924 年

夏天，先生辞职返京，同时辞谢了河南中州大学聘请做中国文学系教授兼主任之邀。先生在 5 个机关约请下继续做速记员，同时兼任私立四存中学国文教员。

论文：

《清代校雠学家的方法》,1924 年 12 月 27 日在西北大学的讲演。

1926 年

段祺瑞“执政府”镇压爱国学生运动,发生“三一八”惨案。北京形势险恶,许多学者心情忧忿,纷纷离京。此时厦门大学托林语堂邀请北京许多学者到厦大讲学,于是,先生同鲁迅、沈兼士等人南下到福建厦门大学任教,讲授“经学通论”“中国音韵学沿革”等课程,并开始调查研究厦门方言。

1927 年

离开厦大后,应马叙伦之约到浙江省政府工作了不到 3 个月,又应聘到广州中山大学任中国语言文学系教授,开“声韵学”、“等韵研究”、“声韵学史”等课程,结合教学发表论文《怎样整理声韵学史》,刊中山大学《语言历史学研究所周刊》1 集 6 期。

1928 年

任中山大学语言文学系主任。

为了研究《广韵》学广州话。

这一年赵元任到广州调查两广方言。向赵元任请教解疑,并切磋其他有关语言学的问题,两人讨论了一个多星期。

同年,与傅斯年、赵元任、李方桂一起参加创办中央研究院历史语言研究所的筹备工作。

论文:

《〈广韵〉声纽的讨论》(与刘文锦合署名),刊中山大学《语言历史学研究所周刊》2 集 14 期。

《〈切韵·序〉校释》,刊中山大学《语言历史学研究所周刊》3 集 25、26、27 期合刊。

《〈切韵〉探赜》,刊中山大学《语言历史学研究所周刊》3 集

25、26、27 期合刊。

《双声叠韵说》，刊中山大学《语言历史学研究所周刊》4 集 41 期。

1929 年

辞去中山大学教职，到中央研究院历史语言研究所任专职研究员，致力于音韵学和现代汉语方言的研究，下决心要把这门学问提高到新的科学水平。从 1929 年到 1935 年 7 年间，共完成了 4 部专著、14 篇论文，又调查了 6 县 46 个点的方言，编完《汉魏六朝韵谱》和《经典释文》的反切长篇。

论文：

《校印莫友芝〈韵学源流〉跋》，《韵学源流》1929 年由中山大学出版。同年又载《中山大学图书馆周刊》6 卷 5、6 期合刊。

1930 年

专著：

《厦门音系》，中央研究院历史语言研究所出版。

论文：

《耶稣会士在音韵学上的贡献》，刊中央研究院历史语言研究所《集刊》1 本 3 分。

《〈声韵同然集〉残稿跋》，刊中央研究院历史语言研究所《集刊》1 本 3 分。

1931 年

论文：

《〈切韵〉鱼虞的音值及其所据方音考》（高本汉《切韵》音读商榷之一），刊中央研究院历史语言研究所《集刊》2 本 3 分。

《知彻澄娘音值考》（高本汉《切韵》音读商榷之二），刊中央研究院历史语言研究所《集刊》3 本 1 分。

《梵文䏲音五母的藏汉对音研究》,刊中央研究院历史语言研究所《集刊》3 本 2 分。

《敦煌写本守温韵学残卷跋》,刊中央研究院历史语言研究所《集刊》3 本 2 分。

《厦门音系序》,刊《清华中国文学会月刊》1 卷 2 期。

1932 年

从本年开始与赵元任、李方桂合译瑞典高本汉(Bernhard Karlgren)的《中国音韵学研究》。

论文:

《〈中原音韵〉声类考》,刊中央研究院历史语言研究所《集刊》2 本 4 分。

《释重轻》(副题"等韵发疑二,释词之三"),刊中央研究院历史语言研究所《集刊》2 本 4 分。

《戴东原〈续方言〉稿序》,刊中央研究院历史语言研究所《集刊》2 本 4 分。

《刘继庄的音韵学》,刊(北平)《世界日报·国语周刊》32、33、34 期,1932 年 4~5 月。

《官活字母与合声简字》,刊《世界日报·国语周刊》39、40 期,1932 年 6 月。

《关于广州话入声的讨论》,刊《世界日报·国语周刊》41 期,1932 年 7 月。

1933 年

专著:

《唐五代西北方音》,中央研究院历史语言研究所出版。

论文:

《释内外转》(副题"等韵发疑二,释词之二"),刊中央研究院历史语言研究所《集刊》4 本 2 分。

《泰兴柯石间〈韵史〉稿本跋》,刊中央研究院历史语言研究所《集刊》4 本 2 分。

《刘继庄的生平及其学术概要》,刊《齐大季刊》2 期。

《〈切韵〉闭口九韵之古读及其演变》,刊在中央研究院历史语言研究所《集刊·外编》(《庆祝蔡元培先生六十五岁论文集》上册)。

《明清学者对于方音研究的贡献》,刊《世界日报·国语周刊》69、70、71 期,1933 年 1～2 月。

《西洋人研究中国方音的成绩及其缺点》,刊《世界日报·国语周刊》72 期,1933 年 2 月。

《方音研究之最近的进展》,刊《世界日报·国语周刊》73 期,1933 年 2 月。

《国音字母以前的音标运动》,刊《世界日报·国语周刊》111 期,1933 年 11 月。

《唐五代西北方音自序》,刊《世界日报·国语周刊》113 期,1933 年 11 月。

1934 年

由中央研究院借聘到北京大学任中文系教授。

专著:

《国音字母演进史》,1934 年上海商务印书馆出版。1959 年文字改革出版社新版改名为《汉语拼音字母演进史》。

论文:

《〈古音系研究〉序》,刊《世界日报·国语周刊》142 期,1934 年 6 月 16 日。

《徽州方言的几个要点》,刊《世界日报·国语周刊》152 期,

1934 年 8 月 25 日。

《白涤州小传、著述提要》，刊中央研究院历史语言研究所《集刊》4 本 4 分。

《黟县方音调查录》（与白涤州、魏建功合作），刊《国学季刊》4 卷 7 期。

《汉语方音研究小史》，刊《东方杂志》31 卷 7 期。

《音韵学研究法》，刊上海商务印书馆《出版周刊》新 80、81 号。

1935 年

受聘兼任北京大学中国文学系主任。先生到北大后开设了语言学、语音学和音韵学某些专题课，还有一门"域外音韵论著述评"，评介外国人研究汉语音韵的著作。先生利用刘复建立的国内最早的"语音乐律实验室"教语音学，结合方言调查的训练，教学生亲自操作，把许多音韵学史上含混不清、淆乱已久的问题搞明白了。

论文：

《关于国音的几个问题》，刊《世界日报·国语周刊》172 期，1935 年 1 月 12 日。

《高本汉的中国音韵论著提要》，刊（天津）《益世报·读书周刊》6 期，1935 年 7 月。

《中国音韵学的外来影响》，刊《东方杂志》32 卷 14 期。

《中州韵和十三辙》（张洵如《北京音系十三辙》序），刊《益世报·读书周刊》16 期，1935 年 9 月 19 日。

《〈中国音韵学〉序》，刊（天津）《大公报·图书副刊》101 期，1935 年 10 月。

《〈十韵汇编〉凡例》，刊《益世报·读书周刊》21 期，1935 年

10 月 24 日。

《〈通志·七音略〉研究》(景印元至治本《通志·七音略》序),刊中央研究院历史语言研究所《集刊》5 本 4 分。

《〈十韵汇编〉叙例》,刊《国学季刊》5 卷 2 期。

《音韵学与戏剧》,刊(北平)《华北日报》1935 年 9 月 8 日。

1936 年

继续兼任北京大学中国文学系主任。

编著:

《十韵汇编》(与刘复、魏建功合编),北京大学出版部出版。

论文:

《读牟应震〈毛诗古韵考〉》,刊《益世报·读书周刊》42 期,1936 年 4 月 2 日。

《旧剧中的几个音韵问题》,刊《东方杂志》33 卷 1 期。

《〈榕村韵书〉正名》,刊《益世报·读书周刊》51 期,1936 年 6 月 4 日。

《韵文体语中所见之古今音变示例》,刊《益世报·读书周刊》74 期,1936 年 11 月 12 日。

《释清浊》,刊(南京)《中央日报·文史》6 期,1936 年 12 月 13 日。

1937 年

专任北京大学教职,中央研究院改聘先生为通讯研究员。

“七七事变”后,除了同以郑天挺(毅生)为首的一些教授维持北大残局外,加紧进行自己的研究工作,赶写《临川音系》,以工作来排解忧烦。10 月中旬与郑天挺、魏建功等结伴南下,乘汽车离开北平,从海路到香港,绕道梧州转赴长沙临时大学(北大、清华、南开三校组成),12 月中旬到达设在南岳的文学院,任国立长沙临时大学中国文学系教授，立即开课。

译著：

《中国音韵学研究》（瑞典高本汉著，与赵元任、李方桂合译）脱稿。译本1940年初版，1948年再版，1994年缩印第一版。

论文：

《音标的派别和国际音标的来源》，刊《东方杂志》34卷1期。

《武尔披齐利的中国音韵学述评》，刊《中央日报·文史》25、26期，1937年5月。

《绩溪方音述略》，北京大学出版部排印本。

1938年

随着抗日战争的发展，长沙临时大学迁往云南。先生随校入滇，2月26日到达昆明。

长沙临时大学到昆明后，4月改称“国立西南联合大学”。

5月4日，蒙自分校开始上课。是日，蒙自分校学生集会纪念“五四”，先生应邀出席演讲。同时演讲的还有朱自清、张佛泉、钱穆。

6月28日，受西南联大1938至1939年度招考委员会聘为委员。

11月26日，西南联大校常委会决议，设立文、理、法、商、工四学院一年级生课业生活指导委员会，先生受聘为委员。

1939年

1月9日，西南联大校常委会决定由师范学院国文系教职员筹办《国文月刊》，先生为编委。

6月，北大、清华、南开三校恢复原有的研究院、所、部。任北大文科研究所语学部导师，仍兼北大中国文学系主任。

11月，校常委会决议请先生暂代西南联大文学系和师范学院国文系两系主任。

12 月 5 日,校常委会决议成立毕业生成绩审查委员会,聘请先生等 5 人为委员,先生为召集人。

论文:

《〈经典释文〉和原本〈玉篇〉反切中的匣于两纽》,刊中央研究院历史语言研究所《集刊》8 本 1 分。

《〈八思巴字和元代官话〉自序》,刊《图书季刊》新 1 卷 1 期。

《段玉裁校本〈经典释文〉跋》,刊《图书季刊》新 1 卷 2 期。

《〈蒙古字韵〉跋》,刊《图书季刊》新 1 卷 3 期。

《从"四声"说到"九声"》,刊《东方杂志》36 卷 8 期。

1940 年

6 月 16 日,《国文月刊》创刊(至 1946 年共出 40 期)。

6 月 26 日,校常委会决议,聘请先生为西南联大中文系及师院国文系主任。

专著:

《临川音系》,商务印书馆出版。

论文:

《误读字的分析》,刊《东方杂志》37 卷 18 期,又载《国文月刊》1 卷 4 期。

《〈古逸丛书〉影宋大字本〈尚书释音〉跋》,刊《图书季刊》新 2 卷 1 期。

1941 年

5 月,因公赴叙永分校。

论文:

《现代方言中的古音遗迹》,刊(重庆)《文史杂志》1 卷 2 期。

《昆明话和国语的异同》,刊《东方杂志》38 卷 3 期。

《查尔默的汉语入声尾说》，刊《东方杂志》38 卷 22 期。

《介绍高本汉的中国音韵学研究》，刊（重庆）《图书月刊》1 卷 7、8 期合刊。

《四声、五声、六声、八声皆为周氏所发现》（副题“恬庵说音之一”），刊《国文月刊》1 卷 6 期。

《唐写本〈经典释文〉残卷四种跋》，刊《清华学报》13 卷 2 期。

1942 年

2 月，第一次到大理调查少数民族语言，先后记录了莲山摆彝（傣）语、福贡傈僳语、贡山俅（独龙）语、怒语和茶山、浪速、山头三种景颇语，以及 9 县 11 个点的民家（白）语方言。

自 1938 年到 1944 年在联大教课和主持系务工作之外，积极对云南民族语言开展了大量的调查研究工作。后来发表了《贡山俅语初探》、《莲山摆彝语文初探》两种专著和几篇论文。先生还调查了昆明方言，1941 年发表了《昆明话和国语的异同》。先生从方言研究全局出发，建议中央研究院抓紧时间调查，于是中研究组织人力调查了云南省 98 个县的方言（《云南方言调查》1969 年在台湾出版）。先生自己也调查了昆明方言，1941 年发表的《昆明话和国语的异同》起了示范作用。

这一年在北大文科研究所作了题为“研究工作的性质”的讲演。

专著：

《贡山俅语初探》，北京大学文科研究所油印论文之三，1942，昆明；又发表于《国学季刊》7 卷 3 期。1952 年，北京再版。

《北平俗曲百种摘韵》，1942 年由重庆国民图书出版社出版。1950 年北京来薰阁书店新版，改题为《北京俗曲百种摘韵》。

论文：

《从语言上论云南民族的分类》，刊（重庆）《边政公论》1 卷 7、8 期合刊。

《评费兹哲拉尔德的〈五华楼〉》，刊《旅行杂志》16 卷 10 期。

《答汪洋君问》，刊《国文月刊》12 期。

《中国人与中国文》，刊《国文月刊》12 期。收入《中国人与中国文》，这是 1941 年 4 月 24 日在昆明广播电台的讲话稿。

《中国文学的新陈代谢》，1942 年 7 月 1 日在昆明广播电台演讲。

《什么叫“双声”“叠韵”?》（副题“恬庵说音之四”），刊《国文月刊》13 期。

《汉字的声音是古今一样吗?》（副题“恬庵说音之三”），刊《国文月刊》14 期。

《语音学的功用》，刊（重庆）《读书通讯》36 期。

《临川音系跋》，刊《图书月刊》2 卷 2 期。

《法伟堂校本〈经典释文〉跋》，刊《图书月刊》2 卷 4 期。

《从客家迁徙的踪迹论客赣方言的关系》，刊《中国青年》7 卷 1 期。

1943 年

3 月，第二次到大理调查少数民族语言，收获颇丰，得到了茶山、浪速、山头三种景颇语的语言材料。

先生不忘生活中的语言问题，尤其关心“国语运动”和语言教育，早期写过许多国语运动的文章，1934 年写成《国音字母演进史》。还在刊物上发表了一系列关于语言文字，尤其是音韵学的通俗性文章，如《误读字的分析》、《什么叫“双声”“叠韵”?》、《语音学的功用》、《反切的方法及其应用》、《音韵学研究法》等。1942 年在重庆出版了《北平俗曲百种摘韵》一书。1950 年，经作者校定，此书在北京再版，1986 年又由天津一家出版社重排出版，改称《北京俗曲百种摘韵》。

论文：

《王兰生与〈音韵阐微〉》，刊（重庆）《学术季刊》1 卷 3 期。

《恬庵语文论著甲集自序》，刊《读书通讯》58 期。

《我的中学国文教学经验》，刊《国文月刊》20 期。

《语言学在云南》，刊《边政公论》2 卷 9、10 期合刊。

《昙花未现》，刊（昆明）《自由论坛》5、6 期合刊。

《从昆曲到皮黄》，刊（昆明）《正义报》副刊，1943 年 11 月 14 日。

《周秦古音之新问题及近人之贡献》，昆明西南联合大学油印出版。

《贡山俅语初探叙论》，刊《边政公论》3 卷 12 期。

1944 年

1940 年在《临川音系序论》中论到赣方言和客家方言的关系，并论述了客家迁徙的过程。这是先生把语言研究延伸到文化领域的开端。入滇以后，先生把那篇叙论单独抽出，修改为《从客家迁徙的踪迹论客赣方言的关系》发表在一家期刊上。随后，先生尽量搜集藏缅族的父子连名制的语言材料和有关文献，逐步深入研究，在 1944 年 3 次发表文章，最后总合成一篇《论藏缅族的父子连名制》的长文。1943 年夏，在西南联大主办的文史演讲会上，先生用"文化与语言"为题演讲，建立了日后《语言与文化》一书的框架。

7 月 26 日，先生和郑天挺等应邀赴大理参加撰修《大理方言志》工作。先生十分注意搜集地方方言文献和少数民族历史文化资料和民情、民俗等。后来一部分著为学术论文，一部分收入散文集《蜀道难》和《苍洱之间》内。

9月，教育部确定先生于1944至1945年度出国休假讲学。

1944年美国加州朴茂纳大学邀请先生去美讲学，担任人文科学访问教授。

10月，从昆明乘火车、轮船、飞机，经加尔各答、孟买去美国。11月23日，应国际大学邀请，作了短期学术访问，并作演说“印度对于汉语音韵学研究的影响”演说稿。后发表在《中印研究》1卷3期，1945年3月。两个月后到达美国。

论文：

《国语运动的新方向》，刊（昆明）《中央日报·星期论文》1月2日，又收入《中国人与中国文》。

《论藏缅族的父子连名制》，刊（南开大学）《边疆人文》1卷3、4期合刊。

《再论藏缅族父子连名制》，刊《边政公论》3卷9期。

《三论藏缅族父子连名制》，刊《边疆人文》2卷1、2期合刊。

《推行语政与宗族融合》，刊《边政公论》3卷1期。

《贡山怒语初探叙伦》，刊《边政公论》3卷12期。

《茶山歌》，刊《边疆人文》1卷5、6期合刊。

《反切的方法及其应用》（副题“恬庵说音之六”），刊《国文月刊》27期。

《音韵学不是绝学》，刊《读书通讯》83期。

《汉语里的借字》，刊（昆明）《中央日报·周中专论》7月6日。

《〈史通增释〉序》，刊《图书季刊》5卷4期。

1945年

从1945年1月到1946年6月，在美国朴茂纳大学讲授“汉语引论”等课程。

专著：

《中国人与中国文》由开明书店出版。

《汉魏六朝专家文研究》（整理刘申叔遗说），由重庆独立出版社出版。

论文：

《〈金元戏曲方言考〉序》，刊《图书季刊》新6卷1、2期合刊。

1946年

6至7月在美国加利福尼亚大学图书馆博览群书，进一步了解国际上语言学研究的新进展。

8月移教大西洋岸边的耶鲁大学，每周担任4小时的研究讨论班，指导研究生作博士论文。

1947年

暑期，在美国密西根大学举办的语言研究所的语言学会星期讲座上，会见了来自美国各地的语言学家，还选修了三种课程，对美国语言学界的情况有了进一步的了解。

论文：

《王兰生年谱》，刊（南京）《现代学报》1卷2、3期合刊。

《评商克的〈古代汉语发音学〉》，刊《岭南学报》7卷1期。

1948年

7月3日，离美回国。

8月19日回到北平，仍在北京大学中国文学系任教，并兼任北京大学文科研究所所长，恢复了刘复创建的语音乐律实验室。

1949年

参加筹备北京大学工会和北京市教育工作者工会的工作，又参加了北京市各界代表会议和中国人民政治协商会议第一届全体会议，以及亚洲、澳洲工会代表会议。

10 月，中国文字改革协会成立，吴玉章被选为主任，先生被选为常务理事。

专著：

《汉语音韵学导论》一册，北京大学出版部出版。

论文：

《〈道藏源流考〉序》由中华书局出版印行。

1950 年

《语言与文化》出版。

6 月，中国科学院语言研究所成立，被任命为语言研究所所长。

7 月起，先后派遣青年干部参加中央民族访问团到各民族地区了解情况，搜集资料，接受语言锻炼，准备调查少数民族语言。

12 月 9 日，在语言研究所关于《马克思主义与语言学问题》（李立三、曹葆华译）的讨论会上，先生作了题为《斯大林论语言学问题与中国语言学研究的联系》的报告，提出把语言学各学科的研究和国家的实际需要结合起来，逐步开展语法、音韵、方言、语言规范化和语音实验等方面的工作。语言研究所还建立了少数民族语言研究组，帮助各少数民族创建和改革文字。

专著：

《语言与文化》由北京大学出版部出版，1989 年语文出版社再版，2004 年北京出版社“大家小书”第三辑。

《莲山摆彝语文初探》由北京大学出版部出版。

论文：

《中国语言学的新方向》，刊《新建设》1 卷 12 期，1950 年。

《语言研究和文艺创作》，刊《新建设》2 卷 9 期。

《研究西南少数民族语言的重要性》，刊（天津）《进步日报》1 月 26 日。

《对于大学中国语文系课程改革的意见》，刊《光明日报》6 月 3 日。

《一年来高等教育的发展和教学研究的联系》，刊（北京）《新民报》10 月 5 日。

《相声的来源和今后努力的方向》，刊《人民日报》12 月 10 日。

《一年来语言学的普及倾向》，刊《进步日报》10 月 1 日。

《关于〈吴王寿梦之戈〉音理上的一点补充》，刊《光明日报》6 月 21 日。

《〈北平俗曲百种摘韵〉再版自序》，刊《光明日报》10 月 8 日。

《扬雄〈方言〉在中国语言学史上的地位——周祖谟〈方言校笺〉序》，刊《光明日报》10 月 22 日。

1951 年

任中央民族事务委员会委员，负责领导少数民族语言调查研究和文字规划工作。

6 月，在中央民族事务委员会作“关于少数民族语言文字问题”的报告。

10 月派语言所研究人员与中央民族学院语言系有关民族语言教师合编语言教材，共编写了 8 个民族的 12 种教材。

10 月 6 日主持召开“西南、中南少数民族语文座谈会”。

10 月 12 日政务院文化教育委员会成立少数民族语言文字研究指导委员会。被任命为该指导委员会的秘书长。

11 月 20 日，语言研究所和中国文字改革协会联合召开“关于少数民族文字汇通方案及汉字注音问题座谈会”。

12 月,少数民族语言文字研究指导委员会召集少数民族代表及语言学、民族学专家座谈如何协助各少数民族创立或充实改进文字问题。同月,语言研究所派出工作组去川康调查彝语。

论文:

《研究国内少数民族语文的迫切需要》,刊《光明日报》3 月 28 日,又收入《国内少数民族语言文字的概况》(中国语文丛书之一),1954 年中华书局出版。

《国内少数民族语言的系属和文字情况》,刊《科学通报》2 卷 5 期,又载《人民日报》3 月 31 日。

《语言研究的重点》,刊《新建设》3 卷 4 期。

《耶稣会士在音韵学上的贡献补》,刊《国学季刊》7 卷 2 期。

《唐写本〈经典释文〉残卷五种跋》,刊《国学季刊》7 卷 2 期。

1952 年

2 月 5 日,中国文字改革研究委员会在北京召开成立大会,先生被任命为委员,分工在拼音方案组。

7 月,《中国语文》在北京创刊,先生担任总编辑。

9 月,倡议并筹划在北京大学开办“语言专修科”,专门培养语言调查研究人员,语言专修科开设语音学、音韵学、语言学概论、方言调查、文字学等专业课程。先生亲自授课。

12 月,语言研究所召开“相声语言座谈会”,先生亲临讲话。

论文:

《语言研究应联系实际并照顾全面》,刊《中国语文》创刊号。

《1950 年苏联语言学界的辩论》,刊《中国语文》创刊号。

《从斯大林的语言学说谈中国语言学上的几个问题》,刊《科学通报》3 卷 7 期。

《语言学的对象和任务》，刊《中国语文》1952年2期。

《从历史上看中国文字改革的条件》，刊《中国语文》1952年2期。

《为语言在文艺上的精切运用而奋斗》，刊(北京)《新民报》5月23日。

《关于少数民族语文工作的报告》，刊《科学通报》3卷7期。

《加强研究少数民族语文，为提高各族文化而努力!》，刊《中国语文》1952年6期(12月号)，又收入《国内少数民族语言文字的概况》。

《怎样学习大众的语言》，刊《语文学习》1952年9期。

《贡山俅语初探》，刊《国学季刊》7卷3期。

1953年

积极参加和领导当时正在进行的推广普通话、文字改革、汉语规范化和研究少数民族语言文字等工作。

9月14至26日，语言研究所举行少数民族语文研究工作扩大会议，会上着重讨论了有关帮助少数民族创造和改革文字的问题，先生亲自主持。

论文：

《中国的语言学》，刊《科学通报》1953年4期，又载《新建设》1953年6期。

1954年

当选为全国人民代表大会代表，工作繁忙，积劳成疾，但仍坚持参加各种会议、撰写论文，为汉语规范化、文字改革和少数民族语言文字的建设抱病工作。

代表民族语言文字研究指导委员会和中央民族事务委员会向政务院提出《关于帮助尚无文字的民族创立文字的报告》。

论文：

《国内少数民族语言文字的概况》（与傅懋勣合写），刊《中国语文》1954 年 3 期。

《为帮助兄弟民族创立文字而努力》，刊《中国语文》1954 年 6 期。

《台词和语音学的关系》，刊《戏剧报》1954 年 4 期。

《遵照政务会议的指示，开展帮助尚无文字各民族创立文字的工作》，刊《科学通报》1954 年 7 期。

《语音学知识》（与王均合作，署名田恭），《中国语文》连载，1954 年 1 期至 1955 年 5 期。

1955 年

10 月，中国科学院成立哲学社会科学部，任哲学社会科学部学部委员。

4 月，先生召开“词典编纂法座谈会”，5 月又召开“汉语规范化座谈会”，为推广普通话，促进文字改革进行准备。

10 月 15 日至 23 日，出席教育部和文字改革委员会联合召开的全国文字改革会议；25 日至 31 日，先生又出席中国科学院召开的汉语规范问题学术会议；12 月 6 日至 13 日，先生出席中国科学院语言研究所和中央民族学院联合召开的民族语文科学讨论会。在现代汉语规范化问题学术会议上作了主题报告“现代汉语规范化问题”（与吕叔湘合作）。

论文：

《略论汉语规范化》，刊《中国语文》1955 年 10 期。

《现代汉语规范问题（提纲）》（与吕叔湘合作），刊《中国语文》1955 年 12 期。

1956 年

国家成立中央推广普通话工作委员会，被任命为委员。

中国科学院语言研究所创办内部刊物《语言研究通讯》，任常务编辑。

中国科学院语言研究所聘请所内外专家成立“普通话审音委员会”，被推选为召集人。

在先生倡导下中国科学院语言研究所和教育部合作开办“普通话语音研究班”，组织各地高等学校进行全国汉语方言的初步普查（从 1956 年至 1959 年 10 月）。以县为单位在全国共调查约两千个点，写出方言调查报告 1195 种，使方言调查与推广普通话紧密地结合起来。

中国科学院语言研究所和中央民族学院联合派出少数民族语文工作队 700 多人，对全国少数民族语言文字进行普查，足迹遍及祖国边疆，成绩卓著。3 月桂西壮文学校在广西武鸣开办。

6 月，在北京召开“关于滇、黔、桂、康兄弟民族文字创立改革工作座谈会”。

10 月，在贵阳市讨论通过了《民族文字字母形式问题》和《苗族文字方案（草案）》。

11 月，在贵阳市布依族语言文字问题科学讨论会上，通过了《布依族文字方案（草案）》。

12 月，在成都市彝族语言文字科学讨论会上通过了《凉山彝族拼音文字方案（草案）》。

此外，还主持编辑出版《语言学论文集》（自 1956 年 4 月至 1958 年 12 月共出版 8 辑），介绍国外语言学研究动态及成果。

论文：

《现代汉语规范问题》（与吕叔湘合作），刊《语言研究》1956

年1期。

《从汉字造字和标音的历史看〈汉语拼音方案〉的进步性》，刊《人民日报》3月16日。

1957年

2月22日，中国文字改革委员会召开第五次全体会议，决定扩大汉语拼音方案委员会。

5月6日，中国文字改革委员会第42次常委扩大会议决定，推选先生为拼音方案委员会委员（委员会由11人组成）。

专著：

《普通语音学纲要》（与王均合著），科学出版社出版。

论文：

《〈汉语拼音方案〉的历史渊源》，刊《人民日报》12月18日，又收入《当前文字改革的任务和汉语拼音方案》，1958年文字改革出版社出版。

1958年

1月，全国政协派出6个宣传组，宣传《汉语拼音方案》，先生和吕叔湘为京津组负责人。

专著：

《汉魏晋南北朝韵部演变研究》（第一分册，与周祖谟合著），科学出版社出版。

论文：

《大家都来做文字改革的促进派》（与叶圣陶、胡愈之、韦悫合写），刊《人民日报》2月7日。

《〈汉语拼音方案〉与民族团结的关系》，刊《民族团结》1958年2期。

《校补本〈十韵汇编〉序》，刊《中国语文》1958年6期。

这一年冬天，先生因高血压再一次住院治疗，生病住院期间仍念念不忘语言学的研究和语言科学的发展。

12 月 13 日上午，先生医治无效，与世长辞。

现代汉语方言学奠基人之一罗常培教授*

张振兴

一 一种悠久的历史传统

汉语自古就有方言分歧。例如《礼记·王制》说:“五方之民,言语不通,嗜欲不同。”许慎《说文解字》序说:“诸侯力政,不统于王,……言语异声,文字异形。”《滕文公上》记载孟子斥楚人许行是“南蛮舌之人。”[①]这些都说明我国古时候语言方言已经非常复杂。这种状况一直延续下来,所以《颜氏家训·音辞篇》就说:“夫九州之人,言语不同,生民以来,固常然矣。”

语言方言的分歧是一种客观存在。它导致我国也具有非常悠久的语言和方言调查研究传统。这个传统当首推西汉扬雄的《輶轩使者绝代语释别国方言》(以下简称《方言》)。扬雄答刘歆书说:“雄常把三寸弱翰,赍油素四尺,以问其异语,归则以铅镝次之于椠,二十七岁于今矣。”可见《方言》成书之不易!《方言》的记载,包括了周末至秦汉之间的大量方言资料,是世界语言学历史上第一部比较方言词汇专著,所以著名语言学家罗常培称之

* 本文刊于《中国语文》2009 年第四期,有少量改动。

① 见袁家骅等著《汉语方言概要》,文字改革出版社,1960 年。

为“中国语言史上一部‘悬日月不刊’的奇书”，它比欧洲18世纪出版的最早的方言词汇专著《大俄罗斯方言词典稿》早了1700多年。围绕着对《方言》的注释和研究，在我国的传统语言学领域里，很早就形成了一门独特的“方言学”，其成果颇为大观。例如东晋郭璞的《方言注》，清戴震的《方言疏证》，王念孙的《方言疏证补》，钱绎的《方言笺疏》，一直到近人周祖谟的《方言校笺》①。

与此同时，由《方言》开创的我国方言调查研究，自此之后也绵延不断，形成了一种悠久的历史传统。例如《尔雅》、《说文》等一大批语文性文献，以及许许多多的经史文献，特别是典藏丰富的地方史志，都有大量的关于方言的记录、描写和注释，成为中国传统语言学研究的一笔极为宝贵的资源和财富。但是，我们知道，由于很多因素的影响，长期以来汉语方言的调查研究并没有得到独立发展的机会，总是依附于我国传统语言学里的文字学、音韵学和训诂学，只是这几门学问的工具。这严重地影响了方言调查研究的成长和发展，是非常遗憾的。

一直到了20世纪20、30年代以后，由于赵元任、罗常培、李方桂等一批中国最卓越的现代语言学家的艰苦努力，方言的调查研究才彻底地摆脱了传统语言学的附属地位，成为中国现代语言学的一门独立学科——现代汉语方言学。在这个转变过程中，罗常培教授作出了杰出的贡献。从理论到实践，他都是当之无愧的现代汉语方言学最重要的奠基人之一。

① 见华学诚著《汉语方言学史研究》，艺文印书馆股份有限公司，2001年。

二　罗常培教授在现代汉语方言学中的杰出贡献

罗常培教授在语言学领域里的贡献是多方面的，在汉语方言调查研究方面，他所作出的努力尤其突出。他最重要的汉语方言调查研究活动是[①]：

1926 年秋至 1927 年夏，南下任教厦门大学，在此期间调查了厦门方言。

1928 年转赴广州，任教中山大学，在此期间调查了广州方言。

1933 年至 1935 年，分别在青岛、北平，调查了江西临川方言。

1934 年，调查了安徽南部歙县等六县方言。

1938 年至 1944 年任教西南联大期间，调查了云南的少数民族语言和汉语方言。

罗常培教授一生有很多著名的方言学论著，主要侧重于两个方面。

一是关于现代汉语方言的调查研究，最重要的论著如：

《厦门音系》，中央研究院历史语言研究所单刊本，1930 年。

《临川音系》，中央研究院历史语言研究所单刊本，1936 年。

《徽州方言的几个要点》，《世界日报》国语周刊，1934 年。

《从客家迁徙的踪迹论客赣方言的关系》，《中国青年》，1942 年。

---

① 见中国语言学会中国语言学家传略编写组《中国语言学家传略》(第二卷)，河北教育出版社，2004 年。

二是关于古方言或方言史的研究与考证,最重要的论著如:

《唐五代西北方音》,中央研究院历史语言研究所单刊本,1933 年。

《切韵鱼虞之音值及其所据方音考》,《中央研究院历史语言研究所集刊》第 2 本,1931 年。

《明清学者对于方音研究的贡献》,《世界日报》国语周刊,1933 年。

本文重点介绍其中最重要的三部专著:《厦门音系》、《临川音系》和《唐五代西北方音》。从中可以看出罗先生在建立现代汉语方言学的过程中,在理论和实践方面所作出的重要贡献。

(一)《厦门音系》

本书 1956 年由(北京)科学出版社再版。这是罗先生最重要的方言学著作之一,也是现代汉语方言学最重要的经典著作之一。

《中国语言地图集》(1987)把现代汉语方言分为官话、晋语、吴语、湘语、赣语、粤语、闽语、徽语、客家话、平话十类。厦门话属于闽语的闽南话,是闽南话的一种优势方言。由于闽南地区悠久的历史文化,大量的海外移民,特别是最近三十年来闽南地区经济的迅速发展,厦门话长期以来成为汉语方言中,最具有海内外影响力的方言之一。对厦门话以及周边方言的调查研究有很长的历史。1800 年黄谦编纂反映泉州话的地方韵书《彙音妙悟》,稍后,谢秀岚编纂反映漳州话的地方韵书《汇集雅俗通十五音》。还有无名氏的《渡江书十五音》,都属于这一类。这些地方韵书,

反映了厦门及周边方言早期的研究水平。它们都用代表字反映了方言音类的分别,例如用十五音母表示 15 个声母,用五十字母表示 50 个韵母,用八音表示 8 个声调。但是这些音类不表示音值,只知道类别不同,不知道具体读什么音。1840 年以后,一些外国传教士,出于实际应用的需要,对厦门方言作了调查研究。最有影响的是 Carstairs Douglas（道格拉斯）的《厦门白话字典》(Chinese-English Dictionary of the Vernacularor Spoken Language of Amoy,1899), W. Campell(甘为霖)的《厦门音新字典》(A Dictionary of the Amoy Vernacular,1913)。这些字典以及同类的著作,都用罗马字母标注了厦门音的音值,这是厦门及其周边方言研究的一个重大的进步。

真正运用现代语音学的科学方法对厦门话做深入、系统的调查研究的是罗常培教授。同时又对厦门音系进行细致的描写、分析的,当首推罗先生所著《厦门音系》。该书本论部分主要有厦门的语音、厦门的音韵、厦门音与十五音的比较、厦门音与广韵的比较、标音举例等五个部分。周长楫(1999)对这五个部分的内容曾有详细的评述。有意思的是,罗先生在 1955 年所写的"再版序言"里,曾经说到《厦门音系》的可取之处,非常客观。我们可以逐一分析。

第一,罗先生说"它是应用现代语音学的方法来详细分析一个重点方音的"。本书首次提出了一个科学而完整的厦门话声韵调系统,18 个声母,57 个韵母,7 个单字声调。而且用现代语音学的理论和方法对这个系统作出了准确的描写和说明。例如关于 b-m、l-n、ɡ-ŋ 三对声母的分析,[ts-]组与[tɕ-]组声母的讨论;对韵母音位的归纳;对 7 个单字声调调值和连调的描写,就是以今天研究的眼光来看,都是非常准确、到位的。

第二,罗先生说,本书"对于厦门音跟广韵的比较分析的相当精密"。本书首次把一个重点方言的音系跟广韵音系进行了列表比较,说明了广韵47个声类与厦门18个声母、广韵16摄与厦门57个韵母、广韵四声与厦门7个声调的关系,细致而完备。从比较中,得出了厦门话古今演变的规律和特点。这是前人研究厦门话所没有做过的,比较条例是非常有说服力的。

第三,罗先生说,本书"提出了厦门话字音和话音的转变条理","指出了区别字音和话音的重要性,因而引起后来调查福佬话或客家话的人们的注意,对于推进方言研究的发展上是有相当的意义的。"本书首次总结了厦门话字音和话音(文白异读)规律,第一次给人们展示了厦门话一幅纷繁复杂,绚丽多彩的文白读音画卷。

第四,罗先生说,本书"长篇故事和民间文艺的记录,对于研究词汇和语法的关系非常重大","本书的五篇标音举例是有带头作用的。"

在"再版序言"里,也列出了《厦门音系》的五点"不满意"的地方。我认为从读者角度来说,真正说得上还有建议的地方,是厦门音跟广韵的比较表格太多,略嫌烦琐,也许可以略加简化。从这里可以看出罗常培教授作为一位杰出的学者所具有的不断追求的精神、谦虚自检的品质。这一点尤其值得我们学习。

《厦门音系》从现代方言学理论体系和反映语言事实的准确性两个方面,奠定了厦门方言研究的基础。在罗先生之后,厦门方言不断被记录、研究,但在音系研究方面,基本上沿用了《厦门音系》所确定的框架,只是分析和描写更加细致了。在词汇、语法研究方面取得了长足的进步。例如董同龢《厦门方言的音韵》(1957),《四个闽南方言》(1959)。其中声母的记音和分析与《厦门音系》几乎完全相同;韵母62个,绝大多数相同,明显有差别的地方是多出了9个带喉塞音[-ʔ]尾的入声韵。也许《厦门音系》记音时的发音人是还没有[-ʔ]尾韵的;声调只有调值方面很细微的差别,可以忽略不计。20世纪80—90年代出现了一批非常重要的厦门话研究成果,所反映的音系跟《厦门音系》略有不同。例如周长楫《厦门方言词典》(1998),声母没有[dʑ-],这是厦门话语音变化的结果。古日母字早期厦门话有人从漳州一带的读音读为[dʑ-]声母,后来都读为[l-]声母了;韵母数量达到82个,主要增加了26个带喉塞音[-ʔ]尾的入声韵,以及[ĩʔ ãʔ iãʔ]之类的鼻化喉塞尾的入声韵。增加了鼻化入声韵,主要是由于大量记录了拟声词的结果;声调基本没有差别。

(二)《临川音系》

本书1940年由商务印书馆出版单行本,1958年也由(北京)科学出版社重印再版。谢留文(1999)指出,本书"不仅是我国早期汉语方言研究的一种著名调查报告,也是关于江西汉语方言研究最重要的著作之一"。

临川,有宋一代名相王安石生于此,诗文集就叫《临川集》。在江西省东部,即今抚州市。临川方言今属于赣语,是赣语抚广片。《临川音系》"自序"说到调查研究临川方言的缘起。1933年罗先生在青岛第一次遇见游国恩先生时,游把"临川"说[$tim^{35}t'uan^{31}$]。这个说法有三个特点引起罗先生特别的注意:

1）闭口韵的［-m］尾还是像闽粤方言那样保存着；2）来母字在［i］元音的前头从［l］变成［t］；3）穿母三等字从舌面塞擦音声母［tɕ‘-］变成舌尖塞音［t‘］。

这几个特点我们今天已经见得多了，但在80年前知道的人很少。可见罗先生对语言现象有高度的敏感性。它促使产生了一部经典性的方言学著作。

《临川音系》本论部分有语音的分析、本地的音韵、比较的音韵、特殊词汇、标音举例等五个内容。通过这些章节，详细地描写和分析了临川方言的语音系统。我们后来对本书更为关注的是，罗先生通过临川方言的研究，特别是通过临川话和梅县话的比较，发现两者有很多共同点：1）全浊声母字今读送气声母；2）晓匣两母的合口字今读［f-］声母；3）保存闭口韵的［-m］、［-p］尾；4）蟹山两摄保存古一二等分立的痕迹；5）鱼虞两韵精母字和见系字读［-i］开头的韵母；6）侯韵字读作［-ɛːu］韵；7）梗摄字的话音读作［-aŋ］、［-iaŋ］韵。

临川话和梅县话这些共同点怎么来的？本书从客家族群迁徙的历史和途径，讨论到客家南迁与江西方言所发生的关系。从移民史实讨论语言现状，从语言现状讨论移民史实。这就是罗先生所强调的研究临川方言的重要意义。据此，罗先生在汉语方言研究史上，第一次提出了客家方言和赣方言的关系问题，并进行了具体的讨论。认为它们是“同系异派”。在当时方言资料十分匮乏的情况下，罗先生首先注意到客家话和赣语的密切关系，应该说，他慧眼独具，其眼光之敏锐，并不是一般学者所能具备的。

赣语成为一个单立的方言，始于1948年。在此之前，赣语或被划归华南官话，或被划归下江官话。1948年上海申报馆出版发行的《中国分省新图》第5版14页"语言区域图",首次列赣语为汉语的一个单立方言区。我们有理由推测,赣语分立可能是罗先生《临川音系》研究促成的。《临川音系》正式单独刊行是1940年,赣语被划归官话恰好是1940年以前的事情。因此,《临川音系》的重大意义在于:它提供了一个重要的结论性的意见:赣语分立。它提出了一个重大的、引起人们广泛关注的命题:客、赣方言的关系。是分还是合?

赣语分立,极大地促进了赣语方言和江西省方言的调查研究。客、赣方言的关系,在此之后几十年时间里,成为中国语言学界一个经久不衰的话题,至今仍然引起热烈讨论。同时也极大地促进了客家方言的调查研究。非常有意思的是,大约半个世纪后,罗常培教授的学生,也是著名的语言学家李荣教授,在上个世纪80年代主持编纂《中国语言地图集》时,也提出了晋陕豫三省晋语分立、湘粤桂平话单立的命题。这个命题同样吸引了国内外许多语言学家的极大关注,同样极大地促进了晋语、平话地区的方言调查研究。把汉语方言的研究引向一个高潮。

这就是汉语方言学的魅力。学术研究的生命力,就在于不断提出新的思想,新的命题,引发讨论,激励探索。学术研究最忌讳的就是死水平潭,了无声息。但是提出新思想、新命题,需要学识、智慧、胆略和魄力。罗常培教授作为一位杰出的语言学家,具备所有这些难得的素质。

《临川音系》在具体的方言分析、比较方面,也比《厦门音系》跨进了一大步。

1)首次增加了单字音表和同音字表,并且据此讨论分析了临川音系的语音结构规律,临川语音的共性。

2）首次增加了临川语音与北平（北京）语音的比较，并据此提出了临川人学习国语（普通话）的方法。

3）在临川音与广韵音系比较之后，逐条讨论分析了语音演变规律的例外，而且非常细致、精彩、透彻。例外检验规律。我们现在很多方言调查研究报告都做不到这一点。

4）增加了特殊词汇表，收录临川方言特殊语词455条，分为22类，类似于后来的分类词表。用这个词汇表可以检验临川音系。

可以看出，从《厦门音系》到《临川音系》，罗常培教授初步奠定了汉语方言重点调查研究的基本理论框架和研究格局。

（三）《唐五代西北方音》

这是研究古方言领域里最重要的一部著作，我们有理由充分肯定它所提供的研究方法和研究结论。

研究古方言最主要有两条途径：

一是利用文献记录。例如利用扬雄的《方言》等材料，我们可以研究秦汉时期方言的大致面貌，分布状态。还可以利用地方韵书、韵图、志书，研究具体的方言面貌。通过这个途径研究的古方言面貌一般是比较模糊的，语音上一般说来只能讲类别，或拟测。

二是利用中外、族际对音材料。例如利用梵汉对音，研究汉唐西北地区，以及部分中原地区的汉语方言语音系统；利用汉越语对音，研究早期南部汉语方言语音词汇系统；利用日本汉音、唐音、吴音，研究早期东南汉语方言的语音系统。通过这个途径研究的古方言面貌相对说来比较清晰，以致有可能构拟出相当准确的音值来。

以上两种途径,都必须有现代汉语方言事实的有力支持。

《唐五代西北方音》利用的是族际汉藏对音和藏文译音材料:包括汉藏对音《千字文》残卷、汉藏对音《大乘中宗见解》残卷、藏文译音《阿弥陀经》残卷、藏文译音《金刚经》残卷、唐蕃《会盟碑》拓本。研究的步骤是:

首先把藏文对音或藏文译音转换成音标,由此知道汉文字的汉语读音,并由此发现唐五代西北方音有很多前人所没有说过的特点。

然后把这个语音材料跟《切韵》系统进行比较,去推溯汉语读音的来源,当是属于唐中叶陇西一带的方言。

之后对比现代西北地区兰州、平凉(甘肃),西安、三水(陕西),文水、兴县(山西)等三省六处音系,加以验证,同时可以看到唐五代西北方音到现代西北方音的演变。

最后得出唐五代西北方音的面貌。本书指出,唐五代西北方音具有一些重要特点。下面可以简单举出儿条:

1)轻唇音"非敷奉"多读送气音[p‘-]声母,可以看出当时已经显露出重唇音分化的痕迹;2)舌上音混入正齿音;3)正齿音的二三等不分;4)鱼韵字大部分变入止摄;5)通摄的一三等字元音不同; 6)一等二等字的元音大多没有分别。

由此可见,《唐五代西北方音》的研究材料做得非常扎实,程序非常严谨,所得结论是可以相信的。在古方言研究领域,把族际材料、切韵系统、现代方言三者这么紧密地,科学地结合起来,构拟出一大片区域的古方言语音系统,罗先生所做的研究无疑是非常成功的。

三　从罗常培教授到现代汉语方言学

以上讨论可以看出，在建立现代汉语方言学的过程中，罗常培教授作出了开创性的贡献。《厦门音系》初步奠定了厦门方言研究的基础。《临川音系》初步奠定了赣语研究的基础。这两个研究初步奠定了汉语方言重点调查研究的基础。

更重要的是，这两部著作，在汉语方言研究中：首次构建了语言演变规律和语言结构规律的理论框架；首次应用现代语音学理论对一个重点方言进行了深刻的语音分析；首次提出了客、赣方言关系的命题，初步建立了比较方言学的基础。

《唐五代西北方音》在古方言的研究方面，同样作出了开创性的贡献。它把族际对音、切韵音系和现代方言紧密地结合起来，成为一个研究系统。这使罗先生在古方言研究领域中，站到了一个高峰。一直到现在，都没有出其右者。

因此，罗常培教授的三部著作，跟赵元任的《现代吴语的研究》、赵元任等的《湖北方言调查报告》等著作一起，成为现代汉语方言学的经典之作、奠基之作。从事现代汉语方言研究的人，必读这几部著作。我们后来者可以从这些著作里吸取极为丰富的学术营养。

罗常培教授通过自己的学术研究，还继承并发扬了汉语方言研究的一种优良传统，一种优良学风。这就是：调查研究，实事求是；不尚空谈，理论和实际相结合。说到这里，一定要提到另一位著名语言学家赵元任教授。他也是现代汉语方言学的奠基人之一。赵元任主要侧重于大范围的方言调查，方言比较研究，例如他的《现代吴语的研究》，他所领导的南方五省方言调查，所主持编著的《湖北方言调查报告》，以及其他许多方言学研究论著。罗常培、赵元任，两位中国最卓越的现代语言学家，他们携手并进，优势互补，相得益彰，从不同侧面，为建立中国现代汉语方言学作出了杰出的贡献。他们的名字是跟中国现代汉语方言学紧密地联系在一起的。

从赵元任、罗常培等一代中国最卓越的语言学家开始，汉语方言学走过了将近百年的历程。在最近半个世纪里，特别是20世纪80年代以来，汉语方言学取得了引人注目的成就，为构建中国语言学作出了突出的贡献①。我们可以看到，现代汉语方言学的历史是一部具有强烈学派意识的历史。赵元任、罗常培、丁声树、袁家骅、李荣等一批杰出的语言学家，在不同的历史阶段，都把汉语方言学推进到了一个高峰。他们融会古今，贯通中西，走的是一条继承、光大、发展、创新我国优秀学术传统的道路。因为有了他们，我们可以感到自豪和骄傲。汉语方言是最重要的语言资源，最大的语言财富，最应该重视的一种经济文化环境。我们应该在继承的基础上，进一步发展现代汉语方言学。要继续发扬现代汉语方言学中一切优秀的成分。越是民族的、优秀传统的，越有可能走向世界。略为了解学术史的都会知道，世界学术之林总是多样化的、多元化的。我们应该有一种良性的机制，这种机制能够给传统的、民族的优良学术思想提供良好的发展机会，提

① 见张振兴《蓬勃发展中的汉语方言学》，载《中国语言学现状和展望》，外语教学与研究出版社，1996年。

供良好的发展环境,提供完全平等的竞争平台。我们要保护自己民族的优秀学术文化。

参考文献

董同龢:《厦门方言的音韵》,台湾《历史语言研究所集刊》第29本。

董同龢:《四个闽南方言》,台湾《历史语言研究所集刊》第30本。

谢留文:《重读〈临川音系〉》,《方言》第3期。

中国社会科学院、澳大利亚人文科学院合编:《中国语言地图集》,香港朗文出版(远东)有限公司1987年版。

周长楫:《厦门方言词典》,江苏教育出版社1998年版。

周长楫:《重读〈厦门音系〉》,《方言》第3期。